Teatro: Leste & Oeste

Coleção Estudos
Dirigida por J. Guinsburg

Equipe de realização — Tradução: J. Guinsburg; Revisão de provas e Produção: Plinio Martins Filho.

Leonard C. Pronko

TEATRO: LESTE & OESTE

PERSPECTIVAS PARA UM TEATRO TOTAL

 EDITORA PERSPECTIVA

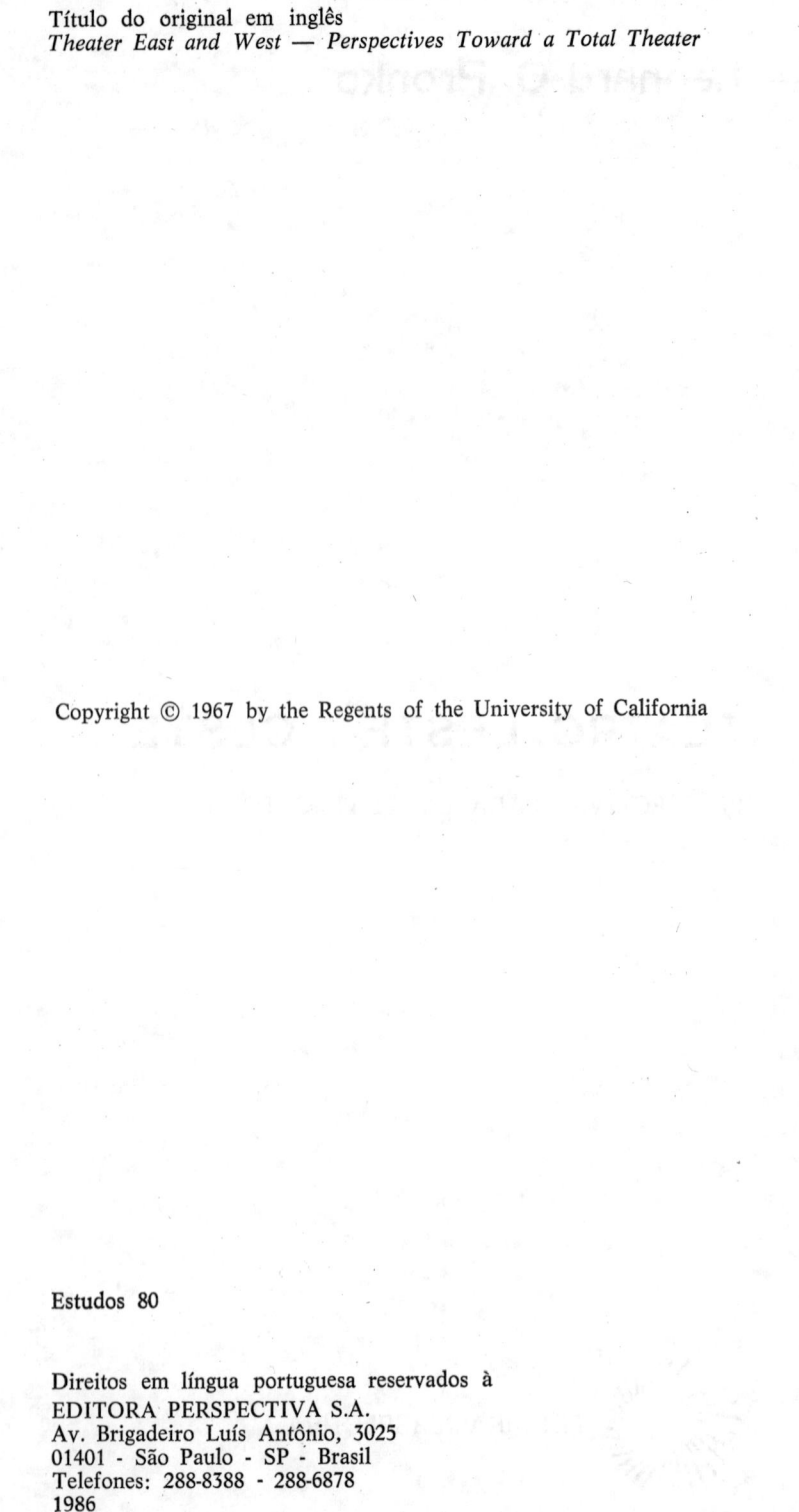

Título do original em inglês
Theater East and West — Perspectives Toward a Total Theater

Copyright © 1967 by the Regents of the University of California

Estudos 80

Direitos em língua portuguesa reservados à
EDITORA PERSPECTIVA S.A.
Av. Brigadeiro Luís Antônio, 3025
01401 - São Paulo - SP - Brasil
Telefones: 288-8388 - 288-6878
1986

para *Takao Tomano*

Sumário

PREFÁCIO À EDIÇÃO EM BROCHURA IX
PREFÁCIO XVII
INTRODUÇÃO: UM TEATRO DA FESTA 1
1. ANTONIN ARTAUD E O SONHO BALINÊS 7
2. GRANDEZA E MISÉRIA DA ÓPERA CHINESA ... 33
   Aventuras 46
   "O Sonho Borboleta" 47
   "Senhora Regato Precioso" 50
   Bertolt Brect 53
   Jean Genet 60
3. TRÊS VISÕES DO NÔ 65
   O Texto do Nô 65
   Zeami e a Teoria do Nô 74
   A Experiência do Nô 88
4. KABUKI: INCURSÕES NO OCIDENTE 103
   Os Primeiros Contatos 106
   Visitas Ulteriores 117
5. KABUKI PARA O OCIDENTE 129
   Perspectivas 131
   Transposições 145
   Kabuki e Elisabetanos 154
6. O TEATRO ORIENTAL 163
   Um Teatro Participante 169
   Um Teatro Total 173
   Um Teatro Estilizado 177
   POSFÁCIO 191
   BIBLIOGRAFIA 195

Prefácio à Edição em Brochura

"Yeeeooowww! Kabuki na Hora!", gritava o título de uma resenha crítica sobre dois espetáculos do American College Theater Festival, no Kennedy Center, em abril de 1973. As representações, em dias consecutivos, estiveram a cargo de um grupo estudantil do Pomona College e dos Aprendizes de Kabuki do Teatro Nacional do Japão. O fato de dois conjuntos desta natureza terem aparecido no Festival constituía em si um indício do número cada vez maior de montagens de inspiração asiática nos Estados Unidos e do interesse crescente das pessoas ligadas ao outro tipo de teatro nestas produções. O crítico do *Washington Post* prosseguia dizendo que "para quem ficou restrito apenas ao artigo autêntico, Kabuki-em-inglês é uma brecha de abertura".

Do outro lado do país, em Los Angeles, Dan Sullivan, resenhando uma encenação em língua inglesa, no *Los Angeles Time*, considerou-a "um lembrete de que o mundo do Kabuki não é, nem aproximadamente, tão proibitivo quanto a barreira da linguagem o faz parecer". Repetidas vezes, com referência a espetáculos de ópera chinesa, Kabuki e outras formas orientais que, cada vez mais, são estudados e representados, com variados graus de perícia e autenticidade, particularmente nas faculdades e universidades deste país, críticos e espectadores expressaram e descreveram seu prazer e alegria com a descoberta de um mundo totalmente novo, revelador das "possibilidades maiores do teatro" ou sua surpresa ante a acessibilidade de uma forma que, em língua estrangeira, se afigurara proibitiva e difícil.

Talvez estejamos na véspera de uma explosão de montagens de teatro asiático e cabe esperar que tal fenômeno comece em instituições educacionais, que não sofrem as mesmas pressões econômicas que incidem sobre a maioria dos teatros profissionais. Em recente levantamento efetuado pelo Professor Andrew Tsubaki, do International Theatre Studies Center da Universidade de Kansas, evidenciou-se que, nos últimos dez anos mais ou menos, registraram-se trinta e sete encenações completas de teatro asiático, em escolas dos Estados Unidos. A maioria ocorreu provavelmente nos últimos anos desta década. Enquanto que há dez anos era extremamente difícil localizar uma apresentação de peça da Ásia em qualquer ano dado, os anos 1972-1973 assistiram a encenações de Kabuki, em inglês, em não menos do que quatro escolas americanas: *Narukami,* na Universidade do Havaí; *Kanjincho,* na Universidade de Kansas e na Universidade de Wisconsin; e o programa duplo de *Gohiiki Kanjincho* e *Pescando uma Mulher* no Pomona College. Além disto, Shozo Sato, na Universidade de Illinois em Champaign, trouxe em excursão a sua montagem de *Narukami.*

Seria enfadonho pormenorizar todos os desenvolvimentos havidos nas relações entre o teatro asiático e americano, desde que este livro saiu do prelo, em 1967. Muita coisa da emocionante atividade neste campo mereceu registro no *Asian Theatre Bulletin,* publicado pela American Theatre Association, e desde a primavera de 1971, quando se separou do African Theatre Program, sob a editoria capaz de Samuel Leiter do Brooklyn College. Novos livros, artigos e dissertações, artistas estrangeiros em visita, montagens americanas, notícias de encontros teatrais, simpósios, informações do exterior e notícias das atividades dos membros figuram nos breves, mas bem amarrados números desta estimulante e encorajadora publicação. O Prof. Leiter também é autor de um conjunto de artigos esclarecedores, que compreende "Four Interviews with Kabuki Actors" ("Quatro Entrevistas com Atores Kabuki", *Educational Theatre Journal,* dezembro, 1966) e um relato da encenação do IASTA de *Kanjincho* (*Theatre Crafts,* setembro-outubro, 1968).

O breve Posfácio à primeira edição do presente volume delineia algumas das manifestações que atraíram minha atenção entre o período em que o manuscrito foi para o editor e a sua publicação. Neste Prefácio, eu gostaria de atualizar vários pontos que se modificaram desde a época em que escrevi *Teatro: Leste e Oeste,* anotar alguns dos principais avanços havidos desde 1967 e indicar certos problemas e perigos que podem estar à nossa espreita, se, na realidade, já não nos ameaçam hoje.

No Capítulo 6, aludi esperançosamente à casa da ópera chinesa e ao teatro Kabuki que seriam estabelecidos em San Francisco. A primeira nunca se materializou, embora um passo no rumo certo tenha sido dado com a fundação do Chinese Culture Center, sob a direção do Dr. William Ding Yee Wu. O Kabuki Theater Restaurant veio e sumiu, sem deixar o menor traço na vida cultural de San Francisco e muito menos na do país, no conjunto. Com uma política que pretendia satisfazer todo mundo ao mesmo tempo, conseguiu não satisfazer ninguém. Em vez de ter em mira uma platéia teatral séria, através da apresentação de autênticos espetáculos Kabuki representados por artistas vindos do Japão, o Kabuki Theater Restaurant importou espetáculos de revista, feitos de danças de coristas, na expectativa de atrair espectadores às centenas, e recheou o programa com algumas seleções de Kabuki genuíno. Quem buscava teatro de divertimento entediava-se com o Kabuki e quem estava interessado em teatro *stricto sensu* punha-se a dormir com os números de revistas, se é que ia assisti-los. As verdadeiras possibilidades de um American Kabuki Theater Restaurant ainda estão por ser exploradas.

Enquanto está à espera da festa total, viável somente em um teatro que seja ao mesmo tempo um restaurante, a cena americana continuou explorando outras festas possíveis sem aparelhagem de cozinha ou contando apenas com uma aparelhagem limitada. O Café La Mama, como alguns outros grupos com base em New York, recorreu experimentalmente a técnicas orientais, sobretudo em peças de Yeats e na deliciosa encenação do *Demônio*, adaptação de uma peça Nô: *O Tambor Damasco*. Uma dramátitca e imaginativa montagem de *Titus Andronicus* no Central Park, sob a égide de Joseph Papp, revelou forte influência da ópera chinesa.

A mesma peça, encenada numa escola, foi brilhantemente transposta para um cenário japonês pelo diretor Henry Horwege, do Bakersfield College, e representada em estilo Kabuki, maior--do-que-a-vida, bem ajustado à violência e aos lances heróicos daquele melodrama. *Macbeth*, reescrito, sofreu a mesma transformação em uma escola da Costa Leste. E aqui, no Pomona College, uma peça curta, *Édipo em Fócida*, foi escrita por um estudante, em forma de Nô, em lacônica linguagem moderna que lembra a do Nô, e coreografada em um estilo que mistura dança moderna a Bharata Natyam e dança Kabuki. "Mostra que o Kabuki é uma forma dependente de elaboradas convenções, mas, no seu âmbito, maravilhosamente maleável", afirmou Sylvie Drake no *Los Angeles Times*.

Ao mesmo tempo que profissionais e estudantes compartilhavam suas descobertas exploratórias, os próprios japoneses também se empenhavam em trabalhos de exploração. Kara Juro e seu Teatro de Situação incorporaram técnicas do Kabuki em suas montagens vanguardistas, ao passo que Tadashi Suzuki, diretor do Pequeno Teatro de Waseda, chama suas encenações de Kabuki moderno. Mesmo o mundo conservador do Nô viu-se envolvido nas imaginativas pesquisas de Kanze Hisao e Kanze Hideo. O público americano pôde assistir às representações de *O Homem do Leste*, levadas pelo Teatro Vermelho de Buda, por Stomu Yamashita, na excursão que esta companhia fez pelos Estados Unidos, depois de uma série de representações, das mais aclamadas, na França e Inglaterra. *O Homem do Leste* é uma divertida mescla de estórias e técnicas tradicionais com estilos teatrais modernos, mas, para mim, se trata mais de uma revista do que de um espetáculo dramático perfeitamente integrado.

As apresentações de autênticas *troupes* clássicas do Japão, da República da China, Índia, Indonésia e outros países do Sudeste da Ásia, demonstraram a existência de um grande e receptivo público para tais intérpretes neste país. Até o austero Nô realizou duas visitas aos Estados Unidos, desde 1967. Tais exibições deram ao mundo teatral do Ocidente melhor oportunidade de observar de perto os mais qualificados artistas tradicionais da Ásia. Mas o próprio fato de que a gente de teatro tem de esperar longamente por tais visitas salienta uma das principais dificuldades desta espécie de cruzamento cultural: a maioria dos atores e diretores está tão desesperadamente ocupada ou é tão desesperadamente pobre que não pode, e isto é compreensível, tirar um ano ou dois para estudar junto aos grandes mestres asiáticos. Uma solução parcial seria, possivelmente, a de trazer tais mestres para que ensinem aqui, mas isto é impraticável por numerosas razões. A mais importante de todas é que os melhores atores e professores se encontram impossibilitados de fazê-lo, tão atarefados estão em seus próprios países. Seja como for, mesmo conformando-nos apenas com o que se pode trazer para cá, é preciso tomar o cuidado de contratar apenas intérpretes e professores-artistas da mais alta competência, pois atores de segunda categoria carecem tanto da experiência quanto do espírito necessários para comunicar os segredos das artes tradicionais.

Devem os mestres do teatro oriental, que vêm até nós ou aqueles dentre nós que tiveram a ventura de estudar com eles lá onde ensinam, tentar uma autêntica reconstrução das peças originais? Devemos procurar adaptá-las às capacidades de nossos estudantes? Ou devemos simplesmente usar as técnicas orientais como meios para desenvolver melhores atores dentro da tradição ocidental? Estas são perguntas irritantes. Há de ser óbvio para o leitor da presente obra que não perfilho do ponto de vista implícito na terceira questão, embora eu concorde ser possível empregar com proveito as técnicas orientais no adestramento de comediantes ocidentais. Com efeito, hoje em dia o Tai chi é amplamente utilizado nos cursos teatrais que não têm, sob outro aspecto, nenhuma pretensão de explorar modos asiáticos em seus trabalhos.

Há certamente lugar para representações genuínas (ou melhor, tão genuínas quanto nos é dado conseguir em língua inglesa, com atores treinados durante meses, em vez de décadas), assim como para apresentações transpostas. Mas o que me parece irrefutável é a importância de se insistir em uma disciplina baseada em modos autênticos, permitindo-se desvios e transposições somente depois que a disciplina em apreço for aprendida. Abordei a questão e relatei algumas experiências em "Oriental Theatre for the West: Problemes of Authenticity and Communication" ("Teatro Oriental para o Ocidente: Problemas de Autenticidade e Comunicação", *Educational Theatre Journal*, outubro, 1968).

Para o estudante em condições de passar um ano ou dois no Oriente e capaz de obter algum domínio de um idioma asiático, existe a possibilidade de estudar com um professor particular ou em uma das escolas teatrais da Ásia. Não é inviável, por exemplo, entrar nas escolas de ópera chinesa em Taipé. No Japão, já houve estrangeiros admitidos nos centros de ensinamento de Nô, Kyogen e dança japonesa, tendo eles aparecido, inclusive, ocasionalmente, em cena. Até o Kabuki, cujo aprendizado se fazia tradicionalmente por transmissão no seio das famílias de intérpretes, abriu-se há pouco a um outro tipo de recrutamento: em 1970, o Teatro Nacional do Japão encetou o seu Programa de Adestramento em Kabuki. É o primeiro de iniciação neste gênero de teatro, cuidadosamente planejado, com o objetivo de introduzir no sistema familial de instrução no Kabuki rapazes vindos de fora do círculo do Kabuki, e ele foi desenvolvido, ao menos em parte, a fim de refazer o decrescente elenco de jovens atores Kabuki, nos escalões inferiores.

Eu me encontrava no Japão no ano em que o projeto foi começado e tive a sorte de ser acolhido nos seus trabalhos, para um estágio de quinze meses. Era o único estrangeiro num elenco de dez iniciantes. No decurso de três anos, eles mostraram que, com talento, dedicação e bons mestres, podiam dominar grande parte do ensinamento transmitido até então em dez ou quinze anos de aprendizado. Discuti com certa minúcia este programa de treinamento, em meu artigo "Learning Kabuki" ("Aprendendo Kabuki", *Educational Theatre Journal*, dezembro, 1971). O segundo grupo de alunos está sendo agora instruído e, entre eles, figura outro estrangeiro: uma jovem australiana. Embora o programa se destine, por certo, a moços japoneses que pretendem tornar-se profissionais, o diretor, Sasaki Einosuke, tem acolhido de maneira muito favorável os estagiários estrangeiros e está envidando esforços a fim de instituir outro programa de adestramento, principalmente para estudantes não-japoneses. Neste particular, entretanto, só é permitido considerar uma participação limitada, se é que não se quer desviar o projeto de sua meta inicial.

O aparecimento dos Aprendizes de Kabuki do Teatro Nacional (os formados pelo programa original de adestramento) no American College Theater Festival de 1973 pode muito bem assinalar o começo de uma espécie de viagem de formatura dos novos atores Kabuki aos Estados Unidos. Quem observou os espetáculos e as demonstrações no festival sentiu-se impressionado com a habilidade, seriedade, qualidade profissional e brilho ofuscante de grande parte do trabalho daqueles moços — tudo adquirido no espaço de três anos por rapazes que, em muitos casos, nunca haviam visto um espetáculo de Kabuki antes de ingressarem no mencionado programa de formação. Os benefícios daí advindos para nós, bem como as conclusões a serem tiradas pelo Oriente e seus universos tradicionais, são óbvios.

Menos ofuscante, profissional e habilidoso, sem dúvida, mas igualmente sério, tem sido o labor de jovens alunos de interpretação, americanos, durante os últimos anos, nos seus esforços de evocar para suas platéias o mundo altamente refinado, maior-do--que-a-vida, do teatro asiático. O exame efetuado pelo Prof. Tsubaki evidencia que o Kabuki é de longe a forma mais popular nas representações empreendidas por estudantes, compreendendo ao menos a metade das 37 montagens completas existentes em forma Kabuki. Muitas destas encenações eram compostas de duas peças. Um total de quinze peças diferentes surgem arroladas no referido exame, sendo que muitas foram representadas um certo número de vezes. Mencionei mais acima duas apresentações de *Kanjincho* em 1972-73. James Brandon, quando na Michigan State University, fez o primeiro *Kanjincho* americano, em 1963, assim como se lhe deve a primeira encenação americana de *Sukeroku*, na esplêndida montagem da Universidade do Havaí em 1970. No curso do ano passado, dirigiu *Narukami*, a peça mais freqüentemente levada nas produções de teatro asiático em língua inglesa. Ela foi apresentada no IASTA, em New York, por Shozo Sato em Illinois, numa excursão, por Brandon, e por mim, em três montagens diferentes.

Verificaram-se várias encenações de ópera chinesa, sobretudo as de A.C. Scott em Wisconsin, e a simpática *Black Dragon Residence* ("Residência do Dragão Negro"), dirigida por Daniel S. P. Yang, na Universidade do Havaí, e levada no Kennedy Center, como parte do American College Theater Festival, de 1972.

Não é possível mencionar todas as montagens asiáticas aqui efetuadas nos últimos anos, mas parece justo reconhecer o trabalho realizado ano após ano, neste terreno, na Universidade do Havaí, antes sob a direção de Earle Ernst e agora supervisionado por James Brandon. Tampouco se pode omitir a dedicação às artes japonesas e, entre as artes teatrais, ao Kabuki, do Prof. Sato em Champagn, Illinois.

O Departamento de Artes do Teatro, no Pomona College, patrocinou sete encenações diferentes de Kabuki, desde 1965. A experiência conquistada por meio destas produções, bem como a compreensão que estudos de quinze meses no Teatro Nacional do Japão me proporcionaram e as várias temporadas de verão que passei estudando com professores particulares, provocaram naturalmente certas mudanças no meu modo de ver o teatro oriental e seu relacionamento com o Ocidente. Minha posição fundamental, entretanto, permanece a mesma, assim como minha admiração e entusiasmo pelos artistas da Ásia e as formas excitantes com que operam. Algumas de minhas percepções mais recentes, particularmente com respeito ao Kabuki, são tratadas com brevidade em "What's Wrong with Kabuki?" ("O que Está Errado com o Kabuki?", *Japan Quarterly*, Verão, 1971) e com maior extensão em "Kabuki Today and Tomorrow" ("Kabuki Hoje e Amanhã", *Comparative Drama*, Verão, 1972).

Em 1967, eu lamentava a falta de uma nova tradução da peça Kabuki perenemente favorita, *Chushingura*. A lacuna acaba de ser preenchida pela excelente tradução de Donald Keene (Columbia University Press, 1971). Keene também é responsável por dois outros volumes esclarecedores, da recente safra: *No: The Classic Theatre of Japan* ("Nô: O Teatro Clássico do Japão", Kodansha, 1966) e *Twenty Plays of the No Theatre* ("Vinte Peças do Teatro Nô", Columbia University Press, 1970). O impressionante volume sobre o *Kabuki*, de Masakatsu Gunji (Kodansha, 1969) é outra contribuição inestimável. Menos impressionante quanto aos textos, porém deslumbrantemente ilustradas, são as séries sobre as Performing Arts of Japan publicadas por Weatherhill em Tóquio.

Um notável acréscimo aos estudos do teatro japonês como um todo é a obra de Peter D. Arnott, *The Theatres of Japan* ("Os Teatros do Japão", St. Martin's Press, 1969), em que o meritório estudioso do teatro grego, que é também um conhecido titereiro, analisa o teatro japonês de maneira sensível e original.

A.C. Scott, em *The Theatre in Asia* ("O Teatro na Ásia", Weindenfeld and Nicholson, 1972) apresenta excelente apanhado histórico deste vasto domínio, com uma vista de conjunto sobre "The Framework of Asian Theatre" ("A Estrutura do Teatro Asiático"). O brilhante estudo de Robert Rickner, *Theatre as Ritual: Artaud's Theatre of Cruelty and the Balinese Barong* ("Teatro como Ritual: o Teatro da Crueldade de Artaud e o Barong Balinês"), por enquanto inédito, é um dos mais primorosos com respeito a Artaud, e ilumina magnificamente muitos aspectos do teatro balinês. O esplêndido *Theatre in Southeast Asia* ("Teatro no Sudeste da Ásia", Harvard University Press, 1967) discute de maneira detalhada os teatros extremamente variados desta região, que compreende desde a Birmânia, através da Indonésia, até as Filipinas. O fecundo Professor Brandon é também autor de *On Thrones of Gold: Three Javanese Shadow Plays* ("Sobre Tronos de Ouro: Três Peças Javanesas de Sombras", Harvard University Press, 1970) e uma antologia de *Traditional Asian Plays* ("Peças Asiáticas Tradicionais", Hill and Wang, 1972) e promete uma antologia de importantes peças Kabuki em futuro próximo.

John D. Mitchell, presidente do Institute for Advanced Studies in the Theatre Arts, editou recentemente traduções de três óperas de Pequim do novo teatro revolucionário, *The Red Pear Garden* ("O Peral Vermelho", Godine, 1973).

Vera R. Irwin, em *Four Classical Asian Plays* ("Quatro Peças Asiáticas Clássicas"), inclui obras da Índia, China e Japão, entre as quais a tradução que Miss Miyoko Watanabe fez de *Narukami*, texto utilizado várias vezes nas representações efetuadas neste país.

Estes são apenas alguns dos numerosos livros sobre teatro asiático que vieram a lume recentemente. Para uma consideração mais cabal da bibliografia acerca do Japão, o leitor poderá consultar meu *Guide to Japanese Drama* ("Guia do Drama Japonês", G.K. Hall, 1973).

Se o volume e a qualidade das publicações e espetáculos constituem algum indício, é possível que o teatro ocidental tenha acabado de encetar sua era Meiji. À medida que um maior número de platéias se torna consciente da excitante teatralidade e das sutis nuanças das formas teatrais do Oriente, podemos talvez esperar pelo dia em que todos nós tomaremos assento na festa sugerida nestas páginas.

Prefácio

Este livro destina-se ao apreciador inteligente de teatro, assim como ao especialista neste campo. Espero que ele descortine novas perspectivas para o leitor e o torne cônscio das numerosas formas teatrais inexploradas do Oriente, que foram extensamente descritas por estudiosos e historiadores das artes cênicas, além de orientalistas, mas que continuam sendo um lugar totalmente vazio no campo da experiência das pessoas que se dedicam profissionalmente à cena, no Ocidente. Visto estar eu tratando mais com os aspectos teatrais que literários destas formas, não me proponho a efetuar nenhum esforço maior de completitude tanto nas abordagens descritivas quanto históricas. O leitor pode remeter-se a alguns dos excelentes volumes citados na Bibliografia se estiver interessado numa discussão mais cabal das mencionadas partes do teatro do Leste. Uma certa dose de repetição é necessária e espero que os leitores já familiarizados com uma ou outra das formas por mim discutidas me perdoem as descrições sumárias que eu tenha apresentado, enquanto que outros, menos familiarizados com este domínio, julguem-nos úteis mesmo que talvez demasiado incompletos.

Devo agradecer à Guggenheim Foundation por sua generosidade, sem a qual a pesquisa para este projeto não poderia ser levada a cabo, pelo menos de maneira mais completa e eficaz. Um estudo de teatro exige familiaridade com o teatro em ato. A Guggenheim Foundation me deu a possibilidade de uma permanência prolongada na Ásia, particularmente no Japão, e uma estada final na França, onde pude conjugar certos elementos da pesquisa que eu efetuara algures.

Devo agradecer também à bondade de muitas pessoas ligadas ao teatro que, em várias partes do mundo, enriqueceram minha investigação, permitindo que eu conversasse com elas, as observasse em ensaios e nos bastidores e que em algumas ocasiões aguçaram minha compreensão e apreciação da arte cênica através de longos colóquios. Devo exprimir particularmente o meu muito obrigado a Onoe Baiko e Bando Mitsugoro do Kabuki-za de Tóquio; o Sr. S. Masubuchi, do mesmo teatro, foi para mim de uma ajuda imensa, auxiliando-me a encontrar atores e visitá-los nos bastidores, arrumando-me bilhetes para os espetáculos e obtendo muitas das fotos que ilustram o presente volume. Dois especialistas em teatro japonês dispensaram-me, com grande generosidade, o seu tempo e conhecimentos, o Prof. Masakatsu Gunji da Universidade de Waseda e o Prof. Benito Ortolani da Universidade de Sofia.

Em Taiwan, o Prof. M.K. Li do Colégio de Cultura Chinesa foi do maior préstimo, conseguindo que eu assistisse aos espetáculos da Ópera de Pequim e visitasse duas escolas de formação para a Ópera Chinesa em Taiwan, a Foo Hsing e a Escola da Força Aérea.

Os atores, diretores, escritores e estudiosos em Paris que me deram assistência foram demasiado numerosos para que eu possa mencioná-los, mas gostaria de manifestar o meu reconhecimento pela valiosa ajuda que me deram Jean-Louis Barrault, Jean Dasté, Gabriel Cousin, Georges Nerveux, Prof. Robert Ruhlmann, Prof. René Sieffert, Lucien Arnaud, André Veinstein e Mlle Christout da Bibliothèque de l'Arsenal.

O Dr. John D. Mitchell, fundador e presidente do Institute for Advanced Studies Theater Arts, em New York, tem sido uma fonte constante de informação e estímulo. É com prazer que registro aqui minha gratidão e minha admiração pela obra que ele está realizando, no sentido de promover o desenvolvimento teatral no Ocidente.

Ruby Cohn proporcionou-me o benefício de sua crítica aguda e olho editorial no transcorrer das várias fases de evolução do manuscrito e sou-lhe profundamente devedor pelo muito que me ajudou. Uma subvenção do Pomona College permitiu a datilografia da forma final do manuscrito.

L.C.P.

Pomona College
Claremont, California

Introdução: Um Teatro da Festa

> *E vocês nos pedem seriamente que prefiramos um teatro mecânico e enfadonho como temos hoje a um teatro onde floresça a mais alegre e viçosa arte teatral? É absurdo!*
>
> E. G. GRAIG

O viajante que se banqueteou com os teatros do Japão, China e Bali não pode reprimir o sentimento, quando regressa ao Ocidente, de que os nossos atores são excessivamente loquazes e singularmente incapazes de qualquer outra coisa exceto falar. Nossas hipertrofiadas faculdades racionais nos levaram, nos últimos trezentos anos e, em particular, desde a revolução industrial e da recente era da ciência do século XIX, a um teatro que é, na maioria das vezes, tão pequeno quanto a própria vida, um teatro que exige audição cuidadosa e entendimento inteligente. Aboletamo-nos em assentos de veludo, cansados após duas ou três horas de diálogos entremeados de um pouco de movimento, depois dispersamo-nos para discutir os "problemas" da peça, se for um drama de alguma "significação". Nosso teatro sério está tão centrado em sociologia-psicologia-filosofia que começou a adquirir (como Ionesco pretende que Brecht talvez desejasse) todo o encanto de um curso de escola noturna. Em vez de uma festa para todos os sentidos e a mente também, recebemos os restos intelectuais da mesa da história teatral. Como disse Genet, para nós tudo acontece no mundo *visível*.

O teatro abordado neste livro trata, pelo menos em certo grau, do mundo invisível, e o trata (assim como as múltiplas facetas do mundo visível, palpável, audível) de uma maneira total que o transmuta numa festa — uma festa que a platéia desfruta na maioria das ocasiões, não por minguadas duas ou três horas, mas por cinco, seis ou sete horas e, por vezes, durante uma noite inteira. É um teatro do olho interno e do olho externo, ao mesmo tempo. Como os nossos grandes teatros do passado, é quer realista quer teatralizado, quer ilusionista quer presentacional. Possui simultaneamente realidade e estilo. Uma razão para esta polivalência é o acento dado ao espetáculo, amiúde em detrimento das palavras; estamos acostumados ao inverso e tudo o mais nos parece herético, visto que para nós o teatro é acima de tudo *literatura* dramática. Trabalhando com imagens — quer dizer, com uma poesia puramente teatral, existente no espaço e no tempo mais do que em algum sentido abstrato sobre a página impressa — o teatro oriental pode apelar, de diferentes modos e em graus variáveis, àquela parte da caracterização humana que é refratária a estímulos conscientes e intelectuais. Evidentemente, nenhuma generalização será válida para todos os teatros em discussão. O Kabuki, por exemplo, emprega com freqüência diálogos em profusão, enquanto o drama-dança balinês em muitos casos não utiliza a fala em geral.

Os paralelos são sem dúvida tão odiosos quanto as comparações, mas é tentador imaginar a estória de um filme de classe B, acerca do sobrenatural, interpretado por uma Bernhardt que seja também uma Pavlova, com coreografia de Petitpas ou Massine, música de, digamos, Stravinski ou indumentárias de Bakst. Se uma tal mistura lograsse harmonia e se o elemento sobrenatural estivesse de algum modo ligado à nossa vida religiosa, poderia evocar em nós um sentimento similar ao dos camponeses de Bali quando testemunham peças Rangda e Barong, ou às reações, bem mais sofisticadas, dos japoneses, ao assistirem peças de demônio no Kabuki. O mundo todo do sobrenatural, a nós negado por nossas propensões intelectuais, é aqui sumariado nestes tremendos espetáculos e vivenciado de maneira muito real pelo observador, que é mais participante do que nós em geral conseguimos ser no teatro. A dimensão faltante em nossos filmes de terror é aqui suprida por temas tradicionais de caráter religioso e nacional, e um estilo imposto ao conjunto, que é capaz de alçar a ordinária ocorrência mais comum (um pai ralhando com o filho, por exemplo, em um Djanger balinês) ao nível de arte.

Semelhante teatro de magia e alucinação engolfa o observador e ao mesmo tempo mantém distância — pois é altamente estilizado, um trabalho consciente de arte. É não só subjetivo como objetivo. Enquanto pinta nossos sonhos e aspirações pessoais, temores torturantes e esperanças febris, evoca os heróis e demônios de nossa infância, arrasta-nos para o interior daquilo que Artaud chamou de grandes "sucções de ar metafísico", ele o faz com um profundo sentido de perfeição formal.

INTRODUÇÃO: UM TEATRO DA FESTA

Nutridos com o diminuto mundo da televisão e da comédia doméstica nos filmes, perdemos contato com a vital e sangüínea experiência total do teatro das grandes épocas. Somos covardemente mimados, nossa mente amesquinhou-se; tornamo-nos muito tímidos, demasiado preguiçosos para nos entregarmos confiantemente, da cabeça às entranhas, a uma representação teatral de cinco ou seis horas. O que nos compraz pensar como sendo a vigorosa, completa e saudável experiência teatral dos gregos ou elisabetanos, está além de nós. Talvez não haja mais do que um grão de verdade na violenta asserção de Artaud, de que o nosso teatro hoje é um "teatro de idiotas, loucos, invertidos, gramáticos, merceeiros, antipoetas e positivistas, isto é, ocidentais"[1].

Prisioneiros do eu, parecemos inaptos, em grau significativo de esforço artístico, a nos soltarmos das amarras que nos prendem à nossa existência quotidiana, incapazes de liberar o espírito que poderia permitir-nos ingressar em outras esferas, investigar ou tros níveis de experiência. Calibã espreita o palco e Ariel voou para longe. Ou melhor, nem sequer Calibã — ele é por demais heróico para nós, demasiado imaginativo e monstruoso para que a maioria de nós possa engoli-lo. Próspero, com seus familiares, desapareceu, deixando o tablado ao puramente humano, como se a realidade fosse composta unicamente para os Mirandas, Trínculos e Stepanos.

A maior parte dos ricos festins do teatro em nosso século se devem a homens cuja visão abrange tanto Trínculo e Próspero, Calibã e Ariel, formas visíveis e invisíveis de realidade; a homens que tentaram renovar sua visão através de um contato com formas clássicas de teatro, inclusive as do Leste. Diretores, como Reinhardt, Copeau, Dullin e Barrault, voltaram-se não apenas para a Grécia, a *commedia dell'arte* e Shakespeare, em sua busca de inspiração, mas procuraram novos ares e novas técnicas nos teatros da Ásia. Entre os dramaturgos, Claudel, Brecht e Genet refletem significativamente certa familiaridade com modalidades orientais de teatro.

Alan Pryce-Jones, escrevendo no *Theater Arts* (out., 1963) sobre "As Peças que Nunca Foram Escritas", sugere que, "se Brecht pôde colher uma indicação ou duas do drama Nô, do mesmo modo, com lógica ainda maior, poderia fazê-lo um de nossos dramaturgos nacionais. Ou dos chineses, dos hindus, das primitivas moralidades". Uma indicação, sim, mas uma indicação bem informada. Empregar uma técnica sem compreender é derrotar seu propósito. Os assim chamados homens invisíveis do palco, em certas peças populares "chinesas" americanas, ou os invisíveis vestidos de preto, que Tennessee Williams utiliza em *O Trem Leiteiro não Pára mais Aqui*, os quais atraem todos atenção sobre

---

1. ANTONIN ARTAUD, *The Theater and Its Double*, trad. Mary Caroline Richards, New York, Grove, 1958, p. 41.

si mesmos, degeneram rapidamente na astúcia da falsa teatralidade. Tal distorção é muito difundida, pois há confusão e desentendimento no respeitante ao teatro oriental, inclusive de parte dos especialistas teatrais. Ou antes, não desentendimento, pois não há o menor entendimento, porém completa ignorância. Pessoas que poderiam discorrer quinze minutos a fio sobre a significação da dança Morris como predecessora do drama, ou sobre o papel dos interlúdios no teatro elisabetano, são incapazes de distinguir entre Nô e Kabuki, para nada dizer das diferenças mais finas entre gêneros tão cabalmente dissimilares quanto o Kabuki e a ópera chinesa.

Mas a ignorância não é nossa apenas. O abismo que separa o Kathakali, por exemplo, do Kabuki, é tão profundo quanto o que diferencia um drama-dança balinês do *Édipo*. E os orientais, a quem sem nenhuma consideração reunimos numa só massa informe, ignoram o teatro um do outro, assim como nós ignoramos o deles. Esta ignorância se impôs à minha atenção certa vez, pouco depois de um encontro internacional de teatro, em Tóquio. Em atenção aos delegados, houve a apresentação de várias cenas de uma peça histórica Kabuki no Kabuki-za. Um mês mais tarde cruzei por acaso com a representante chinesa e perguntei-lhe o que achara do espetáculo. A sua reação foi a de qualquer estrangeiro totalmente desfamiliarizado com as tradições do Kabuki — surpresa, admiração, confusão: "Era uma coisa tão diferente, eu nem sabia o que pensar!"

Trata-se de uma ignorância profundamente arraigada e venerável, mas hoje em dia, por fim, chegamos a um ponto em que relações culturais íntimas com este universo tornaram-se, não apenas possíveis e desejáveis, porém absolutamente necessárias. Escrevendo em 1952, Joshua Logan pretendia que o Kabuki "abre uma porta e nos dá uma vista clara do povo japonês, seus costumes e arte"[2]. Ele estava na expectativa do dia em que o teatro Kabuki viria aos Estados Unidos (o que aconteceu em 1961) e expressava a crença que uma tal visita seria "uma grande contribuição para o entendimento entre os povos do mundo". Mas além desta meta inegavelmente desejável, em um sentido puramente teatral e artístico, o encontro entre Leste e Oeste pode ofertar-nos imensas riquezas, assim como o despertar para o teatro ocidental já trouxe certos benefícios ao Oriente.

A feliz mescla de estilo e conteúdo revelado pelos teatros da Ásia (e refiro-me a conteúdo no sentido da ação em geral, com suas implicações não-verbalizadas e mesmo incapazes de verbalização) merece de nossa parte estudo e meditação, pois o teatro oriental tem certo número de lições a ministrar ao Ocidente. Não falo de uma vaga lição do "espírito oriental", mas lições especí-

---

2. Prefácio ao livro de FAUBION BOWERS, *Japanese Theater*, New York, Hill and Wang, 1959, p. VII.

ficas de técnica e abordagens de problemas teatrais particulares. A maioria de nós se porta nesta questão de maneira covarde — ou talvez simplesmente preguiçosa — e diz que não há mal algum em compreender o espírito do Leste, mas é preciso acautelar-se para não imitar as técnicas dos dramaturgos orientais. Ao contrário, o teatro asiático pode proporcionar-nos um rico repertório de técnicas de onde podemos sacar, descobrindo paralelos ocidentais de formas clássicas orientais, elementos não de imitação, mas de re-criação.

Semelhante confronto poderia resultar em um renascimento, tal como o decorrente da redescoberta de outra literatura, na Europa Ocidental, há trezentos ou quatrocentos anos. A literatura e o teatro do Leste serviriam, é bem possível, de fator fertilizante que necessitamos, a fim de produzir frutos tão notáveis quanto os gerados pela fecundação cruzada nos séculos XVI e XVII do Ocidente europeu com a Antiguidade Clássica.

Seja como for, um diálogo assim entre o Oriente e o Ocidente nos permitiria divisar o nosso próprio teatro em uma perspectiva mais ampla, compreender quais elementos são aí essenciais e quais são puro provincianismo. Algumas questões interessantes poderiam surgir no tocante à liberdade e à disciplina na arte teatral, às funções das várias partes da peça e até às possibilidades de se *escrever* uma peça. Que semelhante encontro ocorrerá obrigatoriamente mais cedo ou mais tarde, parece algo muito claro. Neste momento, um olhar sobre os periódicos correntes mostra que a Comédie-Française reviveu *L'Orphelin de la Chine*, de Voltaire, uma das primeiras peças européias a tomar como ponto de partida um drama oriental; anunciam-se planos para uma excursão do Kabuki-za pela Europa; um número da *Tulane Drama Review* traz diversos artigos sobre o Teatro Laboratório Polonês, com ilustrações que apresentam atores recorrendo a técnicas de treinamento do Kathakali hindu, dos teatros clássicos chinês e japonês, e das lutas corporais nipônicas. O Oriente está no ar, e muito, já faz vários anos. Mas isto não é suficiente. Precisamos de um conhecimento cabal de técnicas específicas e de como é possível aplicá-las a peças já existentes, ou de como podem dar origem a novas obras. Existem já excelentes estudos sobre os teatros asiáticos e, de minha parte, não pretendo repeti-los simplesmente, de uma forma diluída. Os capítulos subseqüentes não se propõe a efetuar uma análise histórica do teatro oriental, nem sequer uma plena descrição dos gêneros envolvidos. Tentam antes evocar e descrever o espírito e as técnicas das representações a fim de sugerir o impacto que tais teatros já exerceram sobre os mais ousados diretores, dramaturgos e teóricos do Ocidente e, o que é mais importante, indicar quais aproximações, inexploradas ainda, se encontram à disposição do teatro ocidental através de um melhor entendimento dos grandes teatros do Oriente.

1. Antonin Artaud e o Sonho Balinês

Um teatro, em uma palavra, que não é uma operação de feitiçaria não é teatro.

A. ARTAUD

Um dos maiores impactos exercidos pelo Oriente sobre o Ocidente foi indireto, através dos escritos desse ígneo profeta do teatro, Antonin Artaud. Sua coletânea de ensaios, redigidos entre 1931 e 1937 e publicados sob o título de *O Teatro e seu Duplo*, é para Jean-Louis Barrault "de longe a coisa mais importante que se escreveu acerca do teatro no século XX". Por seus contatos com Dullin, Barrault, Vilar e a jovem geração de diretores e dramaturgos, teve ele incalculável influência nos rumos que o teatro tomou na França — e provavelmente em outros países também — nos últimos vinte ou trinta anos.

Artaud constitui, ademais, excelente cunha para se penetrar no domínio que, no teatro, separa o Oriente do Ocidente, pois sua crítica fere as próprias raízes do problema, centrada como está em duas maneiras divergentes de encarar o teatro: uma, psicológica, periférica, ametafísica, intelectual; a outra, religiosa, integral, metafísica, sensível. A sentença de abertura de seu trabalho, "Sobre o Teatro Balinês", não é meramente uma introdução, mas sim um *résumé*, uma definição e um programa em favor de um retorno à metafísica, à tradição e ao teatro total:

> O espetáculo de teatro balinês que participa da dança, do canto, da pantomima — e um pouco do teatro tal como o entendemos aqui — restitui, segundo procedimentos de uma eficácia comprovada, e sem dúvida milenares, à sua destinação primitiva, o teatro, que ele nos apresenta

como uma combinação de todos os elementos fundidos num conjunto sob o ângulo da alucinação e do medo [1].

Graças a um espetáculo que emprega todos os recursos à disposição do teatro, governado pelo respeito às raízes, cerimoniais, quase religiosas do drama, o teatro balinês, pretende Artaud, apresenta uma irresistível experiência cênica, que poderia denominar-se "Metafísica-em-Ação".

Este longo ensaio, cuja primeira quarta parte apareceu como resenha crítica na *Nouvelle Revue Française* logo depois que Artaud viu os dançarinos balineses na Exposição Colonial de 1931, em Paris, é junto com dois artigos mais curtos, "Teatro Oriental e Teatro Ocidental" e "A *Mise en Scène* e a Metafísica", a principal testemunha do sonho balinês de Artaud. Mas há constantes referências a Bali e a outros teatros asiáticos nos escritos contidos em *O Teatro e seu Duplo*, e os conceitos que Artaud associa à dança e ao drama balineses enformam a estética geral do teatro que ele esposa.

Aquele homem de trinta e cinco anos que, no verão de 1931, estava sentado no Pendopo (Teatro) do Pavilhão Holandês da Exposição Colonial, não era um neófito nas artes e maneiras do Oriente. Anos de leituras talvez esparsas, propensão para o lado místico e mágico, cometimento com a vida interior como algo supremo, convicção fanática de que o Ocidente era uma "tumba descorada", um lugar onde os "cães" e a "razão putrefacente" estavam esganando rapidamente o espírito — tudo isto, conjugado com o fato de ser Antonin Artaud um ator frustrado e um diretor também frustrado, preparam-no para a experiência que seria o ponto focal de seu relevante papel de o maior "metafísico do teatro" no século XX.

Alguns anos antes do momento de revelação, em 1931, Artaud já era um declarado orientômano. Em 1922, quando membro da companhia de Dullin, no Atelier, assistiu ao que foi provavelmente o seu primeiro espetáculo de teatro do Extremo Oriente: em Marselha, diante de uma reconstrução de alguns templos de Angkor, uma *troupe* cambojana apresentou um programa de drama-dança. Por esta época, entretanto, Artaud já havia explorado o campo com alguma minúcia e estava persuadido de que o caminho do renascimento e da renovação no teatro encontrava-se a Leste. "As técnicas e máscaras dos teatros chinês e balinês obsedaram-no muito cedo", pretende um de seus biógrafos. "Tendo lido muito sobre eles e lembrando-se não de pouca coisa, falava deles constantemente" [2].

---

1. ANTONIN ARTAUD, *The Theater and Its Double*, trad. Mary Caroline Richards, New York, Grove, 1958, p. 53.

2. JEAN HORT, *Antonin Artaud: Le suicidé de la société*, Geneva, Editions Connaitre, 1960, p. 28.

Em 1922, Artaud assinalou a um amigo, ao descrever entusiasticamente o trabalho de Dullin: "Os cenários são até mais estilizados e simbólicos do que no Vieux-Colombier. O seu ideal é o ator japonês que representa sem acessórios"[3]. E o próprio Dullin, muitos anos mais tarde, lembrou a Roger Blin o entusiasmo juvenil de Artaud para com o teatro oriental:

> Enquanto que eu era atraído pelas técnicas do teatro oriental, ele já estava indo bem mais longe do que eu, nessa direção, e, de um ponto de vista prático, isto se tornava às vezes perigoso. Quando, por exemplo, em *Prazer de Honestidade*, de Pirandello, fazia o papel de um negociante, subiu ao palco certa noite com uma maquilagem facial inspirada pelas pequenas máscaras que servem de modelo aos atores chineses; uma maquilagem simbólica que se achava apenas ligeiramente fora de lugar em uma peça moderna[4].

Em 1924, Artaud veio a conhecer Breton, Aragon, Desnos e Vitrac, o embrião do movimento surrealista e, com eles, tomou parte ativa nessa revolução. O terceiro número da revista do grupo, *La Révolution surréaliste*, foi publicado sob a sua direção, e a maioria dos artigos deste número, "uma hosana em honra do Oriente e seus valores"[5], saíram da pena do próprio Artaud, embora assinados por outros membros do grupo[6]. A "Carta às Escolas de Buda" e a "Oração ao Dalai Lama" acentuam tanto os aspectos negativos quanto os positivos que os surrealistas haviam de encontrar no Leste: de um lado, uma força destrutiva, selvagem, que repudia o positivismo, a lógica e o materialismo, que consideravam típicos do modo de vida ocidental e, de outro, um convite à espiritualidade, à unidade, à vida interior. Os surrealistas admiravam o Oriente quer de Buda quer de Átila. "Nós somos seus fiéis servidores, ó Grande Lama!", brada Artaud. "Dá-nos, envia-nos, tua iluminação, numa linguagem que nossas contaminadas mentes européias possam entender e, se necessário, muda nosso Espírito, faze para nós um Espírito que esteja voltado para aquelas perfeitas alturas onde o Espírito do Homem não mais sofre"[7]. E ele conclama Buda a "vir derrubar nossas casas".

A lealdade ao Oriente era mais forte em Artaud do que sua lealdade aos surrealistas, sendo inevitável que um individualista tão decidido deixasse o grupo... ou fosse expulso. Ele os fustigou energicamente alguns anos depois pelas filiações políticas que adotaram, pelos esforços que envidaram para levar a cabo uma

---

3. PAULE THÉVENIN, "1869-1948", *Cahiers de la Compagnie Madeleine Renaud Jean-Louis Barrault*, n. 22-23 (maio 1958), p. 19.

4. *Ibid.*, p. 21.

5. MAURICE NADEAU, *Histoire du surréalisme*, Paris, Editions du Seuil, 1945, p. 107. (Trad. bras.: *História do Surrealismo*, São Paulo, Perspectiva, 1986, Debates 147).

6. THÉVENIN, *op. cit.*, p. 23, n. 12.

7. ANTONIN ARTAUD, *Oeuvres complètes*, Paris, Gallimard, 1956 - 1966, 6 v., I, 262.

revolução social, pelo engajamento no domínio físico, quando, de acordo com Artaud, a grande revolução tem de ser uma revolução do espírito, uma metamorfose do que ele chamava de alma. O ponto é importante, creio eu, porque sublinha a espécie de revolução que aspirava para o teatro. Mudanças físicas no teatro, como na vida de um homem, só podem surgir de mudanças radicais nas condições internas.

Para mim [declarava Artaud] o surrealismo nunca foi algo mais do que um novo tipo de magia. Imaginação, sonhos, toda essa intensa liberação do subconsciente, cujo propósito é trazer à superfície da alma aquilo que em geral ela mantém oculto, devem necessariamente produzir profundas transformações na escala das aparições, no valor semântico e no simbolismo do que é criado [8].

Durante toda a sua vida, preocupou-se em achar o que qualificava de cultura mágica. Foi com este propósito que viajou para o México, onde viveu entre os índios Tarahumara, tomando peiote, testemunhando às danças rituais e tentando perder o senso do eu na comunhão de identidade com a escarpada paisagem montanhosa, que correspondia tão bem à sua própria angústia interior. Só é de lamentar que não fosse dado a Artaud a oportunidade de descobrir a cultura mágica de Bali, cuja relativa complexidade, cultura totalmente integrada e centrada na religião, poderiam satisfazê-lo de maneira mais profunda do que a cultura simples, mesmo se impressionante, com que se deparou entre os Tarahumaras.

Bali oferece uma anomalia no mundo de hoje: uma civilização que viveu por várias centenas de anos em contato com outras civilizações, inteiramente diversas, e conseguiu, não obstante, preservar a pureza. Por uma assombrosa força de elasticidade, os balineses podem acolher influências externas e assimilá-las a tal ponto que se tornam parte integrante da cultura balinesa autóctone. A capacidade de assimilar — e no entanto permanecer pura — se deve sem dúvida, em grande parte, à unidade da vida balinesa, produto de sua religião. Em Bali, é totalmente impossível separar a vida religiosa da profana; tudo o que o indivíduo faz, seja trabalho seja divertimento, quer lhe cause dor ou lhe dê prazer, relaciona-se com os deuses e, na verdade, é executado para os deuses. Dançar em Bali é dançar para os deuses: comprazê-los, mostrar-lhes a alegria de ser balinês, de ter recebido a encantadora ilha por terra natal; ou, em épocas de doença ou desastre, procurar a beneficência dos deuses.

O dançarino balinês não é um profissional no sentido em que os dançarinos ocidentais o são. Não se dedica (ou só o faz em raros casos) exclusivamente à dança, pois na maioria das vezes labuta no campo ou na aldeia; e, quando algum turista adquire da comunidade aldeã uma apresentação diurna de dança, o balinês

---

8. *Ibid.*, p. 287.

Rangda ataca o príncipe no drama Rangda balinês. A máscara do monstro, vivamente pintada, destaca presas horrendas e olhos bulbosos. O servidor de Rangda, com sua máscara cômica de dentes salientes, está à espreita no fundo.

é obrigado a abandonar seu trabalho sem receber em troca qualquer remuneração. O dinheiro que o visitante pagar à comunidade pela exibição será recolhido ao tesouro do templo, destinando-se a custear novas indumentárias para os bailarinos, novos instrumentos para o *gamelan* (orquestra de gongos), ou à manutenção do equipamento velho. Uma das mais espantosas metamorfoses oferecidas pelo mundo do teatro ocorre quando o tenso e heróico guerreiro, de olhos esbugalhados, a dançar o Baris, sai da área de desempenho e, sem remover a maquilagem, porquanto não usara nenhum elemento desta natureza, converte-se em risonho escolar ou em tímido camponês. O executante balinês é, entretanto, um profissional, em um sentido em que muitos atores ocidentais não o são. Dispendeu anos de disciplina e adestramento a fim de aprender a técnica requerida, às vezes ao emprego das cordas vocais, porém com mais freqüência ao completo domínio do corpo inteiro, o controle total de cada músculo das pernas, braços, torso, peito e rosto.

Em Bali, talvez mais do que em qualquer cultura conhecida, a dança é algo central e orgânico à vida da comunidade. Deve-se realmente dizer dança *e* drama, pois em Bali uma coisa envolve a outra e elas são indistinguíveis em termos genéricos. As apresentações, de preferência à classificação segundo o predomínio das palavras ou dos movimentos coreográficos, o são pelo tipo de estória que refletem. Qualquer celebração de importância vem acompanhada pelo drama-dança. Na verdade, nem sequer é necessário uma celebração, sendo poucas as noites em que o visitante não consegue encontrar em Bali alguma exibição de dança ou drama para assistir. É bastante curioso que, em um país onde a dança é tão preponderante, não haja nenhuma dança de convivência social.

A dança em Bali é altamente especializada e é o único drama-dança, de meu conhecimento, que nos preserva uma forma de teatro tão próxima do ritual que nenhuma execução é possível sem a prévia realização de cerimônias religiosas; no entanto, ao mesmo tempo, o "teatro" de Bali está suficientemente afastado do ritual para ser visto como representação, como exibição ou entretenimento. O drama-dança enquanto exibição é típico de estádios relativamente avançados de civilização, ao passo que as danças ritualísticas e mágicas parecem mais características de níveis primitivos de cultura. A arte do teatro em Bali pode ser captada precisamente naquele momento em que as cerimônias religiosas emergem de suas origens puramente ritualísticas e se tornam os primórdios do que conhecemos por teatro.

Uma descrição pormenorizada do drama e dança balineses não teria cabimento aqui, particularmente quando o admirável estudo de Beryl de Zoete, *Dance and Drama in Bali*, e a vivaz introdução de Miguel Covarrubias, *Ilha de Bali*, levantam tão bem o assunto. Estas obras específicas possuem mais um valor para nós; publicadas em 1937 e 1938, refletem o estado da dança em Bali por volta da mesma época em que Artaud viu os dançarinos desta procedência na Exposição Colonial. A despeito de sua flexibilidade, a dança balinesa não mudou radicalmente desde então. "O grande e inerradicável encanto dos balineses é que sua tradição é simultaneamente tão firme e tão flexível"[9], diz de Zoete. Lado a lado com os fortes elementos tradicionais, encontra-se um amor pela novidade e experimentação, que conduz a uma incrível variedade de aldeia para aldeia, assim como de ano para ano, dentro da mesma aldeia. Danças vêm e vão, novas formas nascendo das velhas; influências estrangeiras (a ópera malaia, por exemplo) deixam sua marca no conteúdo ou no costume da dança, sem que isto dê ao balinês qualquer sentimento de incongruência.

O executante balinês, como os próprios criadores das danças e dos dramas, é em certo sentido anônimo. Não há astros (rara exceção é Mario, criador do Kebyar, renomado internacionalmente) e quando o dançarino se lança no palco — que em Bali fica em qualquer lugar — ele passa a ser possuído por seu papel. Embora possa ocasionalmente dançar durante horas sem compreender que personagem específica está retratando (pois as estórias são muitas vezes decididas somente depois que a função começou), o dançarino sempre serve de veículo à dança; ele nunca expressa a si mesmo. Depois que a gente assiste a certas danças de caráter patentemente mágico ou ritualístico, nos é dito que um deus ou um demônio, estava dançando no executante, que se achava inteiramente possuído. Há, na verdade, menininhas que, não tendo jamais recebido adestramento de dança, executam as mais complicadas danças enquanto se acham em transe, às vezes sobre os ombros de acompanhantes masculinos.

Não é preciso dizer que Artaud se mostrou agudamente sensível a esse estado de transe, possessão ou outridade mental dos dançarinos balineses, e algumas de suas passagens mais notáveis são descrições de momentos durante os quais o executante parecia realizar uma ligação com alguma misteriosa força superior:

> Encontramo-nos aqui repentinamente em profunda angústia metafísica, e o rígido aspecto do corpo em transe, endurecido pelo assédio de uma espécie de maré de forças cósmicas, é admiravelmente expresso por essa dança frenética, tesa e angulosa ao mesmo tempo, onde a pessoa sente de súbito que a mente começa a cair verticalmente.
>
> Como se ondas de matéria estivessem se precipitando uma sobre as outras, arremetendo suas cristas na profundeza e acorrendo de todos os pontos do horizonte para inserir-se em uma porção ínfima de frêmito, de transe, — e recobrir o vazio do medo [10].

9. BERYL DE ZOETE e WALTER SPIES, *Dance and Drama in Bali*, Londres, Faber and Faber, 1938, p. 45.
10. ARTAUD, *The Theater and Its Double*, p. 65.

Um tal estado submerso de existência é de extraordinária importância para entender-se a reação de Artaud diante da dança balinesa e sem dúvida vai muito longe na explicação do encanto mágico que ela exerce. Através do dançarino, convertido em uma espécie de médium, ao mesmo tempo que é um artista, nós, a platéia, entramos em contato, por mais tenuemente que seja, com alguma experiência situada além de nosso mundo cotidiano. Somos de algum modo postos em contato com o que Artaud chamaria um absoluto. E esta, precisamente, é a função do teatro — não a de lidar com pequenos adultérios contemporâneos ou com preocupações sociológicas, psicológicas e políticas do dia. O teatro, para Artaud, deve visar a algo mais profundo, mais universal, mais significativo, em última instância, do que o mundo dos velhacos e tolos. O que ele imagina é uma espécie de tragédia cósmica em que os grandes temas da criação, devir, caos e destruição são revelados.

Em nosso presente estado de degenerescência, Artaud sente que tal propósito só é exeqüível através dos órgãos; o ataque contra nós deve ser físico, com o emprego de todos os sentidos. No teatro balinês tem-se a impressão de que, antes de ficarmos reduzidos à linguagem lógica, às fórmulas prontamente apreendidas, estes temas cósmicos encontraram o caminho para os próprios corpos dos dançarinos e tornaram-se, por seu intermédio, o que Artaud chama de pensamentos em puro estado. Os gestos dos dançarinos, seus trajes, expressões faciais, penteados, tudo serve de uma espécie de símbolo. E, qual um símbolo, precisam ser vagos, indicando a via para alguma realidade absoluta ou secreta. Dizer que o cisne de Mallarmé é o poeta é destruir o símbolo, assim como dizer que Orfeu é o poeta é aniquilar o mito. A verdade do mito e do símbolo deve necessariamente ser ambígua, polivalente.

Artaud faz a mesma observação acerca do teatro. O fato de a inteligência não poder apreender tal segredo não importa: "... iria diminuí-los, e isto não tem interesse nem sentido. O que é importante é que, por meios positivos, a sensibilidade é posta em estado de percepção mais profunda e aguda, e isto é o próprio objeto da magia e dos ritos dos quais o teatro é apenas um reflexo"[11]. Não é de surpreender que o teatro balinês se afigurasse a Artaud como a resposta a todas as doenças do teatro dramático ocidental, pois o drama-dança de Bali situa-se precisamente na bifurcação onde magia e ritual podem achar seu reflexo no teatro.

Um corolário de semelhante ambigüidade é que a linguagem como meio de comunicação intelectual exerce função reduzida no drama. E de fato, se concordarmos que o propósito do drama deveria aproximar-se do da poesia, tal como imaginado pelos principais poetas simbolistas, não se pode deixar de refletir que a busca simbolista do absoluto levou à rejeição das palavras.

11. *Ibid.*, p. 91.

Para uma poesia assim a rejeição é fatal. O teatro, entretanto, possui outros recursos, e uma das principais metas de Artaud foi a de nos lembrar que o teatro é, acima de tudo, um espaço físico a ser preenchido. Este fato, que parecia de há muito esquecido por nós, exerceu um efeito salutar, quando revivido na década de 1930.

Em seus momentos de maior fanatismo, Artaud investe contra a inutilidade da linguagem. Está disposto, porém, a admitir que as palavras têm sua função na representação teatral; mas esta função, insiste ele, precisa ser redefinida, porque nós perdemos a capacidade de conceber algo do teatro em termos separados (divorciados) da literatura. A linguagem mais do que servir de veículo ao pensamento, à transmissão de idéias, deve ser arrancada de sua função "normal" e forçada a expressar algo de novo; isto é

> revelar suas possibilidades de produzir choque físico; dividir e distribuí-lo ativamente no espaço; lidar com entonações de maneira absolutamente concreta, e restituir-lhes o poder que elas teriam de dilacerar e manifestar realmente qualquer coisa, é voltar-se contra a linguagem e suas fontes baixamente utilitárias, poder-se-ia dizer alimentares, contra suas origens de besta acossada, é enfim considerar a linguagem sob a forma da *Encantação* [12].

Através desta linguagem, que assume uma nova espécie de presença, e através dos movimentos dos atores, criamos uma "poesia natural", uma "poesia no espaço", que deve ser a verdadeira poesia sensível do teatro. Semelhante uso da linguagem não pode, por certo, lidar coerentemente com idéias. Mas Artaud não almeja idéias coerentes e claras no teatro, porque idéias claras "no teatro, como alhures, são idéias acabadas, mortas" [13]. Devemos lutar antes por uma obra de arte dinâmica, em constante mudança, de cujas profundezas está sempre a ponto de se materializar um significado. Esta corrente elétrica, sempre se agitando entre o ser e o nada, aponta para um mundo de Absolutos, o mundo invisível das forças cósmicas que devem constituir a preocupação real do teatro. Como o ritual religioso, o drama precisa ser o ponto de encontro onde o humano e o não-humano, o significado e o caos, o finito e o infinito se juntam.

Semelhante dimensão metafísica é sugerida em muitos níveis na dança balinesa: as próprias estórias tiradas dos grandes livros religiosos hindus, o *Ramayana* e o *Mahabharata*, ou de antigas lendas balinesas; os elementos cerimonias ou rituais; o estado de transe já mencionado; os temas do embate cósmico corporificado nas danças Barong e Rangda; as incessantemente cambiantes expressões faciais em mudança constante dos intérpretes, seus movimentos adejantes e mesmo suas indumentárias que, Artaud o

---

12. *Ibid.*, p. 46.
13. *Ibid.*, p. 41.

sente, os relaciona de algum modo estranho com o resto da natureza e até com algo além: "São como grandes insetos cheios de linhas e segmentos feitos para uni-los a não se sabe que perspectiva da natureza da qual não parecem ser mais do que uma geometria destacada"[14]. Talvez os mais dramáticos de todos estes dispositivos cósmicos, se assim os chamarmos, sejam os monstros que aparecem em muitas formas da dança e do drama balinês. Nós, no Ocidente, perdemos aparentemente nossa sensibilidade para com essas encarnações de forças cósmicas. Podemos ser tentados a rir, pretende Artaud, mas, ao invés, trememos ante o espetáculo dos demônios balineses, pois eles devolveram efetivamente ao teatro "um pouco daquele grande medo metafísico que está na base de todo o teatro antigo"[15].

A música, que acompanha boa parte da dança e do drama balineses, desempenha um grande papel na indução de um estado de sensitividade para com as forças invisíveis. A música do *gamelan*, composta em grande porção de instrumentos da família do gongo, ora tilintando e encantando, ora irrompendo qual um turbilhão de violência, nos suga para dentro de seus padrões incrivelmente complexos, exercendo um poder hipnótico e induzindo, às vezes, tanto no executante quanto no ouvinte, um estado que parece o de transe. Tão íntimo é o relacionamento entre intérprete e músicos que em certas danças é o dançarino quem dita o ritmo do *gamelan*, dando a impressão de que os próprios movimentos do executante produzem as abafadas batidas metálicas dos gongos ou os agudos golpes dos tambores. Artaud, com seu lirismo e febre habituais, descreve o fato da seguinte maneira:

> Eles dançam e estes metafísicos da desordem natural que nos restituem cada átomo de som, cada percepção fragmentária como se ela estivesse pronta a retornar a seu princípio, souberam criar entre o movimento e o ruído junturas tão perfeitas que estes ruídos de madeira oca, de caixas sonoras, de instrumentos vazios, parecem como se fossem dançarinos de cotovelos vazios e executá-los com seus membros de madeira oca[16].

O universo sugerido pelo drama-dança, como o mundo habitado pelo aldeão de Bali, é mágico, pois o elemento metafísico e o sobrenatural são fundamentais na sociedade e religião balinesas. O natural e o sobrenatural não constituem dois mundos separados, porém facetas diferentes do mundo familiar, cotidiano. Desde a infância o balinês está acostumado, pelas peças do teatro de sombras, dramas-dança e danças de transe, magicamente poderosos, a considerar a representação simbólica uma realidade em si própria. E pela mesma via aprende a ver as múltiplas formas da realidade como símbolos, embora possa não ter a sofisticação

14. *Ibid.*, p. 64.
15. *Ibid.*, p. 44.
16. *Ibid.*, p. 65.

necessária para verbalizar tal atitude. Noite após noite, durante horas sem fim, fica sentado, enfeitiçado, ante o espetáculo de um mundo em que deuses e semideuses, demônios, bruxas e heróis encontram príncipes, primeiros-ministros, simples mortais, bufões e animais. Em tempos de tensão, ele pode testemunhar danças extáticas nas quais as próprias divindades descem do Monte Agung a fim de caminhar sobre a terra. Sem dúvida em sua vida cotidiana o balinês se depara constantemente com magia, encantação, ritual. Um jovem estudante de Ubud confidenciou um dia que não gostava de uma certa mulher porque ela era uma *leyak* — um demônio que se alimenta de carne humana. Estava convencido disso, pois certa noite ele a vira, andando pela estrada, converter-se de repente em coelho.

Se o sobrenatural é uma paisagem familiar para o balinês, o mesmo se pode dizer de sua experiência com o teatro, porquanto encontra o teatro em toda a parte. O mais das vezes este apresenta-se diante da parede de um templo, mas também pode ocorrer numa clareira de estrada ou num pavilhão construído especialmente para reuniões comunais. Como o elisabetano — ou o chinês ou o japonês — o homem em Bali sente real intimidade com o espetáculo e pode assisti-lo de um lado qualquer, dos três ou até quatro lados possíveis. Mas os teatros clássicos da Inglaterra, China e Japão foram, em certa medida, bastante além de seus primórdios rituais, e por isso desenvolveram um senso mais acentuado de distinção entre ator e espectador. Em Bali, crianças e adultos agachados, sentados ou de pé, horas a fio apinham-se ao redor do "palco".

De um lado da área cênica fica o *gamelan*, que comporta muitas variedades, conforme a espécie de estória ou o estilo de drama-dança a ser representado. Neste palco central não se faz uso de cenários e nunca há qualquer indicação visível de mudança de cenas. Ao invés, a localização é sugerida por meio do diálogo, do gesto ou da expressão facial. Os adereços são poucos, incluindo ocasionalmente uma cortina através da qual os dançarinos entram, umas poucas sombrinhas, bandeiras, lanças e leques. Não se usa maquilagem, afora pó de arroz, pintas e lunares (utilizadas por homens e mulheres), a face branquicenta do palhaço e as máscaras para certos gêneros. A expressão facial, o emprego sugestivo da linha do corpo, os graus de intensidade, força ou delicadeza bastam para transformar um velho em jovem guerreiro ou em linda princesa.

As personagens no drama-dança balinês, como as da *commedia dell'arte*, são tipificadas. Os papéis femininos incluem a gentil princesa ou rainha, o demônio, papéis femininos secundários (às vezes antes masculinos no estilo: a rival, a madrasta), e a *tjondong*, a servidora. Todas estas figuras podem, ocasionalmente, ser desempenhadas por homens. Os caracteres masculinos — em geral os de reis, príncipes, enamorados, demônios — pertencem a uma dentre duas categorias, *aloes* ou estilo refinado, *krasa* ou estilo rude. As principais figuras masculinas têm costumeiramente dois servidores: o *penasar*, uma espécie de mestre de cerimônias ou ministro que também serve de intérprete, quer falando pelo principal protagonista ou refletindo sua linguagem no idioma balinês local; e o *kartala*, ou bufão, cujos movimentos e diálogo são em larga medida improvisados. Estes dois servidores são os favoritos da multidão e, amiúde, são autorizados a desviar-se da trilha da peça, desenvolvendo interlúdios cômicos de grande extensão.

O uso de gestos e movimentos na dança balinesa é uma ciência complexa, estreitamente regulada pela tradição. Em pouquíssimos casos somente emprega-se o *mudras*, uma espécie de linguagem de sinais derivada da dança hindu. Em geral os gestos servem para evocar sentimentos, atitudes, estados de ânimo; nunca representam palavras específicas, como acontece em regiões mais próximas da Índia.

Há muitos tipos de dança e drama em Bali, bem como muitas variações de cada espécie, a qual pode ir de danças extáticas, extremamente simples e primitivas, até complexos dramas-danças. Pretendo agora descrever as execuções de cinco dos números mais impressionantes que pude presenciar no curso de minha visita a Bali, em 1964. Destes, o Legong e o Baris foram vistos por Artaud, na Exposição Colonial de 1931, e tive a boa sorte de assisti-los na execução do mesmo grupo — o *gamelan* Peliatan — que Artaud vira na Exposição. Pelo menos um membro do conjunto que se apresentou na Exposição ainda representava no *gamelan*. As outras danças que vou descrever, o Ketjak, Sanghyang Djaran e a peça Barang, embora não tenham sido como tais testemunhadas por Artaud, contribuíram com alguns elementos para o programa que lhe foi dado presenciar e serão de ajuda para iluminar suas reações.

A mais abstrata e etérea das danças balinesas, o Legong, é sem dúvida responsável em grande parte pela idéia errônea, tão espalhada no Ocidente, de que as dançarinas balinesas são meninas. Moças de todas as idades executam certas danças em Bali, mas no Legong só jovens pré-núbeis podem bailar. Há por certo, para isto, razões religiosas, relacionadas com a pureza do período pré-menstrual, mas também comparecem importantes razões estéticas. Em um país de mulheres delicadas, apenas as meninas mais encantadoras e delicadas são escolhidas para as apresentações do difícil Legong. Elas desfrutam certa distinção em suas comunidades e também lhes proporcionam determinado grau de prestígio por sua habilidade.

Com altas coroas piramidais de couro dourado ou ouro batido, admiravelmente cravejadas, tecidas e ataviadas de flores, com os corpos coleantemente emoldurados em pesadas sedas, densos brocados de ouro e brilhante magenta, três jovens representam o conto do Rei de Lasem que, tendo raptado a filha de seu inimigo, tenta cortejá-la; ela o repele e ele parte para a guerra contra o pai da princesa, encontrando no caminho o pássaro do mau agouro com quem entra em luta. "Representam" talvez seja uma palavra demasiado forte, pois a estória do Rei de Lasem é apenas sugerida de um modo extremamente sutil. Com o fito de entender o que está acontecendo, é preciso estar familiarizado de antemão com os eventos, pois o Legong acha-se a tal distância da narrativa que é quase pura dança. A primeira dançarina entra com os dedos distentidos, curvados para trás, no sentido do punho, tremendo incessantemente, e com o corpo naquela curiosa postura assimétrica tão típica do movimento balinês. Ela é em geral um pouco mais velha que as duas outras moças. Trata-se da *tjondong*, a dama de honor da princesa. Depois que a dama executou uma peça introdutória, a princesa entra; ela é dançada pelas duas mais jovens e esta dupla aparição não causa espécie a ninguém. Em certos momentos, uma das moças representa o Rei que tenta cortejar a outra. Mais tarde, uma das bailarinas aparece com asas sobre os braços — é a parte mais claramente "representacional" da dança. Utilizando um leque como espada, o Rei defende-se contra o pássaro e, posteriormente, em batalha contra o irmão da princesa.

Os Legongs variam de aldeia para aldeia; podem ser apresentados no seu todo ou os dançarinos podem simplesmente executar certas secções. De qualquer modo, a essência do Legong é, todavia, sua imaterialidade, sua misteriosa vaguidão, a mistura que faz de leveza etérea e encanto com partes inopinadamente vigorosas, nas quais, de um modo distante, sonhador, abstrato, as meninas — oito a dez anos de idade — evocam o amor do Rei, a sua partida para a guerra e sua peleja.

Similar ao Legong na estilização é o Baris, uma dança cerimonial de guerra. Ao contrário do Legong, porém, é um bailado extremamente viril, o mais das vezes executada por um rapaz ou por grupos de homens. Hoje é visto em geral em forma de solo, como dança altamente abstrata, sem conteúdo narrativo, acompanhada pela selvagem vibração da música do *gamelan*. Os movimentos angulares, rápidos, nervosos, do bailarino, e seus olhos esbugalhados, dardejando constantemente de lado a lado, lembram a tensão do guerreiro quando se aproxima do inimigo, em guarda cuidadosa contra uma surpresa, trêmulo de apreensão.

Se o Legong e o Baris são formas de dança das mais refinadas, o Ketjak parece reverter a um tipo mais primitivo. A famosa dança do macaco, que todos os visitantes assistem em Bali, é executada à noite por um grupo numeroso de jovens à volta de um candelabro chamejante. Seus corpos morenos, envoltos apenas em uma tanga rebrilham a esta luz, enquanto permanecem sentados, estreitamente entrelaçados, ora imóveis, ora movendo-se para frente e erguendo para o ar mãos trementes, ora deitando-se de costas no regaço de quem está atrás, o tempo todo cantando ou chilreando "chak-a-chak-a-chak", o som inflando-se na noite escura em torno do círculo de luz. Às vezes metade da roda se levanta qual uma parede, enquanto a outra recua, rítmica, magicamente, os rapazes cantam; entrementes, lentamente um recitador, ou um dançarino, ou dois, se destacam do meio ou entram no círculo. À chama bruxuleante, sob uma ocasional chuva de fagulhas, os dançarinos e o recitador evocam a estória do *Ramayana*, que descreve como o rei demônio de Lanka rapta a noiva de Rama; com o fito de recapturá-la, Rama obtém a ajuda do deus-macaco e seu exército.

Mais uma vez, como no Legong, ao espectador não iniciado passa inteiramente despercebido que uma estória está sendo representada. A parte do relato evocado varia segundo a aldeia e o ano. Umas poucas meninas executando um Legong representam a noiva raptada e sua criada; um rapaz com flores na cabeça encarna, talvez, Rama, cujo servidor bufonesco usa máscara grotescamente humorística. A estória é desimportante, pois o drama contido na maioria das danças balinesas é de todo diverso do que aparece tradicionalmente no drama ocidental. O espectador balinês não poderia estar menos interessado no relato como tal. Uma vez que todas as narrativas são familiares, qualquer parte da estória pode representar o todo e, para o espectador, é de pouca importância, aparentemente, o ponto em que o caso começa ou acaba. Para os balineses, drama é *ação*, movimento; ficam absorvidos, indica Beryl de Zoete, "no ritmo, numa ação geral e não particular". O drama, acrescenta ela, "é transmitido somente através do ritmo intensificado de dança e nunca no raso nível da realidade"[17].

O Ketjak surgiu do acompanhamento da dança-transe e conserva ainda toda a aura alucinatória mágica, sobrenatural que se costuma associar à possessão e ao transe. Depois de ver o Ketjak, assisti ao Sanghyang Djaran ou dança-transe a cavalo. Os mesmos jovens em suas tangas cantavam o acompanhamento, mas desta vez, em lugar de girar em torno de um candelabro, estavam sentados em dois grupos em ambas as extremidades da área de desempenho. No meio havia uma fogueira, que começava a morrer quando chegamos. Um aldeão reavivou-a e, quando as brasas passaram a brilhar intensamente, ele as espalhou por uma extensão plana de três ou quatro pés de circunferência. O sacerdote da aldeia entrou então, trazendo à volta da cintura uma estranha espécie de cavalinho de pau, com uma cabeça muito pequena perdida numa crina branca e um rabo alto que se erguia cerca de seis pés no ar atrás dele. Caindo em transe, o sacerdote começou a trotar para frente e para trás através das brasas acesas, chutando-as com os pés nus. Quando o coro Ketjak cantava de um lado, ele trotava em sua direção, sendo então chamado de volta, através do fogo, pelo coro do outro lado. Tratava-se no caso

---

17. DE ZOETE e SPIES, *op. cit.*, pp. 17-18.

Em cima: A conclusão da peça Rangda. Os defensores do Barong, frustrados em seus esforços para matar Rangda, caem em transe e voltam seus crises contra si próprios. À esquerda, um guerreiro começa a sair do transe, enquanto que no fundo, sacerdotes se aproximam, trazendo água sagrada e flores. (*Foto*: autor.) *Embaixo*: O Ketjak, ou dança de macaco, em geral executado à noite. O coro simiesco tagarela e canta ruidosamente em torno de uma fogueira acesa; entrementes, personagens mascaradas no centro representam uma cena do *Ramayana*. Note-se aqui, como em outras partes, o templo que serve de plano de fundo para a maioria dos espetáculos. (*Foto*: autor.)

de uma atuação puramente ritualística destinada a acumular a boa influência dos deuses; só em termos muito frouxos poder-se-ia classificá-la de dança, pois não parecia haver padrão, nem movimentos estilizados ou coreográficos. Se o transe tivesse durado longamente, tornar-se-ia enfadonho, pois os meios artísticos não eram suficientes para exercer sua magia sobre o incréu. Mas ficamos impressionados ao fim da apresentação, quando o sacerdote caiu duro no chão, e o maioral da aldeia nos convidou a examiná-lo de perto, se assim o desejássemos. Não havia traço de carvão ou queimadura em seus pés; explicaram-nos que um deus descera para bailar no corpo do sacerdote e que fora a divindade que escoiceara através das brasas acesas.

Nas antípodas deste Sanghyang Djaran puramente ritualístico, primitivo, situa-se a complexa peça Barong, Tjalonarang, que, como tudo em Bali, existe em uma multidão de formas. Mas em todas as suas formas, por mais distante que possam estar do ritual puro, surgem em grande evidência elementos rituais, religiosos e mágicos.

A peça Barong usa todas as formas de dança e drama balineses: danças mascaradas e outras refinadas ou grosseiras; interlúdios bufonescos; diálogos falados e cantados; e acompanhamento de *gamelan*. A versão mais popular mostra episódios da luta entre o rei javanês, do século XI, Erlangga, e a hedionda bruxa-viúva Rangda, uma perversa mulher de grande poder sobrenatural que, no drama balinês, se torna a encarnação de tudo o que é nefando, mortífero, desastroso. Interlúdios de pura dança e momentos de comédia de pancadaria alternam-se com cenas tensas em que a feiticeira e seus sequazes saqueiam sepulturas, devoram crianças mortas, preparam-se para causar infortúnio a todos os habitantes de Bali e são finalmente desafiados por um príncipe. O clímax da peça ocorre quando o Barong, um monstro benfazejo que está ao lado do homem — mas ainda assim um monstro — tenta matar Rangda. Quando o Barong parece estar levando a pior na batalha, seus auxiliares, um grupo de moços da aldeia, particularmente predispostos ao transe, precipitam-se em sua ajuda. Atacam com seus crises a monstruosa bruxa velha, mas a roupa mágica a protege destes assaltos. Frustrados, caem em transe, voltando os crises contra si próprios e tentando perfurar seus próprios peitos. O poder benéfico do Barong, entretanto, impede que se firam a si mesmos — e, se um ou vários fossem tomados de *amok*, há numerosos auxiliares ali postados para lhes tomar os crises, e um sacerdote para tirá-los do transe com água sagrada e flores. Presenciar esta representação é entrar em um mundo onde nossos comportamentos racionais, cotidianos, não parecem ter mais qualquer realidade. A pessoa é atraída, quase a despeito de si mesma, à magia do grande embate cósmico que está sendo representado, e é levada ao estreito mundo do inconsciente e do que fica atrás tal como sugerido nas ferozes danças-transe.

De muito interesse é o fato de não haver resolução para este drama. Não se sente que o Barong vença Rangda ou que a própria Rangda seja vitoriosa. Se esta fosse vencida na peça, o seu espírito nas bruxas aldeãs poderia enraivecer-se e causar malefícios à comunidade. O universo do mal precisa ser lisonjeado e aplacado. Mas há um equilíbrio saudável no mundo balinês; enquanto existir, força mágica branca, benéfica, armazenada em quantidade suficiente para a comunidade, é possível manter a doença e o desastre em estado inativo.

O universo mágico dos balineses, em que o homem permanece a meio caminho entre o mundo inferior invisível dos demônios e o mundo superior invisível dos deuses e se acha em constante contato com ambos, dificilmente podia deixar de atrair Artaud. O programa, que ele viu no Pavilhão Holandês da Exposição Colonial, deu-lhe generosa exemplificação dos vários aspectos do drama-dança balinês. Consistia em nove números, dois dos quais (o primeiro e o quinto) eram aparentemente de instrumentos: 1) Gong; 2) Dança Gong; 3) Kebyar; 4) Djanger; 5) Lasem; 6) Legong; 7) Baris; 8) Rakshasa; 9) Barong[18].

A poesia do teatro — uma presença ativa, concreta, uma poesia no espaço — é às vezes vista como som refletido de maneira visível. Tal poesia, acredita Artaud, pode "fascinar e enlear os órgãos" e "pôr o espírito fisicamente na trilha de algo diferente". A dança Gong, aparentemente um Kebyar, constitui um exemplo magnífico de semelhante poesia visível. Em geral é executada por um jovem sentado no meio do *gamelan*. Raramente, se é que o faz alguma vez, fica de pé, movendo-se sobre as pernas dobradas que manipula feito molas flexíveis. Esta dança mostra a íntima associação existente entre dançarino e música; de fato, os movimentos do dançarino são o mais das vezes uma exibição da música, uma projeção de cada sutileza de seus ritmo e melodia através das expressões faciais e dos gestos constantemente variados do bailarino. Nas palavras de Artaud, isto evidencia como um som "tem seu equivalente em um gesto e, em vez de servir de decoração, um acompanhamento de um pensamento, causa seu movimento, dirige-o, destrói-o ou o modifica por completo"[19].

A descrição do Kebyar, feita por Beryl de Zoete, é tão vívida que vale a pena citá-la extensamente. O apaixonado frenesi que o historiador infunde à sua pintura desta dança sugere que Artaud não foi inusitado na sua apreciação dos executantes balineses. A principal diferença, cumpre notar, é que de Zoete, mais objetiva que o poeta francês, não vê (ou ao menos não

---

18. Sou profundamente grato a meu amigo Melvin Phillips por esta informação pormenorizada, proveniente do programa que ele conseguiu pacientemente descobrir para mim, em Paris, há alguns anos atrás.

19. ARTAUD, *The Theater and Its Double*, p. 39.

descreve) uma dimensão metafísica nos puros gestos da dança. Mas ela discerne semelhante dimensão no encontro de Rangda com Barong, bem como em outras manifestações da dança balinesa.

O dançarino Kebyar fica sentado com a cabeça curvada, leque na mão, no meio do quadrado formado pelo *gamelan*... O tambor dá o sinal, ecoa um acorde estridente e imediatamente o dançarino salta, tomado de vida, tenso e ereto, com o leque a tremular febricitante. Seus olhos disparam rápidos olhares da direita para a esquerda, para cima, para baixo; seu pescoço freme em um movimento incrivelmente rápido, no entanto preciso, que se desenvolve de um lado a outro. Seu corpo todo está em constante e trêmula resposta à música. Acentos frenéticos e doçura lírica intercambiam-se; ora ele se precipita qual um turbilhão, ora se congela depois em um gesto, como que inundado até a rigidez com o rufante sonido. Seus olhos estreitos, como se ele se defendesse dos acentos estrondeantes, cerrando cada entrada.

Mas no Kebyar tudo é fugaz. De súbido o dançarino é tomado de vida deslumbrante, e vive brilhantemente no ar, cada fibra de seu corpo, olhos, dedos, pescoço, cintura, quadris, respondendo à música com sutil orquestração interna. Deixando cair o leque, ele tece a textura da música em visibilidade com dedos maravilhosos e encantadoras curvas de braço e cintura [20].

Tal execução, refletindo uma centena de emoções, sugerindo medo e terror, afetando com sorriso um doce ar em seguida, depois passando para suspeita, desprezo, admiração, divertimento, arrasta o espectador, quase despercebidamente, a uma série de emoções que ele próprio experimenta. Ao mesmo tempo este admira a imensa habilidade, o adestramento, a antiga tradição (embora o Kebyar em si seja uma forma moderna) que permite ao executante obter com uma economia tão restrita o que se é tentado a chamar um universo inteiro de emoção, criar uma poesia visível cujo significado aparece encarnado na própria representação.

A parte do programa que impressionou Artaud foi sem dúvida a dos números finais, a começar pela notável dança de guerra que, conforme as indicações do programa, conduz às danças Barong e Rakshasa. Ele observa a suntuosidade teatral com que os balineses conseguiram revestir a luta interior do herói: um embate entre ele e um mundo de fantasmas que desatrela todas as forças do medo cósmico e do caos à espreita, por trás da máscara de ordem, que tentamos impor à vida.

A descrição da última dança apresentada no programa mostra que se trata de uma variante da dança Barong descrita anteriormente, embora aqui o Barong seja uma personificação das negras forças demoníacas, parecendo-se mais a Rangda do que ao beneficente Barong.

20. DE ZOETE e SPIES, *op. cit.*, p. 234.

Arjuna [o herói de *Bharata Yuddha*, o poema javanês baseado na batalha descrita no *Mahabharata*] retira-se da vida civil com o fim de obter, pela penitência, o direito de utilizar uma arma miraculosa que lhe permitirá vencer os inimigos. Shiva deseja experimentá-lo e envia-lhe ninfas celestes com o propósito de desviá-lo da meta. Após o malogro desta primeira tentação, Shiva manda Suprabha, a mais formosa das ninfas, mas nem ela logra seduzir Arjuna. Shiva decide então que ele é digno de usar a arma miraculosa. Os demônios se opõem com todo o seu poder à ascensão de Arjuna à pura vida espiritual, e mandam para combatê-lo:

Rakshasa (um demônio). Ele não consegue encontrar Arjuna, razão pela qual é transformado em um animal lendário chamado de:

Barong, que, na qualidade de rei da floresta, provoca Arjuna para o combate.

Arjuna triunfa e mata o *Barong*.

O "senso balinês das exigências plásticas do palco só se equipara ao seu conhecimento do medo físico e dos meios de desencadeá-lo", pretende Artaud. E ele nos lembra do terrificante demônio com quem Arjuna peleja. O teatro ocidental, atado às suas preocupações cotidianas, esqueceu a teatralidade dos monstros, o puro frêmito dramático derivado da simples vista da monstruosidade. Numa recente apresentação de *Seis Personagens em Busca de um Autor*, quando a Sra. Pace entrava através das cortinas bordadas de sua loja, a platéia toda como um único ser prendeu a respiração por um longo momento: a criatura que estávamos vendo era uma atriz enorme, de uns cento e vinte a cento e cinqüenta quilos, um incrível monstro de carne e osso que parecia a encarnação visível do mal a ameaçar as personagens. Semelhante visão, não seria capaz de nos prender e ferir tanto mais profundamente, se o monstro tivesse alguma conexão real com nossas mais fundas preocupações? Os teatros orientais ainda podem nos proporcionar este frêmito significativo, e os balineses o prodigalizam nos monstros, demônios e bruxas extraídos de seu numeroso panteão. Os mais impressivos são indubitavelmente o Barong e a Rangda. Artaud viu o Barong, em uma de suas múltiplas formas, na apresentação acima descrita. Num espetáculo de gala, balinês, ele deve ter assistido à peça Rangda, similar em muitos aspectos ao drama-dança Tjalonarang (v. pp. 22-23), bem como um Sanghyang (transe) e um Topeng (peça de máscaras).

Rangda, a viúva-feiticeira, a assombração dos cemitérios, é por certo o mais aterrorizante dos monstros balineses. Ela se constitui de uma grotesca máscara branquicenta, com nariz e sobrancelhas douradas, enormes olhos esbugalhados, duas grandes presas brancas saindo da boca e um número qualquer de dentes afiados e brilhantes, através dos quais cai uma longa e larga língua vermelha, coberta de espelhos e outros enfeites. Seu cabêlo, de alva e plumosa pele de cabra, desce em profusão à volta da cabeça, até os pés. Nas mãos calça luvas com dedos peludos e unhas compridas. De sua frente bamboleiam longas tetas pendentes e os intestinos, feito salsichas, dos mortos que ela devorou.

A peça Rangda. Em cima: O Primeiro-ministro, uma personagem cômica, é assaltado pelo servidor de Rangda. Este apresenta os mesmos seios pendentes e intestinos bamboleantes que se vê na caracterização de Rangda. (*Foto: autor.*) *Embaixo*: O encontro dramático entre o monstro malévolo, Rangda, e o monstro benigno, o Barong. Rangda segura um pano mágico que a torna invencível. (*Foto: autor.*)

Traz um mágico vestido branco que a torna invisível e a protege dos inimigos.

Seu adversário na peça Tjalonarang, o benéfico Barong (que é, todavia, uma das numerosas formas que este monstro assume) é uma imensa criatura manipulada por dois homens dispostos no seu interior, um formando a parte detrás e outro a da frente. Este último manobra as mandíbulas estalantes da pequena cabeça escarlate do Barong, a qual, apesar dos largos enfeites de couro dourado, dos grandes olhos salientes e da barba preta, parece perdida em meio à juba e demasiado miúda para o vasto corpo daquele ser. O rabo fica erguido 6 a 8 pés no ar, balançando na ponta uma sineta que tilinta a cada passo, enquanto, ligeiramente parvo, o Barong curveteia na clareira de um modo bem-humorado. (Quando a religião não está separada da vida, ela pode permitir-se o luxo de conservar o senso de humor, e é lícito ao homem rir com ou de seus deuses e demônios.)

Através dessas assustadoras, às vezes divertidas, sempre expressivas e impressionantes bestas e monstros míticos, muito significativos e vivos para o espectador, o drama-dança atinge um nível abaixo da consciência e, ao mesmo tempo, provoca uma reação física não somente no transe, que amiúde segue o aparecimento de Rangda, mas também no frêmito de medo, que agarra o circunstante, e no poder pasmoso com que semelhantes visões irreais, e no entanto reais, se apossam de nós. Os sentidos ficam enredados; o ser humano é transformado, não podendo mais ser, ao deixar a apresentação, o mesmo indivíduo enfatuado que era ao chegar.

Um vocabulário dos sentidos, empregado para induzir uma resposta espiritual ou subconsciente, indica uma unidade dos mundos do sentido e do espírito, um estado primordial de ser indiferenciado, aos quais a poesia desde o século XIX tem tentado reformar. Na realidade, Artaud utiliza uma das palavras-chave deste movimento, a *correspondance* de Baudelaire, que se refere à unidade espiritual entre as manifestações físicas e sua realidade "absoluta" ou "ideal", bem como à unidade existente entre as várias experiências dos sentidos. Artaud dá exemplos precisos do fenômeno:

> E as mais imperiosas *correspondances* estendem-se perpetuamente, do intelecto para a sensibilidade, do gesto de uma personagem para a evocação dos movimentos de uma planta através do grito de um instrumento. Os suspiros de um instrumento de sopro prolongam vibrações de cordas vocais com um sentido de identidade tal que não se sabe se é a voz ela mesma que se prolonga ou o sentido que desde as origens absorveu a voz. Um jogo de articulações, o ângulo musical que o braço faz com o antebraço, um pé que tomba, um joelho que se arqueia, dedos que parecem destacar-se da mão, tudo isto é para nós como um perpétuo jogo de espelho onde os membros do corpo humano parecem enviar uns aos outros ecos, músicas, onde as notas da orquestra, onde os sopros dos

instrumentos de vento evocam a idéia de um imenso aviário em que os próprios atores seriam o voejar[21].

Semelhante "metafísica do gesto", como boa parte da poesia moderna, não está destinada a apresentar idéias de forma predigerida, clara. Tampouco se espera que derivemos prazer intelectual de uma elaboração dos significados sutis do drama. Aqui, no drama balinês, como Artaud pretendia que fosse, testemunhamos um drama puro, passamos por uma experiência em que as muitas linguagens peculiares ao teatro, inclusive os hieróglifos humanos, criam uma poesia no espaço e estabelecem vibrações em todos os níveis. Este drama não é para ser comentado, para ser lido ou para ser descrito; é um drama para ser conhecido pela única maneira que o drama real pode ser conhecido: na execução.

Em outras palavras, o propósito do teatro é expressar objetivamente certas verdades secretas — objetivamente, porque tais verdades nos são transmitidas em imagens sobre o palco e, à parte do próprio espetáculo, a verdade não é evidente. Quando os dançarinos param de dançar, quando o *gamelan* cessa o seu dilúvio de sons, o drama desapareceu, ao contrário do teatro como nós o conhecemos no Ocidente que, segundo alguns pelo menos, ainda existe no texto quando não é executado. Artaud diria que um texto escrito não é drama enquanto não é desempenhado num palco e encontra assim suas dimensões plenamente desabrochadas, visíveis. E mesmo então a maior parte do teatro ocidental não é drama para Artaud porque se preocupa com problemas que não deveriam preocupar o teatro. Este não foi feito para resolver os conflitos psicológicos e sociais do homem contemporâneo, afirma o autor de *O Teatro e seu Duplo,* e na realidade, se o teatro primitivo constitui uma indicação válida sobre a função do drama, Artaud tem razão. Voltando às fontes, ele procuraria encontrar os primórdios mágico-religiosos do drama, numa tentativa de descobrir uma vez mais o "espírito de fábula" que perdemos.

Até uma dança tão simples quanto o Djanger presenciado por Artaud, que as notas do programa descrevem como representando as "admoestações de um pai à sua filha que escarneceu da tradição", parece-lhe apenas um pretexto. Chamando-o de "*sketch* simbólico", assinala que o conflito não é um conflito de sentimentos mas de estados espirituais, que são ossificados em gestos e se fazem assim objetivos. O resultado é que experimentamos o drama diretamente, sem intelectualização entre nós e a experiência. O drama se torna um "exorcismo para fazer fluir o nosso espírito"[22].

Tal preocupação com uma realidade interior, invisível, é típica de Artaud e, como observamos, constituía uma das obses-

---

21. ARTAUD, *The Theater and Its Double*, pp. 55-56.
22. *Ibid.*, p. 60.

sões que ele partilhava com os surrealistas. Sua busca na poesia, no drama e na própria vida era a do centro da existência ainda palpitante. Foi nesta procura que explorou a ioga, estudou alquimia e cartas *tarots*, e viajou para o México. É este centro que o drama deve revelar. A fim de fazê-lo, precisa falar as várias linguagens teatrais que apelam para o sentido, rejeitando em grande parte a linguagem das palavras com seu apelo ao intelecto. Um outro corolário é, por certo, a rejeição do autor e a supremacia do *metteur en scène*. Em termos ideais, acredita Artaud, o criador da inteira experiência teatral é o diretor, que não somente encena a representação como é igualmente responsável pelo texto — ou, antes, pelo cenário. O propósito de relegar o texto, as palavras, a literatura a papel sem importância na experiência teatral, com a conseqüente rejeição do autor, é, sem dúvida, aos olhos ocidentais em todo caso, a principal heresia de Artaud. Mas Artaud pertence à geração que, extremamente cônscia da mediocridade do teatro de sua época, intentou uma revolução, uma volta às fontes, quer através da linguagem-como--encantação de Giroudoux, da poesia visual do teatro de Cocteau, e quer do uso total dos recursos teatrais, advogado por homens como Gaston Baty e Max Reinhardt. Nós estamos apenas começando a provar os frutos desta revolução, hoje, ou talvez estejamos ainda no meio dela. O caráter extremo de uma posição como a de Artaud pode ajudar a estabelecer um equilíbrio saudável na cultura onde o texto é deus, onde os meios puramente teatrais são relegados a um lugar secundário.

O que é inegável é a influência significativa que Artaud exerceu sobre o teatro atual na obra de diretores como Barrault e de dramaturgos tão diferentes quanto Ionesco, Adamov, Genet e Weiss. É impossível ler *O Teatro e seu Duplo* sem ficar impressionado, repetidamente, com a fertilidade das idéias de Artaud sobre a importância do cenário e acessórios como objetos vivos na peça, a concretização da linguagem, o esplendor visual do monstruoso e gigantesco, e o profundo efeito de uma "crueldade" que nos arrancaria de nossa placidez.

O encontro de Artaud com o teatro balinês foi um *coup de foudre*, pois topou aí com todos os seus sonhos sobre o que o teatro deveria ser, encarnados. O assombroso é que ele pudesse compreender tão bem, o fato, pois, a despeito de seu preparo nas religiões e artes do Oriente, Artaud não tinha por certo nenhum conhecimento íntimo de Bali e da dança balinesa, antes de seu contato com a companhia que se apresentou na Exposição Colonial de 1931, uma vez que nenhum estudo daquela arte fora até então publicado em francês. No entanto, foi extremamente sensível ao espírito de Bali; conseguiu, em um breve encontro, apreender os aspectos essenciais dessa dança e drama, bem como sua firme integração na vida dos balineses. Ele é o mais genial e criativo intérprete de Bali para o Ocidente; se se equivoca em algum pormenor ocasional, compensa-o amplamente em frescor e brilho.

Poder-se-ia objetar que Artaud enxerga mais na dança balinesa do que o balinês médio. O papel do crítico, do poeta, do gênio, sempre foi o de ver o que observador médio é incapaz de divisar ou não tem consciência de ver. Constituiu o gênio de Artaud o poder de verbalizar por meio de sua prosa mágica, que carrega em seu seio tanto daquele espírito ofuscante da dança e do *gamelan*, aquilo que outros talvez hajam sentido com freqüência, mas que nunca foram capazes de expressar.

Quando olhamos para as criações teatrais do próprio Artaud — os cenários e o texto de sua montagem de *Os Cenci* — percebe-se de pronto que suas próprias obras não se parecem, de maneira alguma, com as técnicas que associamos à dança balinesa. Artaud não era tão louco a ponto de acreditar que a manifestação de um temperamento estrangeiro, que desenvolvera lentamente suas tradições no curso de centúrias, poderia ser transplantada, como parte integrante, para a nossa cultura ocidental. Colocar a Rangda ou o Barong no contexto de uma peça do Ocidente, querer utilizar os movimentos adejantes dos dedos ou os olhos dardejantes do Legong ou do Baris, seria, quase com certeza, enveredar por um beco sem saída. Nosso problema é, antes, o de encontrar, para o nosso próprio teatro, os equivalentes daquelas manifestações. A monstruosa Sra. Pace, em *Seis Personagens*, e a Mãe Peep, em *Matador*, de Ionesco, são talvez exemplos, ou, em um nível mais suntuoso, as fantásticas criações oníricas de Genet, no caso do General, do Bispo e do Juiz, em *O Balcão*, ou a monstruosa, hierática prostituta Warda, em *Os Biombos*. Existem muitas possibilidades de exploração deste reino e elas podem muito bem nos conduzir à redescoberta de partes de nós mesmos, para as quais o nosso teatro, orientado racionalmente nos cegou.

O relacionamento entre Bali e o Oeste é diferente do que se estabeleceu entre o Ocidente e os demais países de cujo teatro iremos tratar. A China e o Japão, por mais que possam diferir da Europa e da América, alcançaram civilizações da mais alta complexidade, e durante séculos ficaram expostos ao movimento que os afastou de seu espírito nativo, primitivo, abrindo-se devagar às influências externas. Não formam mais culturas inteiramente integradas como Bali, mas sua vida nacional, como a nossa, sofreu fragmentação em várias facetas. Significa isto que não nos é permitido usar o espírito e as técnicas de Bali porque são demasiado estranhas ao nosso modo de pensar, à nossa espécie de sociedade, organizada fracionada? Pelo contrário, uma compreensão melhor do teatro balinês pode servir para reconduzir-nos, talvez, a um tipo de drama mais nosso, mais intrínseco à nossa experiência de vida. Bali corporifica, como nenhum país moderno no Ocidente, a "idéia do teatro" evocada por Francis

Fergusson, a idéia de que o teatro é algo central à vida e ao bem-estar de um país. Nosso entendimento de semelhante idéia poderia ajudar-nos a trabalhar por um teatro que, tratando menos com os acidentes do momento particular e apelando para a sensibilidade histriônica bem como para as faculdades prelógicas, poderia servir de força unificadora em nossa vida, ao apontar para as fontes secretas de nosso ser e para as misteriosas origens da "condição humana".

Se pudermos empregar as técnicas específicas desenvolvidas pelos balineses, tanto melhor, pois elas, quiçá, nos auxiliem a promover um teatro que fale através de todos os sentidos ao homem total. Poderíamos reaprender a eficácia dos olhos, lábios e membros, usados de maneira não-realista, a possibilidade de combinar alta estilização e máscara com puro realismo. Em Bali, o Topeng ou dança mascarada logra criar personagens tão vivas como as que aparecem em qualquer teatro ocidental: através de movimentos estilizados, um jovem, revestido de uma máscara antiga, que parece ora risonha, ora sóbria, evoca deslumbrantemente um velho nos detalhes mais naturalísticos, assoando o nariz, coçando os braços e catando piolhos do corpo.

Com o fito de levar a cabo a dupla renovação artaudiana do tema e da técnica no teatro, precisamos chegar a uma nova compreensão do teatro, a uma nova atitude de espírito. Afinal de contas, Artaud não está preocupado com os aspectos esquisitos e periféricos do drama balinês, exceto na medida em que se relacionam com a essência deste teatro. Ele está em busca de uma verdadeira renovação espiritual, não apenas de uma fímbria decorativa.

2. Grandeza e Miséria da Ópera Chinesa

> *Se a arte é, como acredito, um desafio; se é um esforço épico para criar, em face da «natureza madrasta», um universo que é humano e somente humano, compreensível ao homem somente — então, o que temos diante de nossos olhos aqui é sua suprema consecução. Tudo aqui é criado — recriado.*
>
> VERCORS

> *[Os atores chineses] acabaram de provar que podem fazer o que quer que desejem, e conduzir o teatro à mais elevada fórmula, à perfeição.*
>
> J. COCTEAU

Quando a Ópera de Pequim se apresentou no Théâtre des Nations de Paris, em 1955, a maioria dos críticos recorreu a superlativos, tais como "perfeição assombrosa" e "o mais primoroso espetáculo do mundo", comparando a realização com as que assinalam as grandes épocas do teatro clássico no Ocidente ou evocando as brilhantes revelações dos *Ballets Russes* de Diaghilev em 1909. Semelhante atitude para com esta exótica forma de teatro era relativamente nova e sua origem podia ser referida, pelo menos em parte, às atitudes amplificadoras que nasceram na esteira das observações de Artaud a respeito do teatro oriental e do drama balinês, em particular.

O drama-dança balinês teve a boa sorte de ser descoberto em uma data relativamente tardia e ser então interpretado com compreensão por um escritor de gênio. Mas a ópera chinesa não teve a mesma felicidade. Este gênero deslumbrante, que Faubion Bowers considera "uma das formas mais perfeitas de teatro em qualquer parte do mundo", conheceu, no Ocidente, uma singular história de apreensão e interpretação errôneas. A Europa tomou conhecimento, pela primeira vez, do teatro chinês no alentado volume do Padre J. B. du Halde, *Descrição do Império Chinês e da Tartária Chinesa,* publicado em Haia em 1736. A peça aí contida, transposta pelo Padre de Prémare, havia de inspirar duas figuras principais das letras do século XVIII, Voltaire e Metastasio.

O Órfão da Casa de Tchao foi escrito durante o primeiro grande período da literatura dramática chinesa, o da dinastia Yuan (1277-1368). Com suas exigências estritas, a dramaturgia Yuan fixou a fórmula do drama chinês para os próximos quinhentos ou seiscentos anos e, em seu contexto, deparamos muitas das características associadas hoje à Ópera de Pequim: gesto e movimento simbólico estilizado, acompanhamento musical, partes cantadas, estórias complicadas e estiradas, com implicação moral. Uma nota prévia ao texto da tradução do Padre de Prémare nos informa que se trata de uma versão exata e nos adverte de que seremos surpreendidos pela mistura de canções com o diálogo. Prémare acrescenta que, "entre os chineses, as canções existem para expressar algum grande movimento da alma, como alegria, tristeza, ira ou desespero". Em seu texto, entretanto, o erudito jesuíta anota simplesmente que um personagem "canta" ou que "ele agora recita algum verso", mas deixa de transladar as canções ou o verso. Tais lacunas geram certos erros na maneira de Voltaire entender o gênero. É talvez demais esperar que um francês do século XVIII admita que qualquer outro país alcançou uma civilização igual à da França. A atitude enfatuada, cheia de si, adotada por Voltaire e outros europeus do século XVIII são típicas das atitudes ocidentais para com o teatro oriental, até época relativamente recente.

Em uma edição ulterior da tradução do Padre de Prémare, publicada em "Pequim" (na realidade Paris) por um certo M. Desflottes em 1755, o editor avisa ao leitor: "Sentir-vos-eis chocados sem dúvida com a extravagância que domina a peça; nossas regras não são absolutamente observadas... Os chineses pintam a natureza com todas as suas cores, mas não a cobrem com aquele polimento de arte que aumenta sua beleza". Em conclusão, diz: "A natureza sozinha, despida de qualquer assistência da arte, é o único guia deles".

É picante encontrar nos escritos de um europeu do século XVIII a própria crítica que o teatro oriental poderia dirigir ao nosso teatro, hoje. Fica-se suspeitando que M. Desflottes não assistiu a muitas apresentações de teatro chinês, pois suas conclusões são radicalmente contraditas por seu contemporâneo, La Loubère. Cito este último extensamente, pois é, dentre as descrições feitas no século XVIII, uma das poucas chegadas até nós que sublinham a encenação de preferência ao texto de uma peça chinesa. Ela salienta uma percepção de estilo, convenção e artificialidade:

> Todas as suas [dos atores] palavras são monossílabos, e eu nunca os ouvi pronunciar uma só sem um novo esforço do peito: pensar-se-ia que estavam sendo esquartejados... Um dos atores que desempenhou o papel de Juiz, caminhava de maneira tão grave que punha primeiro o calcanhar no solo, depois lentamente passava para a sola e por fim aos dedos, e, ao pisar no chão com a sola dos pés, começou a erguer o calcanhar, e quando os dedos o tocaram, a sola já se havia levantado. De outra parte, um ator diferente, andando de um lado para o outro como um maníaco, atirava os braços e as pernas em muitas direções exageradamente, e de forma ameaçadora, porém muito mais carregada do que a ação de nossos fanfarrões ou matamouros: era um General do Exército... O teatro tinha um pano dependurado no fundo e nada nos lados, como os teatros de nossos circos ambulantes [1].

A crer nestas palavras de La Loubère, a encenação teatral do século XVIII exibia muitas similaridades com as de hoje: a voz extremamente aguda utilizada por muitos atores, a maneira bem precisa de andar e mover-se determinada pelo tipo de categoria e caráter, o cenário simples contrastando incisivamente com os trajes enfeitadíssimos que La Loubère menciona em outra parte. As brilhantes vestimentas do teatro chinês são, com justiça, famosas e despertaram a admiração do Ocidente, já nos primeiros anos do século XVI, quando Magalhães relata ter visto uma pantomina representada "com extraordinário luxo de indumentárias".

Infelizmente, o texto de uma peça é amiúde uma pobre representação do próprio espetáculo, particularmente quando estamos a braços com uma obra tão estranha e uma tradição que nos é familiar. Lá onde Prémare anota, "eles cantam", o leitor ocidental só pode imaginar o cantar que ele conhece. Semelhante dependência de paralelos familiares explica parcialmente a primeira peça européia baseada em uma obra chinesa. Deve ter-se parecido muito a um *Micado* para o século XVIII, conquanto o intento fosse, sem dúvida, mais sério que o de W. S. Gilbert. Em 1741, William Hatchett publicou uma peça, com o seguinte título comprido e subtítulos: *The Chinese Orphan, An Historical Tragedy Altered from a Specimen of the Chinese Tragedy in du Halde's History of China. Interspersed with Songs, after the Chinese Manner* ("O Órfão Chinês, uma Tragédia Histórica Alterada a partir de um Espécime da Tragédia Chinesa na História da China, de Halde. Entremeada de Canções, segundo a Maneira Chinesa"). A obra de Hatchett é na realidade uma peça neoclássica inglesa, que observa a unidade de tempo (o original leva uns vinte e cinco anos) e é escrita em versos brancos. As

---

1. Citado por DESFLOTTES em sua epístola-dedicatória ao Padre de Prémare, *Tchao-chi-con-eulh, ou l'Orphelin de la Maison de Tchao*, Pequim [Paris], 1755, da p. 177 de LA LOUBÈRE, *Les Relations de la Chine*.

canções, "segundo a maneira chinesa", soam de um modo estranhamente handeliano.

L'Orphelin de la Chine ("O Órfão da China") de Voltaire, 1755, não é mais fiel ao original, nem se propôs a sê-lo. Os autores europeus do Século das Luzes voltaram-se para o exótico na busca de enredos e personagens de interesse. Mas não alimentavam o intuito de introduzir seu público a nada que se assemelhasse ao "barbaresco" teatro do Oriente, pois todos concordavam que os chineses, que tinham avançado tão longe em outros aspectos, encontravam-se ainda na infância no tocante ao drama. No rol de tais primitivos, os chineses não eram os únicos, pois os vizinhos europeus da França tampouco eram inteiramente civilizados em seu gosto dramático:

> Só é possível comparar *O Órfão Tchao* [nos diz Voltaire] às tragédias inglesas e espanholas do século XVII, que ainda agradam as platéias além dos Pireneus e do outro lado do Canal. A ação da peça chinesa dura vinte e cinco anos, como nas monstruosas farsas de Shakespeare e Lope de Vega, que eles chamam tragédias; são um empilhamento de incríveis eventos[2].

O autor chinês logrou dar à sua peça interesse e clareza, nos é dito, mas, afora estas duas qualidades, ela carece de tudo o mais: unidade de tempo e ação, desenvolvimento de sentimentos, retrato de maneiras, eloqüência, razão, paixão. Como Voltaire só podia ter conhecido o texto pela tradução parcial do Padre de Prémare, era forçoso que a peça lhe parecesse desprovida de paixão e eloqüência, pois o missionário simplesmente omitira as passagens líricas, versos e canções que, como La Loubère havia explicado, existiam para exprimir o "movimento da alma".

A montagem de *L'Orphelin de la Chine* na Comédie Française deu ao menos um passo na direção da autenticidade, pois Mlle Clairon, no papel de Idamé, não usava mais as saias-balão que a atriz vestia para todos os papéis, mas um traje chinês. Quando a peça estreou — ela teve dezesseis apresentações — Voltaire manifestou algumas apreensões. Em carta ao Marquês d'Argental (17 de setembro de 1755), escreveu que "tudo deveria ser novo e ousado, nada deveria cheirar a estes miseráveis adereços franceses e estas civilidades de uma nação assaz ignorante e louca para querer que as pessoas pensem em Pequim como o fazem em Paris".

Uma vez que Aristóteles e Horácio tinham descoberto as imutáveis leis do teatro e Boileau as codificara para o moderno homem civilizado, parecia, sem dúvida, inútil gastar tempo estudando formas e convenções dramáticas de povos menos ilustrados. Seguramente, como Voltaire era o primeiro a admitir, o conheci-

---

2. FRANÇOIS M. A. VOLTAIRE, "Epitre" a *L'Orphelin de la Chine*, La Haye, Jean Neaulme, 1755, p. V.

mento das peças chinesas seria capaz de aprofundar nossa compreensão do país e de sua gente como nenhum livro de viagem poderia ensejá-lo. Mas o interesse de Voltaire, e da maioria de seus contemporâneos, era extradramático; compunha-se de curiosidade, humanitarismo e um gosto pelo exótico que começava a acentuar-se cada vez mais no transcurso do século XVIII, quer na literatura, quer na pintura ou nos bibelôs. Como o Romantismo veio uma certa procura de autenticidade no drama chinês e, mesmo então, eram mormente eruditos que se dedicavam a esta busca. Até 1829, só era dado aos europeus ler três peças chinesas, imperfeitamente traduzidas: a do Padre de Prémare e dois dramas vertidos para o inglês por John Francis Davis, *An Heir in His Old Age* ("Um Herdeiro em sua Velhice"), 1817, e *The Sorrows of Han* ("Os Pesares de Han"), 1829.

Os anos de 1830 e 1840 viram um certo número de trabalhos e de traduções de caráter acadêmico, encabeçados pelos de Stanislas Julien. Seu *Relato do Círculo de Giz* (1832) iria conquistar um êxito prodigioso mais de um século depois, quando o gênio de Brecht adaptou a velha parábola chinesa ao palco moderno. Julien, em seguimento ao *Círculo de Giz*, efetuou uma correta e completa tradução de *O Órfão da Casa de Tchao*, excluindo apenas certas indecências. Em 1838, M. Bazin Aîné publicou um volume com quatro peças chinesas e uma introdução extremamente interessante, salientando o valor do estudo dos teatros exóticos, seja como retrato de maneiras estranhas, seja como quadro de acontecimentos históricos. Os valores teatrais da peça ou de sua apresentação atraem pouca atenção, embora os críticos comecem a notar semelhanças, nas técnicas de encenação, com as do palco shakespeariano — uma comparação mencionada por nove dentre dez autores a tratar do assunto no século seguinte.

Bazin Aîné ressalta o que denomina os fins morais do teatro chinês os quais, pretende ele, devem carregar o espectador ao pináculo da virtude. Acredita que o teatro estimula o chinês a ser ético não somente por meio de estórias morais, mas também através de um forte apelo às emoções; até os mais ignorantes, salienta Aîné, choram e gemem durante as cenas tristes. Em sua introdução ao *Conto do Alaúde*, vertido em 1841, o tradutor considera a obra como "o mais belo monumento dramático dos chineses" e acrescenta que, embora alguns achem os seus quarenta e dois quadros demasiado longos, é muito edificante. "Quem quer que leia o *Conto do Alaúde* sem derramar lágrimas copiosas, conclui ele, é um homem que nunca amou o pai nem a mãe" [3].

Hoje em dia, o que parece notável em uma peça chinesa é, acima de tudo, a estilização, o simbolismo, a imaginatividade da encenação, os movimentos, a maquilagem, a música. Os estu-

---

3. M. BAZIN AÎNÉ, *Le Pi-pa-ki ou l'Histoire du Luth*, Paris, Imprimerie Royale, 1941, Prefácio.

diosos do começo do século XIX mal proferem uma palavra sobre tais assuntos. Ocasionalmente nos é dito que um homem portando um chicote é um cavaleiro, que certas partes da apresentação são cantadas, que todos os atores são do sexo masculino, que as indumentárias são extraordinariamente ricas. De outro modo, os contemporâneos de Scribe, Hugo e Pixérécourt tendem a ver no teatro chinês apenas o que costumam ver nas peças ocidentais. Ninguém concebe a possibilidade de apresentar um drama oriental no estilo do Oriente ou de utilizar qualquer de suas técnicas em uma produção ocidental. Temos de aguardar o século XX para deparar com idéias tão espantosas, e o gênio de dramaturgos como Brecht e Genet.

As diferenças entre o drama europeu e chinês foram sumariadas por Brunetière em um de seus momentos menos luminosos, pois o conhecimento que tinha do gênero era unicamente de segunda mão:

> Entre o nosso teatro e o chinês a única diferença real que eu vejo... é a diferença entre o balbuciar de um bebê e as palavras de um homem adulto. O teatro chinês é, por certo, a criação de uma antiquíssima civilização e, como tal, uma civilização que é muito avançada em numerosos aspectos, porém em muitos pontos ela permaneceu na infância; ou, se preferirem, ficou imobilizada muito cedo em formas rígidas das quais não conseguiu livrar-se [4].

Esta afirmação faz parte de uma crítica que Brunetière escreveu acerca de um livro intitulado *O Teatro Chinês,* do General Tcheng-Ki-tong, publicado na França em 1886. A obra do general, incorrendo em vagas generalidades, lugares-comuns e clichês, ensina-nos mais sobre a ignorância de um chinês europeizado do que sobre o teatro. Sublinhando fins morais e até sugerindo que o teatro chinês é verístico, Tcheng-Ki-tong deixa de tocar em coisas tão essenciais quanto maquilagem, trajes, gesto, símbolos, estilização. Não é de surpreender que colhesse uma visão tanto mais negativa do drama chinês.

Até mesmo os europeus do século XIX, com experiência de primeira mão sobre o teatro chinês, parecem tê-lo abordado com um espírito fechado. Um exemplo particularmente irritante é o de um certo M. de Bourboulon, que esteve na China aparentemente por causa de alguma qualificação naval ou militar. Sua convicção de que todos os chineses eram de todo despidos de sentimento artístico foi apenas fortalecida por uma visita ao teatro. Os cantores, nos informa ele, "usam uma voz esganiçada acima de toda descrição. O efeito desta melodia estridente lembra o miar de um gato cuja laringe se apresentasse especialmente mal organizada". Após seu estudo do teatro, conclui:

4. FERDINAND BRUNETIÈRE, *Revue Littéraire,* 1.° mar. 1886.

O General Chang-fai em *A Bela Isca*, tal como apresentado pelo Foo Hsing de Formosa. Os desenhos abstratos no rosto indicam o caráter das personagens através dos padrões e da cor, mas ao mesmo tempo obliteram qualquer expressão humana. O tamanho e a monstruosidade do general são ampliados graças à coroa, muito alta, encimada de pompões que se agitam e às bandeirolas emblemáticas que se erguem dos ombros da personagem. (*Foto*: Escola de Ópera Foo Hsing.)

"Continuarei mais do que nunca a formular o mesmo aforismo: os chineses não têm nenhum conceito artístico" [5].

É irônico que este desapreço pelo teatro chinês corresse de par com o apreço parisiense pela arte oriental. Théophile Gautier escreveu poemas e contos pseudochineses; um dos heróis de Sardou (em *Pattes de mouche*, 1860) deu a volta ao mundo carregando um leque e uma sombrinha chineses. Hugo, um colecionador de arte oriental, tenta compor um poema "chinês". Talvez a pessoa mais surpreendente de todos esses orientômanos fosse uma filha de Théophile Gautier, Judith. Sem que jamais houvesse viajado, esta notável senhora escreveu um livro de viagens ao Oriente. Sem que nunca tivesse assistido a uma peça oriental, ela compôs dramas pseudochineses e japoneses. Mas seus conhecimentos da cultura oriental, sobretudo chinesa, eram bastante sólidos, pois desde muito cedo estudara chinês. O pai, compadecendo-se de um chinês residente em Paris que fora jogado numa cadeia, obteve a sua libertação e o empregou como preceptor da filha. Seu vínculo com a família tornou-se tão íntimo que o preceptor veio a ser conhecido como "le Chinois de Théophile Gautier".

Em 1863, após quatro anos de estudo, Judith Gautier publicou um volume de traduções de antigos e modernos poemas chineses e, cinco anos mais tarde, um romance "chinês" original. Seu maior sucesso teatral foi uma "tragédia japonesa", encenada no Odéon em 1880, *O Vendedor de Sorrisos*. Seguiram-se-lhe dramas japoneses e chineses igualmente singulares, com títulos tais como *A Filha do Céu*, *A Gueixa e o Cavaleiro*, *Princesa do Amor* e *A Túnica Celeste*. Dentre muitas dúzias de peças e operetas a representar o bizarro e encantador comportamento de criaturas pitorescas, abonecadas, chamadas por nomes como Fonte da Floresta, Luz Velada, Pequeno Abeto, Lótus Dourado, etc., as peças de Judith Gautier são o que há de melhor. Pois as outras estão cheias de absurdos tão titilantes quanto uma luta entre os imperadores chinês e tártaro em 1900, um beijo dado à imperatriz da China pelo imperador, um porta-lanterna japonês que fala de uma sopa de ninho de andorinha como uma grande iguaria.

Ao fim da primeira década do século XX, as posturas provincianas começaram a desaparecer. Viajantes, estudiosos e gente de teatro passaram a admitir que os atores chineses podiam representar com sutileza e encanto e que o drama do Oriente não podia ser julgado por critérios do Ocidente. Uma esmerada adaptação e apresentação de um texto dramático da dinastia Yuan em 1910 é sintomático da mudança de atitudes e da distância a ser ainda coberta. *Pesar no Palácio de Han*, de M. Louis Laloy, denota a mão de um estudioso bem familiarizado com o teatro

---

5. G. DE BORBOULON, "Les Représentations dramatiques en Chine", *Correspondant*, maio 1962, p. 98.

chinês, que no entanto não ousa apresentar uma peça sem adaptá-la ao gosto gaulês: "A fim de mostrar semelhante obra no palco francês, foi necessário retrabalhá-la radicalmente, pois de um lado o drama chinês abunda em partes cantadas e, de outro, dispensa cenários. Tornou-se mister desenvolver o diálogo, para diminuir a parte musical, reduzida aqui aos recursos da poesia e sobretudo para retesar o estilo"[6]. Em outras palavras, caberia concluir, foi preciso converter uma peça chinesa em um produto cabalmente francês. De outra parte, Laloy ansiava por evitar a China fictícia, de lanternas de papel, túnicas de mandarim, longas unhas nas mãos e passos miúdos, não tão bem evitados em *O Jaleco Amarelo*, que desfrutava grande popularidade nos Estados Unidos, por volta da mesma época. Este objetivo, digno de louvor, resultou em uma obra que era uma representação fiel de uma China *humana*, ainda que a própria peça constituísse uma traição à dramaturgia chinesa.

Em um dos mais simpáticos estudos sobre o teatro da China, Camille Poupeye ressalta que o espetáculo chinês visto por nós usualmente no Oeste tem pouca coisa em comum com o espírito dramático chinês. Até as peças tomadas diretamente da literatura da China, como *Pesar no Palácio de Han*, *O Jaleco Amarelo* ou *O Círculo de Giz*, acham-se, diz ele, "tão distantes das encenações originais quanto uma comédia musical americana dista de uma ópera wagneriana"[7]. Ele atribui o fato às liberdades que os adaptadores se permitem com o texto. A mim parece que uma causa mais séria reside na ignorância dos encenadores ocidentais e no adestramento inadequado de nossos atores, que não estão acostumados a usar o corpo e a voz de maneira não-naturalista.

O ano de 1924 testemunhou a adaptação, feita por Klabund, de *O Círculo de Giz*, que iria inspirar a obra-prima de Brecht. Desde essa data até o presente, assistimos a uma ampliação crescente do entendimento ocidental com respeito à China e a outros países orientais, bem como a suas artes e literatura. Muito se deve a pessoas como Prémare e Judith Gautier, que prepararam o caminho por meio de obras que hoje podem se nos afigurar incompletas, esquisitas ou preconceituadas. De igual importância foram o rápido desenvolvimento no século XX do cosmopolitismo e dos progressos técnicos que permitiram a realização de viagens mais extensas e mais freqüentes, aumentando destarte os contatos e a compreensão de culturas estranhas. Estudiosos como Tchu-Kia-kien ou Iacovleff[8], diplomatas esclarecidos como Claudel e

---

6. Citado em um artigo sem identificação em *Théâtre des Arts* (1910), dossiê na Bibliothèque de l'Arsenal, Paris.

7. CAMILLE POUPEYE, *Le Théâtre chinois*, Paris e Bruxelas, Editions Labor, s.d., p. 52.

8. TCHOU-KIA-KIAN e A. IACOVLEFF, *Le Théâtre chinois*, Paris, Brunoff, 1922, é um dos primeiros estudos esclarecidos sobre o teatro chinês.

Soulié de Morant, que escreveram obras a respeito da cultura chinesa, exerceram igualmente certa influência. Mas foram sobretudo as visitas de Mei-Lan-fang à América e à Rússia, e mais tarde as viagens de companhias da China e ·de Taiwan, que tornaram o resto do mundo consciente da qualidade artística do ator chinês e sugeriram a possibilidade de utilizar esta qualidade, ou os próprios textos, de uma forma mais fecunda.

A fama de Mei-Lan-fang, um dos maiores artistas orientais, já estava difundida na década de vinte e sua excursão pelos Estados Unidos, em 1930, constituiu um triunfo pessoal que abriu vistas das mais ricas para o mundo teatral do Leste. Os russos, já familiarizados com certas técnicas chinesas, que diretores teatralistas, como Vakhtangov e Meyerhold haviam aplicado em montagens experimentais, sentiram-se não menos fascinados pelo ator chinês, quando ele·visitou o país em 1935; Mei-Lan-fang causou uma impressão duradoura em figuras tais como Eisenstein e Brecht, que o encontraram nesta época.

As excursões da ópera de Pequim à Europa, em 1955, 1958 e 1964, converteram-se em nova revelação das fascinantes possibilidades sugeridas por outro universo de teatro. Antes de discutir quatro encenações modernas "abstraídas" da ópera chinesa, gostaria de mencionar várias técnicas particularmente interessantes a ela associadas, relacionando-as às apresentações da ópera de Pequim em Paris e à recepção crítica que lhes foi dispensada, pois estas encenações levaram a várias criações artísticas realizadas por figuras centrais do mundo teatral francês contemporâneo.

A designação ópera chinesa refere-se em geral à ópera de Pequim, o *ching hsi* que se desenvolveu, *grosso modo*, há cerca de cem anos, combinando vários estilos de representação e espécies de música. Em suas linhas mais amplas foi fixada na dinastia Yuan (1277-1368), mas assumiu sua forma específica só muito recentemente. Embora as várias partes de uma apresentação estejam bem integradas, podemos, por uma questão de conveniência, dividi-las no aspecto visual e no auditivo. De fato, poucos críticos deixam de mencionar a cacofonia e o estrépito suscitados pela orquestra contra as quais se erguem as vozes estridulamente lamentosas dos cantores.

O impacto visual da encenação cobra força de um surpreendente contraste entre as brilhantes e suntuosas vestimentas dos atores e o tablado nu sobre o qual algumas peças de mobília se apresentam como símbolos. Em papéis que exigem rosto pintado, os semblantes das personagens aparecem cobertos de padrões geométricos fantásticos, em deslumbrante série de cores. Os padrões e as cores possuem um significado simbólico: o *connoisseur* reconhece a traição pela quantidade de branco na face do ator, a lealdade pela quantidade de vermelho, a piedade pelo amarelo, as qualidades sobrenaturais pelo ouro.

A Bela Isca, encenada pela Foo Hsing. *Em cima:* O mau Primeiro-ministro. Mais uma vez as feições humanas são estilizadas com maquilagem simbólica e a teatralidade é sublinhada por meio de colorida indumentária, penteado impressionante e barba patentemente falsa. (*Foto*: Escola de Ópera Foo Hsing.) *Embaixo:* Uma cena de luta. As quatro bandeiras e penas de faisão indicam que o jovem é um general. O combate é estilizado de maneira acrobática. (*Foto*: Escola de Ópera Foo Hsing.)

Os altamente estilizados e cuidadosamente controlados movimentos de pernas, braços e mangas portam significados específicos. O mesmo é verdade no tocante à posição da cabeça, aos movimentos dos olhos e da boca. Todo movimento de qualquer parte do corpo revela caráter, situação e alguma ação específica, usualmente em termos simbólicos. O exemplo mais conhecido é o ato de andar a cavalo que o ator simboliza quando carrega um chicote. Ao desmontar, entrega o chicote ao servidor. Outro exemplo, proveniente de *O Rio de Outono,* uma donzela cruza um rio para encontrar-se com o seu amado; não há barco nem rio, mas o ritmo da passagem é imitado com perfeição.

Como outros atores orientais, o chinês é um dançarino e muitas vezes um cantor, bem como um intérprete falante. A simplicidade dos meios, centrando a representação inteira no comediante e em seu corpo como instrumento, é uma das grandes lições da ópera chinesa. O apelo à faculdade criativa de cada observador, a quem é permitido imaginar sua própria montanha (uma cadeira) ou seu próprio vão de porta (uma invisível soleira transposta pelo ator), lembra-nos o palco shakespeariano. Na verdade, a construção do teatro chinês e o bulício que amiúde não pára durante o espetáculo (as pessoas conversam, tomam chá, comem) são assombrosamente similares às condições reinantes nos teatros elisabetanos.

Como no palco shakespeariano, a luz da ópera chinesa não muda para indicar a noite. Ao invés, os atores revelam o grau de escuridão requerido por meio de seus movimentos. Uma das peças representadas em 1955 intitulava-se *Os Três Encontros*; pintava um encontro noturno em uma estalagem, durante o qual oficiais dos exércitos inimigos intentavam roubar uma carta. A luta era retratada através de uma brilhante exibição de acrobacias. Os acrobatas brilhavam de novo nas cenas de batalha de *Reboliço no Reino do Céu* e seu virtusiosismo — demonstrado em grandes saltos, cambalhotas reversas, saltos mortais, pulos para dentro ou para fora de um dédalo de corpos e bandeiras rodopiantes — suscitou grande entusiasmo entre os espectadores. Na verdade, um dos aspectos da ópera chinesa que tem atraído mais atenção no Oeste é a perícia dos acrobatas. Kenneth Tynan nos adverte contra o erro de miopia na visão das acrobacias teatrais chinesas:

> Pode-se objetar que nada de muito profundo ali ocorre; mas não posso chamar de superficial uma arte que explora, com extasiado e apurado amor, as próprias nascentes do movimento físico, falando a linguagem do corpo tão ardentemente que um braço flexionado se transforma em símile e um simples salto mortal em metáfora [9].

9. KENNETH TYNAN, "Stars from the East", em *Tynan on Theater*, Harmondsworth, Middlesex, Penguin Books, 1964, pp. 238-239.

M. Georges Lerminier, um dos principais críticos parisienses, ficou pasmado com o desempenho dos acrobatas chineses, mas, em 1955, hesitava em admitir que tal maestria atlética pertencia ao teatro. Quando a *troupe* retornou em 1958, porém, ele se mostrou mais entusiástico:

> A peleja dos guerreiros celestes e dos guerreiros da água, e o combate singular da mulher rebelde e do general celeste são... shakespearianos. Por três anos estive pensando no que um diretor ocidental poderia fazer com as batalhas em *Júlio César, Rei João* ou *Ricardo III*, recorrendo aos acrobatas do Circo Medrano [10].

Jean-Louis Barrault aparentemente compartilhou deste entusiasmo, pois em sua subseqüente encenação de *Júlio César* empregou atletas da École de Joinville nas cenas de batalha, que foram completamente estilizadas. Não era, talvez, tanto uma imitação das batalhas da ópera chinesa quanto uma afinidade de espírito; já em 1933 Barrault "coreografara" as cenas de refrega na famosa montagem de *Ricardo III* realizada por Dullin; uma vez mais, em 1945, Barrault "desenhou" as cenas de batalhas de sua própria montagem de *Antônio e Cleópatra*. Barrault, cumpre rememorar, é um herdeiro espiritual de Copeau e Dullin, sendo que ambos expressaram repetidas vezes sua admiração pelas sugestivas, poéticas e altamente controladas artes dramáticas do Oriente.

As acrobacias, que tanto impressionaram o Ocidente, constituem uma inovação relativamente recente na ópera de Pequim; a anedota pretende que foram incluídas a pedido da Imperatriz-Viúva, que gostava de ver os atletas executando suas deslumbrantes proezas, desnudos até a cintura. Em contraposição, a música da ópera, uma parte muito mais essencial da apresentação e presente desde o início, não conseguiu sensibilizar de modo algum o público ocidental.

Os espectadores parisienses comentaram com deleite e assombro tais aspectos particulares, mas, ao mesmo tempo, sentiram-se impressionados com o grau em que todas as facetas da realização estavam integradas, usando todos os recursos disponíveis do teatro. Houve gritos de consternação a respeito do caráter incompleto da arte dramática européia, quando comparada à chinesa, e os críticos lembraram as grandes eras do passado, especialmente o teatro grego, que oferece uma síntese similar de drama, pantomina, dança, música. Robert Kanters sumaria a opinião crítica em termos bastante nítidos e faz algumas sugestões interessantes para o ator e diretor ocidentais. Ele merece ser citado extensamente.

> Esta é a grande lição e a grande maravilha para nós, o fato de não haver ruptura entre o que é *music-hall*, teatro e ópera... um espetáculo ao mesmo tempo mais carregado de significação, mais divertido e até mais

---

10. GEORGES LERMINIER em *Parisien libéré*, 5 maio 1958.

realista do que as cenas de batalha no Chatelet [operetas espetaculares] ou até as de Mr. Peter Brook. Isto porque cada ator, cada figurante, é utilizado da cabeça aos pés, com todos os seus recursos em cada sentido, como uma palavra singular ou um instrumento singular. Ah!, se M. Gérard Philipe, ao representar a cena da narrativa de Cid pudesse contar igualmente com os movimentos de braço e perna de Mme Tchang Mei-kiuan que efetua prestidigitações com um incrível número de azagaias...

Sem ir tão longe, é óbvio que temos muito a aprender da tradição teatral chinesa, ainda que seja unicamente para reavivar e manter de maneira mais fiel as tradições teatrais de nosso Ocidente [11].

As sugestões de Kanters não são tão heréticas como poderiam soar de início. Basta lembrar os grandes teatros do passado, para compreender quão drasticamente o drama moderno diminuiu os recursos teatrais. Os nomes de Shakespeare e Sófocles surgem aqui a propósito e não é de surpreender que dramaturgos como Claudel, influenciados como estavam pelos elisabetanos e gregos, fossem do mesmo modo receptivos às grandes tradições teatrais do Oriente. Na verdade, seguindo a fecunda sugestão de Kanters, tem-se a impressão de que, mediante o emprego de alguns dispositivos do teatro oriental, as obras-primas do passado ocidental poderiam ser apresentadas em um estilo muito mais semelhante ao das encenações originais do que o das montagens por nós em geral testemunhadas no teatro moderno. O caminho está sem dúvida semeado de perigos, mas os resultados seriam dignos do risco, em especial se se considera a mediocridade das representações de Shakespeare e Ésquilo a que estamos expostos com freqüência, representações que reduzem a grandeza de gigantes teatrais às dimensões prontamente compreensíveis do estúdio de televisão ou do palco de enquadramento cinematográfico. Um *Hamlet* encenado em roupas de ensaio permanece, não importa quão notável a declamação ou profunda a caracterização, um simples ensaio de um drama cujas dimensões imensas têm de ser alcançadas visualmente, pela cor, indumentária e movimento. Através do teatro oriental, abordando o problema obliquamente, talvez sejamos capazes de descobrir, uma vez mais, uma aproximação destas dimensões, expressa de maneira ligeiramente diversa, mas significativa para nós, hoje em dia. Um estudo cuidadoso do espírito e das técnicas do teatro oriental há de abrir novas portas e poderá tornar nosso teatro, de novo, um verdadeiro teatro de festa.

AVENTURAS

Nos últimos trinta anos foram efetuados diversos experimentos de teatro chinês para o Ocidente. Selecionei quatro que representam graus variados de abstração a partir do gênero original, atacando o problema de semelhante transposição em quatro modos diferentes; os primeiros dois usam óperas chinesas e as duas úl-

11. ROBERT KANTERS em *Express*, 5 maio 1958.

timas adaptam-nas completamente a uma chave ocidental. Estas abordagens variadas sugerem algumas das dificuldades encontradas, bem como algumas das soluções descobertas.

O primeiro, *O Sonho Borboleta,* dista apenas ligeiramente da própria ópera chinesa, porquanto os atores profissionais americanos que a representaram foram adestrados por atores de Pequim nos detalhes do estilo chinês de apresentação, sob a competente direção de A. C. Scott. O segundo, a tradução feita por S. I. Hsiung da ópera *Senhora Regato Precioso,* que obteve grande popularidade na Inglaterra e no Continente, fornece um texto que pretende ser fiel ao original chinês. O terceiro é composto dos escritos de Bertolt Brecht que denotam o contato do dramaturgo com o drama chinês. O quarto, relacionado apenas indiretamente com o teatro chinês, é formado pelas peças de Jean Genet, que mostram uma consciência das técnicas orientais e refletem o contato do autor com a ópera chinesa numa chave inteiramente transposta.

"O Sonho Borboleta"

Em 1961, o Professor A. C. Scott foi consultado para saber se dirigiria a encenação de uma ópera chinesa para o Institute for Advanced Studies in Theater Arts (IASTA). Autor conhecido de cinco ou seis livros sobre teatro japonês e chinês, bem como de numerosas traduções, Scott era a escolha óbvia para semelhante empreendimento. Hesitante a princípio, sentiu-se convencido quando assistiu à montagem bem-sucedida de uma peça japonesa de Kabuki, apresentada no IASTA e dirigida pelo ator Kabuki Onoe Baiko.

O IASTA foi fundado pelo Dr. e Sra. John D. Mitchell, não como vitrine de talentos de atores, mas como uma oficina onde jovens profissionais do palco americano pudessem familiarizar-se com tradições teatrais estrangeiras sob a direção de mestres dessas tradições. Desde 1959, encenaram, para um pequeno público de convidados, obras de tradições tão diversas quanto as da ópera chinesa, Kabuki, drama-dança hindu, teatro espanhol da Idade de Ouro, bem como a comédia e a tragédia clássicas francesas [12].

Uma vez aceito o desafiante encargo, a primeira tarefa de Scott foi a de selecionar uma peça. Como a música constitui parte essencial da ópera de Pequim, era mister escolher uma obra que não perdesse muito com a omissão de sua música vocal, pois jovens atores ocidentais não seriam capazes de principiar sequer a dominar as técnicas do canto chinês no período de

---

12. Em 1966, o IASTA começou a apresentar montagens para platéias comerciais, com bastante sucesso. As primeiras foram *Phèdre* de RACINE e *O Sonho Borboleta.*

seis semanas, destinado a tal fim. *O Sonho Borboleta,* uma importante peça do repertório chinês, como variante do conto sobre a Matrona de Éfeso, parecia uma escolha adequada.

Quando o problema musical foi solucionado com a transposição das partes cantadas para versos brancos, restou o imenso trabalho de infundir no elenco o conhecimento da movimentação cênica chinesa: caminhar, correr, gesticulação simbólica, complexos movimentos de manga, expressão facial, movimentos de cabelos (inclusive a barba), dança e algumas quase acrobacias. O conjunto foi ajustado à música orquestral gravada em Hong Kong e adaptado de modo a servir ao palco ocidental, que é de tamanho menor, às diferenças de tempo e ritmo entre os textos oriental e inglês, à habilidade de movimento do ator do IASTA e assim por diante. A experiência está registrada de maneira divertida no artigo de Scott, "O Sonho Borboleta", que apareceu no *Drama Survey* do outono de 1962. Quero apenas salientar aqui dois ou três pontos.

O texto de *O Sonho Borboleta,* indica-o Scott, é somente uma estrutura verbal: quer dizer, o valor literário de uma obra assim é ligeiro. Sua inteira valia reside na experiência gerada no palco e na platéia por uma estilização artisticamente transposta e claramente definida. Houvesse o elenco americano decidido que as complicações do movimento chinês encontravam-se além de sua capacidade, que os gestos formalizados e os trejeitos eram demasiado difíceis, seu desempenho poderia ser divertido ou estranho, mas teria carecido de valor artístico. O que os atores deviam aprender era que não havia, para eles, efeitos literários a esconder por trás, nem retórica, imagística, riqueza verbal ou sugestividade, nem complexidade psicológica para mascarar a falta de mestria técnica de estilo. O ator em toda a sua nudez teria de revelar-se diante da platéia, em um palco literalmente desnudo.

Se isto é verdade com respeito a *Sonho Borboleta,* não poderia sê-lo igualmente no que tange a certas encenações ocidentais? Quantas grandes *roles* conhecemos nós, que existem em textos dificilmente dignos de nossa consideração? Por mais absorvente que seja a experiência teatral por elas proporcionada, peças como *La Dame aux camélias* e *Os Sinos,* mesmo em mãos de um grande ator ou atriz, não são comparáveis de maneira alguma aos clássicos literários do teatro. No entanto, gerações aplaudiram-nas entusiasticamente, não, penso eu, porque nossos avós possuíssem menos gosto do que nós, mas porque os atores por eles vistos nestas peças eram donos de uma técnica altamente desenvolvida, eram criadores de um estilo. O único modo de adquirir semelhante estilo — dada a magia da "presença" — é pela disciplina. E aí, reside, creio, a segunda lição importante a ser aprendida dessa montagem de Scott. Seus atores descobriram no palco o significado da disciplina.

Já em 1913, escrevendo na revista de Craig, *The Mask,* o grande indólogo Ananda Coomaraswamy relatou uma conversação que mantivera com o teórico inglês a respeito da arte tradicional hindu de representação. Craig, pretende ele, mostrou-se espantado com o fato de que seres humanos pudessem submeter-se a uma tal disciplina. Coomaraswamy chega a refletir, de forma bastante justificada, que "o teatro moderno nos acostumou de tal modo a uma forma de representar que não é arte, que começamos a pensar ser algo em demasia pedir ao ator que se torne uma vez mais um artista" [13]. O experimento no IASTA evidencia que, havendo vontade, talento e muito trabalho, mesmo em um período de tempo relativamente curto, os atores podem adquirir certo domínio da técnica. O Prof. Scott viu com agrado a habilidade dos intérpretes desenvolver-se; ele relata a surpresa manifestada por amadores chineses, moradores de New York, quando assistiram, desempenhada por homens de raça caucásica, até então desconhecedores da ópera chinesa, a uma peça que se lhes afiguraria demasiado oficial para as capacidades de desempenho deles próprios enquanto amadores. Alguns voltaram várias vezes para ver *O Sonho Borboleta.*

Mais importante que o tributo assim prestado e outros louvores críticos foi a sensação de que os próprios atores aproveitaram imensamente de sua experiência com uma forma exótica de teatro. "Disciplina foi a lição vital que tiveram com esta encenação", afirma Scott. Os atores aprenderam a usar o corpo todo no âmbito de um sistema de atuação rigidamente fixado, logrando, no entanto, imprimir suas próprias personalidades aos papéis que representaram. Algo das sutis diferenças desfrutadas pelos *connoisseurs* chineses pôde ser saboreado nesta encenação americana [14]. O Prof. Scott, que entrou na aventura cheio de dúvidas, concluiu que a "verdadeira essência" da ópera chinesa "foi apreciada e compreendida" [15].

A imaginação e a coragem dos fundadores do IASTA já começaram sem dúvida a produzir frutos de cem maneiras sutis, imperceptíveis ainda: nas interpretações dos jovens artistas que tiveram o contato enriquecedor com tradições "exóticas", nas atitudes destes atores com relação à disciplina e nas atitudes dos diretores e outros integrantes da atividade teatral que descobriram novas possibilidades no teatro através de montagens experimentais. A integridade, honestidade e sinceridade artísticas das referidas apresentações colocam-nas em agudo contraste com algumas das mais fáceis transposições comerciais de peças do Oriente, que

---

13. ANANDA COOMARASWAMY, "Notes on Indian Dramatic Technique", *The Mask,* VI, out. 1913, p. 122.
14. A. C. SCOTT, "The Butterfly Dream", *Drama Survey,* II, Outono 1962, p. 170.
15. *Ibid.,* p. 174.

serviram unicamente para nos entrincheirar em nossa complacência, assegurando-nos de que o Leste é de fato misterioso, esquisito e pitoresco.

"Senhora Regato Precioso"

Shih I. Hsiung, o tradutor de *Senhora Regato Precioso*, escreveu *A Câmara Ocidental* e numerosas outras obras em chinês. Antes de ir para a Inglaterra, era um autor teatral bem-sucedido em Pequim e dirigia um teatro em Xangai. Professor em Pequim e *lecturer* em Cambridge, verteu várias peças de Shaw e Barrie para o chinês. Estava portanto bem familiarizado com as convenções teatrais do Leste e do Oeste.

Senhora Regato Precioso estreou em 1934, no People's National Theater de Londres, com enorme êxito. Quando as notícias do sucesso chegaram à América, a peça foi montada em New York e Los Angeles. Ela cruzou o Canal e foi aplaudida em vários países da Europa. Trata-se provavelmente da mais inteligente adaptação de um texto chinês para platéias ocidentais, não para o erudito mas para o teatro, tomando como base de que os atores não têm conhecimento das técnicas teatrais chinesas. É inútil dizer que não podemos esperar de semelhante obra o grau de autenticidade oferecido pela encenação no IASTA. Se, como A. C. Scott assinala de forma inteiramente correta, o escrito de uma peça chinesa é simplesmente a estrutura verbal em que é pendurada a representação, então um texto como o de *Senhora Regato Precioso* não pode ir muito longe no sentido de nos dar a verdadeira experiência da ópera chinesa. Felizmente Hsiung anexa um número assaz copioso de instruções cênicas, de modo que qualquer pessoa que monte a peça não perderá todo contato com as técnicas corretas de encenação. Mas, não resta dúvida, a descrição mal pode indicar os exatos gestos simbólicos, movimentos de manga, posturas do corpo e assim por diante. Há ausência total de música, embora o tradutor indique onde ela ocorre e se é suave ou altissonante. Felizmente, ele transpôs seu próprio texto num inglês sensível e inteligente, sem a excessiva estranheza que estraga o *Jaleco Amarelo* e partes da popular *Canção do Alaúde,* por sua vez baseada em um das mais famosas (e estiradas) óperas chinesas.

Senhora Regato Precioso é a estória da terceira e mais encantadora filha de um Primeiro-ministro que se apaixona pelo jardineiro da família e finalmente se casa com este homem, que é o repositório de todas as virtudes possíveis. Juntos vão viver em completa pobreza. Em breve o marido precisa partir para a guerra, sob o comando de dois de seus vis cunhados, ambos generais. Ele é dado por morto, mas Regato Precioso permanece por dezoito anos fiel à memória do esposo. Por fim ele retorna, agora

Rei das Regiões Ocidentais, e leva de volta sua envelhecida mulher como Rainha.

Com o fito de compensar nossa ignorância no tocante aos símbolos e às técnicas, Hsiung guarneceu a peça com uma espécie de coro. Na primeira edição esta parte estava incorporada ao texto sob a forma de rubricas. Entretanto, a publicação da Penguin, mais recente, concede a palavra a um leitor, que elucida os exotismos para o espectador inadestrado.

O texto de *Senhora Regato Precioso* não tem condimento para o paladar ocidental, mas é um amálgama de diferentes versões correntes na China. Hsiung diz em sua introdução que não alterou nada: "As páginas subseqüentes apresentam uma peça típica, exatamente como é encenada em um palco chinês. É, em cada polegada, uma peça chinesa à exceção da linguagem, que, tanto quanto meu limitado inglês permite, interpretei da maneira mais satisfatória que me foi possível"[16]. Se não nos é dado assistir a uma representação efetiva na China, então uma tal tradução pode ao menos nos dar alguma noção de como *Senhora Regato Precioso* se pareceria. A "autenticidade" de semelhante montagem dependeria de quanto o diretor e seus atores sabem acerca da verdadeira maneira chinesa de apresentação. Mesmo sem usar os gestos precisos para um dado momento ou em um jogo particular, não é impossível preservar, com um pouco de pesquisa no mínimo, o espírito fundamental do movimento estilizado original.

Utilizada em conjunção com alguma base erudita e abordada com gosto e discernimento, *Senhora Regato Precioso* pode fornecer uma excelente introdução a muitas facetas do teatro chinês. A função do homem dos adereços, por exemplo, é algo que importa conhecer. Ele é um adjunto indispensável a muitas formas de drama oriental, mas tornou-se com freqüência, nas mãos de ocidentais desinformados, o ponto focal da representação. Seu papel é o de ajudar a execução de um modo auto-eclipsante, de entregar os objetos que o ator necessita, de removê-los quando deixam de ser necessários, e de dispor as diferentes cadeiras, mesas e outros acessórios simbólicos no palco como se faz preciso. Para o chinês freqüentador de teatro ele é invisível; qualquer ocidental que tenha assistido a uma peça onde funcione o homem dos adereços lembrar-se-á quão depressa este factótum desaparece de seu campo de percepção. Quando o aderecista começa a inclinar o corpo para a platéia com uma mesura de floreio ou a confortar as personagens no palco, como fez em recente montagem de *Rashomon,* não está seguindo as práticas nem do teatro chinês nem japonês.

16. S. I. HSIUNG, *Lady Precious Stream*, Londres, Methuen, 1935, p. XVII.

Que um aderecista seja em geral possível em cena nasce do fato de as formas orientais de teatro serem invariavelmente teatralistas e não haver destarte nenhuma tentativa de criar ilusão de vida real. O espectador é capaz de concentrar a atenção naquela parte da representação que se lhe destina. Como no Kabuki, o ator é considerado o centro do teatro e tudo é feito para auxiliá-lo a mostrar seus dotes e técnica da melhor maneira possível. Como ele é o centro, também depende dele a criação, para nós, dos elementos invisíveis de sua poesia teatral.

Somos constantemente lembrados, na peça de Hsiung, que o teatro é um mundo onde a imaginação do espectador dispõe de brida solta. Como o teatro elisabetano, o chinês cria cenários e acessórios em grande parte através do gesto e do movimento. Obviamente não se pode trazer uma montanha ao palco, de modo que se considera mais lógico (e em certo sentido até mais realista) permitir que uma cadeira ou uma mesa com duas cadeiras representem a referida montanha. Quando o herói sobe numa cadeira, cruza a mesa e desce para outra cadeira, é plausível entender que transpôs a montanha. O mesmo tipo de simbolismo aplica-se às muralhas da cidade, às casas e outros cenários de amplitude. "Portas não são interessantes, disse alguém, mas o que se passa por trás delas." Por isso não se apresenta a porta no palco; ela é suscitada por um gesto secular, que sugere a abertura de um ferrolho, e, quando o ator entra no aposento, transpõe uma alta soleira.

Mesmo um fenômeno natural é passível de sugestão e muitas vezes de um modo que se afigura ao ocidental como sendo poético e supernatural. Eis a descrição de uma nevada em *Senhora Regato Precioso:*

> Dois velhos com longas barbas, vestidos em trajes tauístas e usando penteados, entram da direita para a esquerda. Cada um deles traz uma bandeira enrolada na mão direita e uma chibata de crina de cavalo, na esquerda. São auxiliados, por assistentes, a subir em cadeiras e depois desenrolam as bandeiras, ocasião em que pequenos pedaços de papel caem deles. Feito isto, descem com a ajuda dos assistentes e retiram-se pela mesma entrada através da qual ingressaram no recinto. As cadeiras são removidas então [17].

O Ministro Wang comenta a seguir:

Que bela cena a neve compõe!

Embora o cenário seja escasso, os costumes e a maquilagem não o são. Hsiung fornece algumas indicações a respeito do traje de suas personagens e de como elas estão maquiladas, também. A longa barba preta do Ministro Wang e a ausência de pintura facial na sua caracterização revela que ele não é o vilão da peça. Seus dois genros, ambos generais, aparecem com "maquilagens fantás-

---

17. *Ibid.*, p. 17.

ticas e armaduras enfeitadas". Com algum trabalho de pesquisa, um encenador pode descobrir facilmente o costume autêntico de um general -- plumas de seis pés de comprimento erguendo-se da cabeça e numerosas bandeirolas brotando dos ombros feito asas. Contudo, na montagem de *Senhora Regato Precioso,* que se fez em Los Angeles, em 1937, o programa mostra ambos os generais com o *sha mao,* um chapéu de barbatanas, característico dos funcionários civis; verifica-se também que eles não ostentavam a costumeira pintura facial "fantástica", como Hsiung instrui, e que o Ministro Wang não aparecia com a barba preta, e estava portanto impedido de expressar a sua cólera bufando através da barba.

A rica teatralidade exibida por textos como este, por encenações como *O Sonho Borboleta* ou por companhias chinesas visitantes — quer em Paris, Moscou ou San Francisco — sugeriu uma variedade de aplicações a dramaturgos, diretores e atores ocidentais. Cenários e adereços mínimos; onipresente mas "invisível" aderecista; cenas acrobáticas de batalha; maquilagem fantástica; uso simbólico da pose, gesto, maquilagem, espaço; riqueza exagerada de indumentárias; movimentos ritmicamente calculados e salientados por meio de sons e música — estas e outras técnicas da ópera chinesa (e de outros teatros orientais, igualmente) trazem à lembrança os experimentos, e ocasionalmente as bem-sucedidas recriações, de homens como Copeau, Dullin, Meyerhold, Barrault, Roger Planchon, Thornton Wilder, Bertolt Brecht e Jean Genet. Gostaria de me deter em particular nos dois últimos.

Bertolt Brecht

Com Brecht deixamos todo esforço de imitar o teatro chinês. Tomando certas técnicas e peças chinesas como ponto de partida, ele efetua uma completa transposição. Em outro sentido, entretanto, sua obra assemelha-se ao *Sonho Borboleta* e a *Senhora Regato Precioso,* pois está interessado no estilo do texto, bem como no da atuação. Por ambos os aspectos, deve um bocado ao texto chinês.

O primeiro contato de Brecht com o teatro chinês ocorreu aparentemente através de uma adaptação livre de um texto do do século XIV, *O Círculo de Giz,* efetuada pelo poeta e sinólogo vienense Klabund, em 1924, para Max Reinhardt. A obra exige poucas das peculiaridades da encenação chinesa e é quase ocidental no emprego de cenário e na fala em prosa. Klabund tampouco assinala quaisquer gestos simbólicos. Sendo contemporâneo de Brecht, Klabund poderia, contudo, familiarizar o poeta alemão com outras importantes fases da representação no teatro chinês. Ou Brecht talvez tenha lido alguns dos livros e artigos então publicados; que estava interessado no pensamento chinês, torna-se claro por certos poemas seus. Interpretava o teatro chinês como uma mistura do didático com o artístico. Tal mescla dificilmente podia deixar de atrair o homem que ia escrever, vários anos mais tarde, os *Lehrstücke* ou peças didáticas.

Brecht desenvolveu gradualmente seu conceito do famoso *Verfremdungseffekt* ("efeito de estranhamento"). O termo aparece pela primeira vez, e o fato já é por si bastante interessante, em um ensaio intitulado "Efeitos de Alienação na Arte do Ator Chinês", escrito em 1936, mas somente publicado alguns anos depois. Uma anotação à margem nos informa que o trabalho foi provocado pela companhia de Mei-Lan-fang, a cuja apresentação Brecht assistiu em Moscou, no mês de maio de 1935. No artigo, o dramaturgo alemão compara o ator ocidental "que faz tudo quanto pode para levar seu espectador à mais estreita proximidade dos acontecimentos e personagens" com o ator chinês, que mantém constantemente certa distância entre ele próprio, sua personagem e o espectador. O ator chinês consegue isto, acredita Brecht, por dois meios: cônscio da presença da platéia, representa para ela, e cônscio de sua própria presença, até olha "estranhamente para si mesmo e para sua obra". Em conseqüência, nunca perde o controle de si próprio; sua atuação corre continuamente em nível artístico, consciente, sendo toda emoção transposta.

Além de assistir ao espetáculo moscovita do elenco chinês, Brecht aparentemente pôde ver o trabalho de Mei-Lan-fang em uma breve exibição espontânea que ocorreu em uma sala de visita; sem estar revestido de qualquer componente da costumeira parafernália teatral, mas usando roupas ocidentais, Mei-Lan-fang mostrou os elementos da arte do ator chinês. "Que ator ocidental poderia fazer isto?", pergunta Brecht. "Em comparação com a atuação asiástica, nossa arte ainda parece desesperançadamente paroquial", exclama ele [18].

Brecht conta que, certa noite em um espetáculo, onde Mei-Lan-fang retratava a morte de uma jovem, a pessoa sentada na cadeira ao lado do visitante alemão gritou alto diante de um gesto do ator. Imediatamente ouviu-se o *pss* dos que estavam à frente. E Brecht concluiu: "Eles se comportaram como se presenciassem a morte real de uma moça real. A atitude deles estaria possivelmente certa em uma representação européia, mas em se tratando de uma apresentação chinesa era indizivelmente ridícula. No tocante a estes espectadores, o efeito-A errara o fogo" [19]. Cumpre acrescentar que, se for assim, o "efeito de Alienação" também falha, com freqüência, no caso dos espectadores chineses, pois estes reagem emocionalmente a cenas tristes na ópera chinesa. Cabe perguntar se a sensação brechtiana de frieza no jogo

18. *Brecht on Theater*, trad. e ed. John Willett, New York, Hill and Wang, 1964, p. 94.
19. *Ibid.*, p. 95.

interpretativo chinês não brota, antes, da falta de familiaridade com as convenções cênicas da China. Esta desfamiliaridade nos leva sempre a centrar nossa atenção nos aspectos externos, até que sejamos capazes de ir além, até às emoções internas. A música chinesa, que causa aos ouvidos ocidentais impressão desagradável e de algo que não é nem remotamente expressão de lirismo ou emoção profunda, amiúde desempenha precisamente esta função na ópera chinesa. Brecht, ao contrário, utiliza a música para quebrar ilusão, para estabelecer "distância". Técnicas que a princípio parecem similares são, no fim, diferentes, situando-se em pólos opostos de intenção dramática.

Poder-se-ia dizer o mesmo do didatismo que Brecht admira nos dramas chineses, como *O Círculo de Giz*. O *conoisseur* da ópera chinesa é levado, na maioria das vezes, a esquecer semelhante conteúdo moral, pois mesmo quando compreende o dialeto de Pequim empregado pelos intérpretes (em Formosa projetam-se às vezes subtítulos em telas), seu interesse concentra-se, não tanto na lição que a peça poderia ensinar-lhe, quanto na técnica dos atores e, em Pequim de todo modo, em suas consecuções vocais.

O primeiro contato pessoal de Brecht com o teatro chinês, em 1935, mostrou-lhe uma cena secular que parecia aplicar, para fins diferentes, sem dúvida, a mesma técnica fundamental que o o autor da *Ópera dos Três Vinténs* desenvolvera. O encontro corroborou-lhe a crença de que um tal distanciamento poderia vingar em um amplo teatro popular, mas não estabeleceu a seus olhos qualquer parentesco espiritual entre o palco europeu e o chinês — ao menos, não em termos que Brecht compreendesse. Parece-me que o verdadeiro uso feito por Brecht, das técnicas chinesas, foi um uso inconsciente que nasceu, não de imitação deliberada, mas de anos de experimentação com vistas a uma teatralidade consciente. Em seu ensaio sobre os atores chineses, dispensa muitas convenções simbólicas do teatro chinês por considerá-las inexportáveis. No entanto, um catálogo das várias convenções e técnicas que ele concebeu para suas peças e montagens poderia ser lido de maneira bastante análoga a uma lista de convenções da ópera chinesa.

Em sua lúcida discussão sobre "O Teatro Brechtiano", Martin Esslin [20] menciona os seguintes sete conceitos como característicos das peças de Brecht; o leitor reconhecerá vários a partir de nossa análise anterior da ópera chinesa:

1. A estória desenvolve-se de um modo episódico através de uma série de cenas frouxamente concatenadas, que podem ser às vezes consideradas completas em si próprias. De fato, algu-

---

20. MARTIN ESSLIN, *Brecht: The Man and His Work*, Garden City, N.Y., Anchor Books, 1961, pp. 128-139.

mas das obras dramáticas de Brecht (*A Vida Privada da Raça Dirigente,* por exemplo) apresentam-se amiúde em excertos, de forma muito similar à das óperas chinesas. Os títulos, que Brecht muitas vezes projeta sobre cenas separadas, infundem-lhes um sentido de autonomia, de modo que, havendo suficiente familiaridade com todas as suas peças, é possível proporcionar, com um ato cuidadosamente escolhido em três ou quatro, uma experiência tão *unificada* quanto a apresentação completa da peça.

2. "Tudo depende da estória, ela é o coração da representação teatral." Como a ópera chinesa, o drama em Brecht é largamente narrativo. Ele quer nos fazer sentir o mesmo relacionamento com o seu teatro que os medievais sentiam com a épica recitada nos salões dos solares. Em vez de *natureza,* psicologia ou caráter humano, o que se mostra são *relações* humanas, tais como se revelam através das ações e eventos.

3. "Cada incidente singular tem seu gesto básico." Esslin define o gesto como "a expressão estilizada e clara do comportamento social de seres humanos entre si". Chega a sugerir aplicações de semelhante teoria em cenas particulares das peças e acrescenta que "Brecht desejava alcançar um *Gestus* tão simples e expressivo que pudesse ser citado com a mesma facilidade de um verso bem torneado de um diálogo". Isto, sem dúvida, lembra em Brecht a noite em que Mei-Lan-fang, em traje a rigor numa sala de visita, demonstrava os elementos de sua arte. Há, por certo, aguda diferença entre o desempenho do Berliner Ensemble, digamos, e o do ator chinês, mas ambos revelam uma clareza de linha, uma definição, uma qualidade cuja fonte é a arte mais do que o acidente.

4. "Os agrupamentos de personagens no palco e os movimentos dos grupos devem ser tais que a necessária beleza seja atingida, acima de tudo, através da elegância com que o material veiculador daquele gesto é encenado e desnudo para o entendimento da platéia." A busca não é de realismo, mas sim de uma economia de meios e de uma elegância que hão de revelar as relações e o significado social por trás de qualquer cena dada. A ópera chinesa rejeita claramente o realismo em favor do estilo e da elegância, mas tendo em mente um fim inteiramente diverso: o de entreter a assistência com a técnica altamente desenvolvida do ator-cantor-dançarino.

5. "Brecht era contrário ao emprego de efeitos de luz para criar atmosfera e estados de ânimo." Como os elisabetanos, e como os chineses e japoneses, seu palco é banhado em luz uniforme; a aproximação da noite é indicada por meio de objetos como lanternas ou talvez pelos movimentos dos atores. Uma vez que não há pretensão de realismo, a fonte de onde vem as luzes pode muito bem ser visível ao público.

6. Esslin menciona um poema de Brecht, "Die Vornhaenge" ("As Cortinas") em que o poeta descreve os prepartivos para uma representação:

> Reclinando-se na sua cadeira, que o espectador
> esteja ciente dos azafamados preparativos, feitos
> para ele matreiramente; vê uma lua de folha de
> estanho descer flutuando, ou um teto de telha
> ser carregado para dentro; não lhe mostrem muito,
> mas mostrem-lhe algo! E ele que perceba
> que vocês não são feiticeiros,
> amigos, mas sim trabalhadores...

Temos aqui algo espiritualmente afim ao aderecista visível no palco chinês, que, além de passar os acessários necessários aos intérpretes, monta a cena do próximo ato, enquanto os atores ainda representam o quadro em curso.

Obviamente há um mundo de diferenças no raciocínio por trás de tais similaridades. Brecht gostaria de nos lembrar constantemente quem somos e onde estamos, de modo a nos permitir julgar com frieza. Ele dá por suposto que o espectador tomará completo conhecimento das mudanças de cenário processadas. No teatro chinês, ao contrário, dá-se por suposto que o espectador estará concentrado na parte mais interessante da apresentação, o ator, e não tomará consciência dos movimentos do homem dos acessórios. Uma filosofia similar reflete-se no teatro Kabuki do Japão, onde se ouvem com freqüência golpes de martelo no fundo do palco, enquanto os intérpretes representam na parte da frente. O barulho não parece incomodar a ninguém, exceto aos estrangeiros.

7. Os músicos não ficam escondidos, ao modo de Wagner, mas devem permanecer à vista. Na realidade, são às vezes instalados no palco, que, para os chineses (bem como para os japoneses), é o lugar dos músicos, ora plenamente visíveis à platéia, ora afastados para um lado, talvez atrás de uma tela ou de um véu ligeiro.

Quando Esslin assinala que não devemos "esquecer em que larga extensão o teatro brechtiano representa um retorno à corrente principal da tradição clássica européia"[21], ele nos lembra das semelhanças fundamentais que sempre existiram entre os grandes teatros do passado, quer asiático ou europeu. A possibilidade de confundirmos uma volta à tradição clássica com certos empréstimos orientais sugere que, viajando através da Ásia, podemos muito bem encontrar um meio de regresso às nossas origens e à força e alimento aí implícitos; no Oriente podemos achar uma *tradição viva* realmente encarnada na representação. O uso da teatralidade oriental não precisa resultar em servil imitação, exotismo ou superficialidade. Brecht nos proporcionou um exemplo

---

21. *Ibid.*, p. 139.

do que é possível fazer quando um espírito forte, vigoroso, independente, entra em contato com o que é aparentemente uma tradição alienígena. Ele a converteu em algo que lhe era próprio, adaptando dispositivos orientais a seus próprios propósitos ou chegando a dispositivos similares através de suas próprias buscas e meditações.

Em uma resenha crítica do Festival de Teatro de Paris, em 1956, Kenneth Tynan salienta importantes semelhanças entre o teatro de Brecht e a ópera chinesa, pois ambos foram apresentados no festival. O que chamou a atenção de Tynan foi a riqueza de recursos exibida por um e outro, pressagiando "uma era em que o drama, o balé e a ópera não serão mais artes separadas". Lamentando que a Inglaterra não houvesse ainda, àquela altura, descoberto o gênio de Brecht, reconheceu a validade da abordagem brechtiana (e caberia supor, quase oriental) dos clássicos. Se os críticos ingleses não abrirem os olhos, afirma ele, "a maneira ideal de encenar *Henrique IV, Tambulaine, Peer Gynt* e centenas de outras peças não escritas ainda permanecerá ignorada; e o futuro do teatro pode ter sido estrangulado no berço"[22].

A peça de Brecht, a que Tynan assistiu na ocasião, foi *O Círculo de Giz Caucasiano*. É uma das obras-primas do autor de *Galileu*, escrita em 1944-45, sendo sua última "grande" peça. Como *A Boa Alma de Setsuan* e *Senhora Regato Precioso* (e outros textos chineses clássicos), é a estória dos sofrimentos de uma mulher e da recompensa de sua virtude. Como elas, mais uma vez termina no que é um desenlace típico de muitas peças de Brecht e um sem-número de óperas chinesas: uma cena de julgamento durante a qual a virtude longamente sofredora é por fim reconhecida e a maldade punida.

Se tanto Brecht quanto a ópera chinesa recorreram muitas vezes a um enredo similar, não foi porque lhes faltasse capacidade de tramar algo mais engenhoso ou original, mas porque estavam preocupados com outra coisa afora o *suspense* e a peripécia. Brecht achava-se, é óbvio, empenhado em nos convencer de certas verdades básicas, tal como ele as concebia. Mas, além disso, estava interessado na forma teatral em si e, quer concordemos com o que Brecht tem a dizer, quer sua mensagem não nos pareça digna de expressão, somos obrigados a julgar como sendo do mais profundo interesse seus experimentos com a forma teatral. Os novos rumos que seu trabalho revela podem muito bem informar o futuro do teatro ou de parte significativa deste teatro.

O Círculo de Giz Gaucasiano é um modelo de teatro épico e o epítome do virtuosismo técnico brechtiano, com sua mistura de prosa, verso, coro e canção; sua fria objetividade obtida graças ao emprego do Narrador da Estória para descrever boa parte da

22. TYNAN, *op. cit.*, pp. 238-240.

ação enquanto ela ocorre; o uso de máscaras para aquelas personagens que são menos humanas, imutáveis; o poder de sugestão do cenário, que pode aparecer e desaparecer à medida do necessário. Todas estas facetas de *O Círculo de Giz Caucasiano* também nos lembram que a peça foi inspirada por uma tradução, por mais frouxa que seja, de um antigo texto teatral chinês.

O que é particularmente interessante nesta obra é, entretanto, o imenso papel desempenhado pela mímica. Brecht raramente declara que uma personagem deve andar ou locomover-se de uma certa maneira, porém sua forma de movimentar-se é estabelecida com bastante clareza de dois modos: pela caracterização da pessoa através da fala ou da descrição do Contador de Estória. Esta sinfonia de movimentos estilizados (acerca dos quais Brecht adota sem dúvida grande cuidado na montagem, mas a cujo respeito há poucas notas efetivas no texto) começa com o Contador de Estória tomando seu lugar no palco; seus gestos nos dizem que ele contou a estória muitas vezes e é ele quem dá o sinal, com um gesto apropriado, para que as cenas se iniciem. A primeira é um quadro de procissão e grande pompa, com personagens caricaturadas, cujas palavras mesmas parecem decretar os movimentos estilizados, contra o plano de fundo onde aparece a turba fustigada pelos soldados. A fuga da mulher do Governador é um balé grotesco com os criados arrastando-se sob o peso dos baús e a mulher procurando o vestido de prata, bamboleando para cima e para baixo, dando ordens às domésticas por meio de sinais. A noite de vigília de Gruscha a cuidar da criança do Governador é uma comovente dança de amor maternal.

Uma cena que sugere de maneira mais nítida um famoso recurso chinês verifica-se quando Gruscha, fugindo para as montanhas, cruza um abismo profundo sobre uma ponte apodrecida e oscilante. Uma das óperas chinesas mais fixadas no repertório, invariavelmente representadas no exterior por companhias chinesas visitantes, é *O Rio de Outono* antes mencionado. O movimento do barqueiro e da jovem donzela que atravessa o rio é sugerido simplesmente pelos movimentos dos atores que oscilam com o barco carregado pela correnteza. Em mãos de uma atriz habilidosa, a cena em que Gruscha cruza a ponte pode converter-se num tal espécime de poesia visual.

Embora as peças de Brecht possuam amiúde inegáveis valores literários, a atenção que concedia ao estilo da encenação e que os próprios elementos do texto parecem exigir, indicam algo que o teatro oriental aparentemente corroboraria: um grande teatro não depende de grandes textos. Pode-se imaginar com tremor a representação de *O Círculo de Giz Caucasiano* em estilo naturalista. A obra perderia grande parcela de sua magia, pois neste caso, como sucede com tanta freqüência, aquilo que Brecht tem a dizer é bem menos interessante do que o modo como ele o diz. Muitas de suas peças, em especial as *Lehrstücke,* despidas de toda estilização não seriam dignas de maior atenção do que as de um espetáculo de escola de catecismo. Mais do que qualquer outro dramaturgo moderno, a apresentação dos textos de Brecht dependem da encenação tanto quanto das próprias palavras. Compreendendo que o teatro é mais do que um texto, tentou utilizar muitos outros aspectos que o Ocidente relegara durante certo tempo ao esquecimento. Avizinha-se assim do teatro total.

Mas Brecht o faz segundo um espírito muito diferente do que o de um homem como Artaud, para quem o teatro total significava magia e imersão, renúncia à faculdade lógica, em favor de algo "mais profundo, mais elevado, mais real". A famosa frase de Brecht, "A verdade é concreta", o opõe diametralmente a semelhante conceito mágico da arte. Se o teatro mágico de Bali é particularmente adequado aos pendores de Artaud, os teatros da China e do Japão poderiam satisfazer tanto a ele quanto a Brecht; onde este vê frieza e objetividade, Artaud talvez encontrasse, com facilidade, o demônio solto entre atores e espectadores. Genet aparentemente se inclinou para Artaud.

Jean Genet

Na edição de 1954 de *As Criadas*, Genet publicou uma carta-prefácio onde fala do fascínio que o teatro oriental exerceu sobre a sua imaginação. Mas foi um fascínio apenas indireto, pois nunca havia assistido a uma representação desta procedência, tendo apenas lido a respeito do que ele chamou de "o magnífico teatro balinês, chinês e japonês" [23]. Da referida leitura, sua fértil imaginação conseguiu criar uma concepção de teatro muito diferente da costumeira representação ocidental. Esta lhe deu a impressão de crueza e Genet passou a sonhar com "uma arte que seria um profundo emaranhado de símbolos ativos, capazes de falar ao público numa linguagem em que nada seria dito mas tudo seria vagamente sentido" [24].

Numa linguagem que lembra Artaud, Genet fala de atores que se converteriam em signos portadores de outros signos ou significados. Ele sublinha os aspectos religiosos de um teatro que iria requerer de seus intérpretes não as técnicas de aprendizado de um conservatório mas a devoção dos votos de um seminário. Esta arte usaria textos, cenários e gestos; visaria a algo situado além do faz-de-conta e da mascarada; tentaria tornar-se cerimônia.

As duas primeiras peças de Genet, *Velório* e *As Criadas*, deram um passo nesta direção, mas o autor não ficou satisfeito com o que produzira. "A fim de obter êxito em meu empreendimento, eu deveria por certo ter inventado um tom de voz também,

---

23. JEAN GENET, *Les Bonnes, précédées d'une lettre de l'auteur*, Sceaux, Chez Jean-Jacques Pauvert, 1954, p. 11.
24. *Ibid.*, pp. 11-12.

um modo de andar, uma maneira de gesticular..." Em outras palavras, tornando-se mais do que o autor, o criador total e o *metteur en scène* do seu texto dramático, gostaria de ter reinventado o teatro ocidental. Genet rejeita não somente a sua própria obra como também a de outros dramaturgos. Os que procuraram inspiração no Oriente fizeram-no de uma forma superficial, a seu ver, sem nenhum entendimento de um espírito mais profundo.

Em 1955 Genet assistiu pela primeira vez (e pelo que sei até agora a única) a um espetáculo oriental: as apresentações da ópera de Pequim em Paris. O programa incluía uma boa exemplificação das técnicas da ópera chinesa — entre outras peças, o ubíquo *Rio de Outono*; o flamejante *Reboliço no Reino do Céu* com suas acrobáticas cenas de batalha entre grotescas figuras simiescas e deuses, com realce para algumas das fabulosas maquilagens de rosto pintado; e *Os Três Encontros*, assim descrita nas notas: "Embora inundados de luz, os atores, por seus exagerados gestos simbólicos, dão a ilusão de uma luta em completa escuridão".

Conscientemente ou não, Genet sentiu o impacto destas representações, pois elas iriam atuar como catalisadores em sua obra. "Fiquei muito impressionado", escreveu, em uma carta (jan. 1963). "Quanto à influência sobre mim, seria muito difícil para mim distingui-la de minhas próprias preocupações. De qualquer modo, a extrema finura (quero dizer, sutileza) dos temas, das construções, dos modos de interpretação do teatro de Pequim me interessou grandemente". Sempre existiu uma certa afinidade entre o teatro oriental e o de Jean Genet. Nas peças compostas depois de 1955, entretanto, este parentesco tornou-se mais evidente. Há uma aguda diferença entre a simplicidade visual, por exemplo, de *Velório* e *As Criadas* e a riqueza de obras ulteriores, como *O Balcão*, *Os Negros* e *Os Biombos*.

A aparição de monstros, máscaras, trajes exagerados, música, o acento no ritual e na cerimônia, tudo indica uma mudança fundamental na técnica. *O Balcão*, *Os Negros* e *Os Biombos* denotam o uso triunfante de artifícios teatrais do Oriente que, consciente ou inconscientemente, Genet se apropriou e converteu em recursos peculiarmente seus, transformando-os em uma via significativa e eficaz dentro do quadro da dramaturgia ocidental.

Enquanto os *décors* das primeiras peças pretendem sugerir sólida alvenaria, pedra ou rendilhados e rugos Luís XV, o cenário de *O Balcão*, com o falso espelho refletindo o que obviamente não se encontra à sua frente, e o lustre estável, que permanece quando muda a cena, estabelecem no palco um ambiente puramente teatral. Entretanto, o cenário enquanto cenário continua presente. Em *Os Negros*, somos colocados diante de um tablado nu de ópera chinesa, com o acréscimo, todavia, de galeria, rampa e plataformas. O cadafalso no centro do palco é, descobrimo-lo mais tarde, como nas muralhas cênicas chinesas, formado por cadeiras e um lençol. Em *Os Biombos*, o cenário é constituído a partir de esteiras que são enroladas e desenroladas no palco à medida do necessário, mudando de feição à vista da platéia. Muitas vezes a tela se apresenta inteiramente nua e o cenário é desenhado sobre a superfície pelos próprios atores: quando o pomar pega fogo, os árabes pintam labaredas amarelas e vermelhas; quando a noite cai, um dos comediantes esboça rapidamente uma lua.

Indumentária e maquilagem voltam a lembrar a teatralidade da ópera chinesa pela suntuosidade, violência e brilho. Especialmente notável é a semelhança entre as assim chamadas figuras de *O Balcão* — o General, o Bispo e o Juiz, todos eles maiores-do-que-na-vida, empoleirados em seus coturnos, com os ombros de largura imensa — e os generais da ópera chinesa, com seus vultos engrandecidos por bandeiras que se erguem dos ombros dos intérpretes, com um alto penteado encimado por duas plumas de seis pés de comprimento. Warda, a grande prostituta hierática em *Os Biombos*, é outrossim impressionante. Genet a descreve nos seguintes termos: "Veste-se de pesadíssimo *lamé* dourado, sapatos vermelhos de salto alto, tem o cabelo entrançado para cima num coque rubro-sangue. Seu rosto é muito pálido (na realidade está pintado de branco)... Warda possui um nariz postiço muito comprido e muito fino"[25]. Com o correr da cena, os pés e as mãos desta personagem são recobertos de tinta alvaiade, com veias azuis desenhadas em cima. As demais personagens também se apresentam com maquilagem não-realista: "Se possível, deverão estar mascaradas", escreve Genet. "Do contrário, intensamente maquiladas, pintadas (até os soldados). Maquilagem em excesso"[26].

Genet adiciona amiúde notas ao texto, com respeito à encenação. É interessante comparar seu conselho acerca dos movimentos dos comediantes na primeira e na mais recente de suas peças. Em *Velório*, somos informados que "as ações dos atores devem ser antes pesados ou extrema e incompreensivelmente rápidos, feito relâmpagos"[27]. Em outras palavras, o autor queria chamar a atenção para o movimento como parte integral da representação, tratando-o de forma estilizada, mas suas idéias no tocante à estilização eram bastante vagas. Por volta de 1960, embora ofereça poucas indicações específicas, as instruções ao encenador mostram que o dramaturgo renunciou ao "incompreensivelmente rápido" com o fim de acentuar a significação de cada movimento: "O desempenho: deve ser extremamente preciso. Muito teso. Nada de gestos inúteis. Cada gesto precisa ser *visível*"[28]. É plausível pensar

25. JEAN GENET, *The Screens*, trad. Bernard Frechtman, New York, Grove, 1962, p. 17.
26. *Ibid.*, p. 10.
27. JEAN GENET, *The Maids and Deathwatch*, trad. Bernard Frechtman, New York, Grove, 1954, pp. 103-104.
28. GENET, *The Screens*, p. 10.

que o movimento coreográfico, altamente controlado, econômico e sugestivo do ator chinês tenha revelado a Genet a maneira de mover-se e gesticular para a qual estava tendendo, mas que até então, talvez, não lograra visualizar com clareza por si mesmo.

Duas cenas em *Os Biombos* (13 e 15) apresentam nítida dívida com a ópera de Pequim, sobretudo com *Três Encontros*. Como na peça chinesa, as cenas noturnas são mostradas em luz cênica brilhante e a escuridão é sugerida pelos movimentos dos atores. Genet descreve do seguinte modo o General e o Tenente, quando entram à noite: "Eles hão de avançar lentamente, inclinados para frente, um atrás do outro, tateando. Todos os seus gestos deverão levar-nos a sentir a escuridão". Em uma cena posterior, quando os soldados conversam: "Os atores devem falar como se não enxergassem uns aos outros. Seus olhares nunca encontram o olhar da pessoa a que se dirigem. Precisam dar a impressão de estar em meio a trevas profundas". Acompanhando os chineses, Genet devolve aqui ao ator o papel central no drama, um papel que lhe é freqüentemente usurpado pelo cenógrafo e pelo técnico de iluminação. Ele também está depositando maior fé em nossa imaginação, forçando-nos a redescobrir uma criatividade do tipo infantil, que parecia perdida.

Que tais técnicas recordam grandes épocas do passado teatral do Ocidente, bem como nossa herança do teatro primitivo, é parte do ponto que desejo salientar. Por diferentes que possam ser a ópera chinesa e outras formas da cena oriental, permanecem hoje como um monumento vivo de uma espécie de teatro de que também desfrutamos em outros tempos. As montagens por mim mencionadas na parte inicial deste capítulo indicam alguns dos perigos com que nos deparamos quando tentamos colher encorajamento e inspiração em qualquer forma exótica de teatro — ou em nosso passado, neste particular. Mas as obras de Brecht e de Genet sugerem que a armadilha da singularidade e do pitoresco é evitável e que os traços "chineses", na realidade tão universais quanto o próprio teatro, são passíveis de bem-sucedida integração no teatro ocidental. É possível transmutar o espírito e as técnicas da ópera chinesa, de modo a que satisfaçam nossas necessidades e possam ao mesmo tempo exercer um poder transformador sobre as peças e os autores teatrais que tenham a boa sorte — e a sabedoria — de consultá-las.

3. Três Visões do Nô

> *O Nô é uma forma sublime de arte dramática que só é comparável às supremas tragédias gregas.*
>
> P. CLAUDEL
>
> [*A Tradição Secreta do Nô, de Zeami*] *revelou-me uma técnica de teatro que lembra Ésquilo. No entanto, é um livro extremamente moderno, que eu recomendaria às mentes fechadas do Ocidente.*
>
> E. IONESCO
>
> [*A seus anfitriões japoneses, depois de assistir a uma representação de Nô*]: *Vocês precisam preservar isto.*
>
> ULYSSES S. GRANT

O TEXTO DO NÔ

A China nos proporcionou mais de duzentos anos para compormos equívocos e interpretações errôneas, mas o Japão foi mais sábio: só abriu suas portas ao Ocidente em 1856. Abriu-se então com vingança, sequioso por aprender tudo o que o mundo ocidental tivesse a oferecer e por compensar em umas poucas décadas duzentos e cinqüenta anos de isolamento imposto pelo xogunato Tokugawa. A ocidentalização foi uma fúria ainda maior no Japão do fim do século XIX do que o *japonismo*, no *fin de siècle* europeu. Começávamos a admirar as xilogravuras, o quimono e o encantador *musume*, porém fomos muito menos afoitos no teatro, preocupados como estávamos com a revolução naturalista e com uma reação a ela. Os japoneses, mais atrevidos, achavam-se empenhados em "modernizar" o seu teatro segundo as mesmas linhas que seguíamos então na Europa, um programa que resultou quase no desaparecimento das formas tradicionais nipônicas, em especial o teatro popular Kabuki.

O Nô ficou associado por muito tempo ao xogunato e, quando os Tokugawas foram alijados do poder em 1868, parecia que este nobre teatro estava condenado à extinção. Os grandes artistas Nô debandaram, fugindo alguns para o local de exílio do Xogun. Somente um profissional relativamente humilde, Umewaka Minoru, cuja família interpretara durante séculos os papéis terciários de *tsure* (sequazes), permaneceu em Tóquio; foi em grande parte devido a seus esforços corajosos que o Nô sobreviveu. Quando o General Grant, em 1879, assistiu a um espetáculo Nô em Tóquio, deixou talvez de perceber quão seriamente necessária era a sua advertência para que o gênero fosse preservado. A maioria dos visitantes do Japão, em 1880, não foram tão afortunados quanto Grant e poucos mencionam sequer o Nô. Só na primeira década do século XX que esta forma de teatro, uma das mais austeras do gênero dramático, foi levada à atenção dos leitores literários ocidentais, através das notas de Ernest Fenollosa, um americano que ensinou durante muitos anos no Japão e que se tornou em grande parte o responsável pela mudança de atitude dos japoneses, por recordar-lhes que suas próprias formas de arte eram tão merecedoras de estudo quanto as novas, vindas de além-mar. Ezra Pound organizou as anotações de Fenollosa e infundiu nova beleza poética às traduções que este fizera de peças Nô; em 1916, o fruto desta colaboração, *Noh, or Accomplishment* ("Nô, ou Realização"), foi publicado. Uma introdução de William Butler Yeats tentava elucidar algumas das possibilidades que uma forma teatral tão elevada e exótica oferecia ao Ocidente.

Pouco menos de dez anos antes, W. G. Aston, na primeira — e mesmo hoje única — história da literatura japonesa em inglês, descrevia a arte dramática Nô como decadente, deficiente em termos de lucidez, método, coerência e bom gosto; como drama, pretendia ele, o Nô tinha pouco valor. Embora de maneira menos declarada, parecia concordar com A. B. Mitford, que julgou o Nô "inteiramente ininteligível"[1]. Felizmente houve outros estudiosos mais perspicazes e penetrantes: os brilhantes ensaios e traduções de Noel Péri (encetados em 1909 e desenvolvidos até a década de 1920) permitiram ao europeu culto uma compreensão mais profunda desta antiga arte, bem como lhe deram a oportunidade de ler um certo número de seus importantes textos.

Noh Plays of Japan, de Arthur Waley, publicado em 1921, proporcionou vinte traduções e a primeira discussão mais extensa das obras, então recém-descobertas (1908), de Zeami, as quais iriam corrigir uma série de falsas concepções com respeito à evolução do Nô. Zeami foi o criador do Nô e o primeiro a formular sua teoria em leis para o teatro.

1. W. G. ASTON, *A History of Japanese Literature*, Londres, Heinemann, 1899, pp. 203, 205.

Péri, Waley, Fenollosa e Pound discutiram em pormenor a representação Nô, e Waley acentua o fato de que as versões inglesas só podem ser "no melhor dos casos, pouco mais do que arremedos". Todavia, apesar de sua boa vontade, era impossível a estes homens apresentar o Nô como uma experiência, exceto nos termos sugeridos pelo texto. Fenollosa, que estudou durante vinte anos o canto, a dança e a música Nô, nos diz, de vez em quando, que devemos ler os textos como se estivéssemos ouvindo música. Mas como pode o leitor que nunca assistiu a uma peça Nô imaginar tal música ou visualizar movimentos tão diferentes de qualquer espécie de "dança" conhecida no Ocidente? Pode-se culpá-lo por tender a concentrar sua atenção no texto?

O entusiasta japonês, de outro lado, procura ir além do texto, ator e idéia, até um ponto que pode se nos afigurar como uma anulação mística da mente, chegando destarte a uma experiência mais completa e profunda do Nô. Sem estudo especial, o japonês moderno não consegue entender prontamente o texto de uma peça Nô, com seu vocabulário arcaico, formas obsoletas, dicção deformada e enrolada estrutura frásica distorcida em sua coerência a fim de satisfazer as exigências estritas da prosódia Nô. O libreto Nô é um tipo de diálogo gongórico, composto de elegância verbal, obscuras alusões literárias, religiosas e históricas, e freqüentes citações do chinês (que, diga-se de passagem, muitas vezes merece boa parte do crédito pela beleza lírica do texto). Dificilmente pode uma tradução fazer justiça a semelhante libreto. Sem negar o valor literário dos textos dramatúrgicos Nô, concordo com os críticos japoneses que afirmam não ser necessário entender plenamente o texto para apreciar o Nô [2]. Foi Zeami, o maior dramaturgo do referido gênero, que aconselhou: "Vocês não devem descartar nem mesmo peças más; o cuidado do ator lhes dará vida" [3]. Zeami acrescenta imediatamente que o brilho não constitui um requisito, pois a destreza sozinha conduzirá a um bom Nô. Zeami assume este ponto de vista porque, na qualidade de ator-diretor-compositor, não encara o Nô como gênero literário, mas como arte teatral. Conquanto houvesse, por certo, campo de ação para o dramaturgo dotado de talentos literários, "o requisito básico", salienta o Prof. P. G. O'Neill, "era antes a habilidade de mesclar velhas canções, poemas e estórias relativas a uma apropriada figura histórica ou literária ou um lugar famoso" [4]. O'Neill nota, ademais, que as peças Nô tendem a ser tão antigramaticais que no

---

2. Ver, por exemplo, ZEMMARO TOKI, *Japanese Noh Plays*, Tóquio, Japan Travel Bureau, 1954, pp. 120, 125. Earle Ernst menciona este ponto também em *Three Japanese Plays from the Traditional Theater*, New York, Grove, 1960, p. 15.

3. MICHITARO SHIDEHARA e WILFRED WHITEHOUSE, trad., "Seami Juroku Bushu (Kadensho)", *Monumenta Nipponica*, V, dez. 1942, p. 197.

4. P. G. O'NEILL, *Early Noh Drama*, Londres, Lund Humphries, 1958, p. 98.

século XVIII se empreendeu uma revisão cabal de seus textos [5]. As forças conservadoras predominaram, entretanto, e não demorou muito para que os textos retornassem às irregularidades originais.

Quando W. B. Yeats encetou suas ambiciosas adaptações da forma Nô à dramaturgia ocidental, era quiçá inevitável que recorresse a uma abordagem textual, pois nunca assistira a um espetáculo de teatro Nô. Fora-lhe dado observar um jovem dançarino japonês em Londres [6], mas isto mal se refletiu em suas peças. Em um penetrante estudo, "Yeats, um Poeta Não no Teatro", William Sharp acerta no coração do problema, quando observa que Yeats, em suas *Four Plays for Dancers* ("Quatro Peças para Dançarinos"), nos proporcionou apenas palavras e que é mister, portanto, avaliar as obras em questão como puro texto: "Mesmo o argumento de que não se trata de uma peça 'no sentido tradicional' mas faz 'sentido dramático' em sua música e dança, não é válido quando nos lembramos que não existem aí referências nem a passos de dança nem a notas musicais. No que tange a Yeats, o dramaturgo, só há palavras e é nas palavras que temos de basear sua conclusão" [7]. Em outros termos, não há nenhum conceito de estilo. Yeats, em suas peças do tipo Nô, escreve, não em um relativo vácuo, criado por sua rejeição de um drama para as massas e sua adesão a um teatro aristocrático, mas em um vácuo *total*, pois ninguém, exceto Yeats mesmo, sabe o que ele tem em mente ou como se pode encarná-lo com êxito na encenação. A despeito de seu amor pelos textos Nô e do drama hierático que eles sugerem, a despeito de adjetivos tão corretos como "distinto, indireto e simbólico", a despeito de sua compreensão de que a arte do ator Nô deve sugerir a realidade e no entanto "encontrá-la no coração", Yeats acaba traindo um cabal desentendimento do Nô quando declara que, depois de haver escrito e ter feito encenar, "para amigos e umas poucas pessoas de bom gosto", várias peças inspiradas pelo Nô, "registrará todas as descobertas de método e voltar-se-á para algo diferente" [8]. Adiciona, de uma maneira que parece estranhamente desprendida e diletante para quem esteja familiarizado com os anos de treinamento e disciplina implícitos na vida do ator que cultiva o Nô: "É uma vantagem desta nobre forma o fato de não precisar absorver a vida de ninguém" [8]. É difícil reprimir a idéia de que Yeats considera o drama Nô como algo terrivelmente pitoresco e exótico para o esteta patinhar nele,

5. *Ibid.*, p. 100.

6. Em um artigo esclarecedor, Jean Jacquot observa que esta jovem dançarina, Michio Ito, sabia muito pouco acerca do teatro Nô e mal o apreciava em geral ("Craig, Yeats et le théâtre d'orient", em *Les Théâtres d'Asie*, Paris, CNRS, 1961, p. 275).

7. WILLIAM L. SHARP, "W. B. Yeats: A Poet Not in the Theater", *Tulane Drama Review*, IV, dez. 1959, p. 81.

8. Em EZRA POUND e ERNEST FENOLLOSA, *The Classic Noh Theater of Japan*, New York, New Directions, 1959, pp. 151-152.

mas ao qual o dramaturgo não está pronto, no fim de contas, a conceder mais do que um interesse momentâneo.

As tradições não se formam de um dia para outro, nem crescem sem devoção, sacrifício, disciplina, consagração. Foi um engano de Yeats crer que poderia dar-nos qualquer coisa semelhante à dramaturgia do Nô quando estava escrevendo completamente fora do contexto, para uma platéia que, não importa quão seleta, também estaria fora de contexto. Quaisquer que sejam as virtudes de *At the Hawk's Well* ("Junto ao Poço do Falcão") e *Calvary* ("Calvário"), elas não captam o espírito do Nô, porque este não pode ser apreendido em palavras unicamente. O impacto mais forte do Nô não se encontra sequer na perfeita harmonia de palavras, dança e música, pois tal seria apenas a forma exterior. A essência do Nô jaz algures. "Nós trabalhamos no puro espírito", disse Umewaka Minoru.

Em um dos penetrantes artigos devotados a Yeats e ao Nô, Yasuko Stucki mostra que Yeats não aprendeu de maneira alguma a espiritualidade consubstanciada no teatro Nô. Em todos os níveis da peça — significado, imagística, personagens, estória — ele trabalha em um sentido diametralmente oposto ao do Nô. Ao passo que o Nô apresenta uma experiência, que é possível colorir com a filosofia budista de seu criador, as peças-dança de Yeats oferecem símbolos que apontam para conceitos ocultos. Poder-se-ia dizer que a experiência Nô se irradia para fora em círculos concêntricos crescentes, enquanto que a versão yeatsiana do Nô está voltada para dentro, para si mesma, conduzindo de símbolos de superfície a significados, se não demasiado claros, pelo menos especificamente visados. O Nô começa com um significado inequívoco, corporificado em uma experiência, e destarte lança luz, não sobre alguma doutrina oculta, mas sobre a própria situação humana. As peças de Yeats, afirma a Sra. Stucki, "colocam-se em dois níveis de apresentação, um sensível e outro intelectual. Uma peça Nô, entretanto, possui apenas um nível de apresentação em que nossas paixões e o mundo material são expostos em unidade... O que é simbolizado não é o *Yugen* (as profundezas secretas) como conceito mas como experiência"[9].

A espiritualidade do Nô deriva de suas origens religiosas, da influência do Budismo Zen e do gênio de seu criador clássico, Zeami. O Nô assumiu uma forma mais ou menos parecida com a que conhecemos hoje, no fim do século XIV. Mescla de várias formas anteriores, quer nativas do Japão, quer transplantações da China, o Nô desenvolveu-se principalmente a partir do *dengaku* e do *sarugaku*. O primeiro era, de início, uma dança como que folclórica, associada à plantação e à colheita de arroz. No curso de sua longa história, tornou-se cada vez mais refinada, dissociando-se gradualmente do ciclo do arroz; por volta do século XIV, convertera-se

---

9. YASUKO STUCKI, "Yeat's Drama and the Noh", *Modern Drama*, IX, maio 1966, pp. 106-107.

em uma dança cortês. O *sarugaku* começou como um divertimento popular do tipo variedade, incorporando mímica, acrobacia, prestidigitação, música. Por volta do século XIV movera-se em direção ao *dengaku*, que, por seu turno, tomou certos elementos do *sarugaku*. Naquele tempo as *troupes* de atores vinculavam-se a santuários e templos, apresentando o *sarugaku* em conexão com as festividades religiosas. Foi numa destas ocasiões, em 1374, que o Xogun Yoshimitsu, de dezessete anos de idade, assistiu a um espetáculo de Kannami, o mais habilidoso executante da época. Cativado por ele, bem como pelo filho do artista, Zeami, então um menino de doze anos, o jovem Xogun os convidou a integrar o pessoal de sua casa. Nesta qualidade, Kannami e seu filho, que lhe sucedeu como chefe da companhia, após a morte de Kannami em 1384, exerceram imensa influência sobre os outros intérpretes do *sarugaku* no Japão. Kannami teve a brilhante idéia de incorporar ao *sarugaku* elementos do *kuse-mai*, uma dança que narra uma estória através de movimentos, ao mesmo tempo que o dançarino canta o relato. O conto, que em geral girava em torno de um sacerdote, um templo ou um local famoso, tornava a exibição mais dramática, infundindo-lhe um fio ligeiramente narrativo e enfatizando seus aspectos religiosos pela associação da peça com uma figura ou evento sagrados.

O dispositivo de Kannami foi provavelmente adotado por outras companhias de *sarugaku* e pelos intérpretes do *dengaku* também. Nos textos do século XIV é muitas vezes difícil determinar com certeza a espécie de espetáculo a que se referem, pois os empréstimos eram aparentemente grandes. A partir dos escritos de Zeami, verifica-se com clareza que o *sarugaku* e o *dengaku* utilizavam atuações de tipo similar. Reportando-se ao Nô, Zeami emprega ocasionalmente a palavra "Nô", mas amiúde usa *sarugaku* ou *sarugaku no no*. O Prof. O'Neill, que discutiu de maneira brilhante a questão em seu fascinante estudo, *Early Noh Drama* ("Drama Nô Primitivo"), deixa patente não haver um momento em que o Nô começa a ser escrito. Como em outras artes, um desenvolvimento gradual conduz a uma forma, que assume então um nome particular. Somente olhando-se para trás a partir do *fait accompli* do Nô é que se pode começar a discernir os vários fios que contribuíram para constituí-lo, pois, desde os dias de Zeami, o Nô permanece congelado em uma forma fixa, precisa.

"O Nô [declara O'Neill] é considerado em seu mais alto grau uma forma séria de entretenimento, composta de três elementos principais, mímica, canção e dança"[10]. Semelhante descrição, que iguala cada um dos elementos aos dois outros, sugere a distância existente entre o drama Nô como teatro e os textos, que durante muitos anos foram os únicos meios disponíveis para abordá-lo. A mímica (ou imitação) constituía originalmente um elemento à parte no espetáculo; o Nô nasceu no dia em que a mímica — e in-

10. O'NEILL, *op. cit.*, p. 9.

cidente dramático nele aplicado — foi integrada com a canção e a dança.

As peças Nô, tal como desenvolvidas por Kannami e aperfeiçoadas por Zeami, pertencem a uma das seguintes cinco categorias: deus, guerreiro, mulher, frenesi e demônio. Um espetáculo Nô completo inclui todas as cinco na mesma ordem, que obedece à regra estética de *jo, ha* e *kyu*, ou seja, introdução, desenvolvimento e conclusão. A peça introdutória deve ser simples, formal e até monótona. As três subseqüentes, que fazem parte da secção de desenvolvimento, devem ser elegantes, graciosas, ligeiramente mais complexas que a introdutória, levando, através da quarta, ao tempo acelerado do final, na peça de demônio. A regra do *jo, ha* e *kyu* aplica-se também no âmbito das três da segunda secção, bem como à estrutura e sentimento de cada peça individualmente.

Quer pertençam à primeira, segunda ou terceira categorias, as peças Nô são muito parecidas e em geral construídas segundo os mesmos lineamentos; inevitavelmente, cada peça emprega as mesmas personagens, concebidas mais como realizações de comediantes a apresentar personificações do que personagens em si. Existe um único ator efetivo na representação, o *shite*, que encarna a personagem central. O *waki*, ou ator secundário, é na realidade o catalisador do acontecimento e um observador passivo do que ocorre. O evento, entretanto, raramente é uma ação apresentada a nós enquanto ocorre; ao invés, é a evocação de alguma ação passada, revivida por meio da dança e da canção. René Sieffert dá a seguinte formulação concisa do Nô: "O Nô é a cristalização poética de um momento privilegiado na vida de um herói, separado de seu contexto espaço-temporal e projetado em um universo de sonho, evocado e revelado por intermédio de uma testemunha que é o *waki*"[11].

Depois que a "orquestra", formada de dois tambores e uma flauta, e um pequeno coro tomam seus lugares sobre o palco, a peça começa quando o *waki* faz sua entrada por uma ponte que conduz da área do fundo da cena ao canto superior direito do palco. Após apresentar-se a si mesmo, e quiçá exprimir algumas reflexões piedosas sobre a transitoriedade da vida, o *waki* declara estar viajando rumo a algum santuário famoso ou aldeia. Segue-se um *michiyuki*, ou canção viageira, que descreve a viagem, simbolicamente representada por alguns passos. Tendo chegado a seu destino, o *waki* senta-se junto ao seu pilar, no proscênio à esquerda. Esta parte da peça é a secção introdutória ou *jo*, caracterizando-se por sua simplicidade.

A segunda das três partes da peça, o *ha* ou desenvolvimento, é composta de três secções que volvem a exibir a estrutura *jo, ha* e *kyu*. 1) O *shite* entra e entoa uma canção que enuncia os temas da peça, as preocupações da personagem, sua vida ou trabalho.

---

11. RENÉ SIEFFERT, "Le Théâtre japonais", em *Les Théâtres d'Asie*, ed. Jean Jacquot, Paris, CNRS, 1961, p. 149.

2) O *waki* conversa com o *shite* e pede-lhe que relate a estória pela qual o local é famoso. 3) O *shite* narra sumariamente e revela ser ele próprio na realidade o protagonista do relato. Este último momento de revelação corresponde ao *kuse-mai* ou dança-estória. Após um interlúdio, em que um *kyogen* ou figura cômica recapitula a estória em termos menos elusivos, principia o final ou *kyu*. Esta secção caracteriza-se por um ritmo mais rápido, porquanto o *shite*, que saiu pelo fundo do palco, retorna com sua verdadeira identidade, agora uma aparição fantasmal da figura lendária que ele descrevera. Acompanhada pelo canto de um coro, a figura fantasmal revive o seu momento de angústia e luta através de uma dança evocativa, solene e lenta, que é o clímax da representação. Os sentimentos budistas expressos pelo *waki* e pelo coro, a contrição manifesta pela figura central (cujas falas são amiúde pronunciadas pelo coro), a estória da eterna inquietação, renascimento e sofrimento — tudo aponta para as raízes religiosas e a existência centrada no templo do *sarugaku*, assim como para o tema religioso do *kuse-mai*. A piedade expressa em termos textuais pode nos parecer algo tênue, sobretudo quando lembramos que um largo segmento da platéia japonesa moderna não entende o texto e recorre com freqüência a um libreto para acompanhá-lo. Entretanto, a referida piedade textual é dramaticamente encarnada na ação subjacente da peça, que retrata visualmente o eterno renascimento e sofrimento de um ser outrora vivente.

Há, porém, mais um aspecto visual no teatro Nô, que não decorre tanto do conteúdo da peça quanto de sua representação. Zeami, que levou o Nô à sua culminância de perfeição, cresceu na corte de Yoshimitsu, um insigne esteta, que era ao mesmo tempo o governante militar do Japão. Os áulicos guerreiros do Xogun admiravam o Budismo Zen por sua extrema disciplina mental e física. O drama Nô, corporificando as virtudes da contenção, austeridade, serenidade, sugestividade, formalidade, é estreitamente afim a outras artes quase místicas, que se desenvolveram no mesmo período e brotaram do modo de vida Zen: pintura a nanquim, arranjo de flores, jardinagem paisagística, cerimônia do chá e arte de atirar com o arco. Como suas artes irmãs, o Nô preocupa-se com essências e tenta sugerir o cerne de uma situação ou acontecimento nos termos mais simples, reduzindo o conjunto a uma experiência altamente controlada, dentro de limites artísticos claramente definidos. Se o teatro de Pequim e o Kabuki são a grande ópera do Oriente, o Nô é a sua música de câmara. Ou, talvez numa analogia melhor, o Nô é um concerto de Bach para dois violinos, que, comparado a uma sinfonia, nos parece despojado.

Para muitos ocidentais o Nô é uma cerimônia mais do que um drama. Depois de ler os textos e ficar eletrizados com suas possibilidades teatrais, sentimo-nos desapontados ou enfastiados pela maneira como têm sido materializados no palco. Nossa reação se deve, em parte ao menos, à nossa **desfamiliaridade** com o espírito, as técnicas e o vocabulário da arte Nô. Um dos mais sensíveis intérpretes do teatro oriental, Camille Poupeye, nos adverte de que há, dentro do Nô, um "conjunto de sensações visuais e auditivas que seria errado negar simplesmente porque elas nos escapam". E acrescenta ironicamente: "Nós somos, ao fim de contas, apenas bárbaros do Ocidente" [12].

Enquanto não tivermos a oportunidade de nos educar, por um prolongado contato com a representação real do Nô, parece-me que os ocidentais encontrarão o modo mais enriquecedor de aproximar-se do Nô, não através dos próprios textos mas de trabalhos sobre os referidos textos e suas representações [13], e mais especialmente através dos escritos de Zeami [14]. Semelhante abordagem nos permitiria vislumbrar, ao menos, o espírito deste tipo de drama, ao passo que nossa leitura dos textos serve unicamente para corroborar-nos em nossa abordagem ocidental do diálogo. Se, como René Sieffert sugere em seu prefácio a uma brilhante e nova tradução da *Tradition Secrète du Nô* (1960), conseguíssemos suplementar a leitura com o emprego de filmes e gravações comentadas, poderíamos adquirir condições de apreciar a contribuição que o Nô é capaz de efetuar à dramaturgia ocidental. O conteúdo específico de uma peça Nô, salienta ele, é demasiado peculiarmente japonês para nos servir:

> Como é possível que música, coreografia e textos japoneses com séculos de existência sejam apreciados como se deve por pessoas pertencentes a uma civilização absolutamente alheia às condições prevalentes no nascimento e desenvolvimento do Nô? Portanto, não é admissível sequer um tentativa de criar um Nô europeu ou, mesmo, de adaptar traduções de autênticas peças Nô ao teatro ocidental... Sob o risco de desapontar os cultores japoneses do Nô, creio poder dizer que, para o Ocidente, Zeami, o teórico do Nô, é mais interessante e mais importante do que Zeami, o compositor de peças Nô [15].

Um relance de olhos sobre os escritos de Zeami ajudar-nos-á, então, a ingressar no mundo desconhecido do Nô, revelando talvez

---

12. CAMILLE POUPEYE, "Le Théâtre japonais", *La Renaissance d'Occident*, ago. 1923.

13. Por exemplo, ver as obras sobre teatro japonês e as bibliografias do Nô, de Earle Ernst, Makoto Ueda, Arthur Waley, Zemmaro Toki, Pound e Fenollosa, Noel Péri, Toyoichiro Nogami.

14. Os escritos de Zeami são discutidos com certa minúcia quer por P. G. O'Neill, quer por René Sieffert. Não existe tradução completa destes escritos para língua ocidental. Em alemão, há duas traduções parciais: a de OSCAR BENL, *Seami Motokyo und der Geist des No-Schauspiels* (Wiesbaden, 1952), e a de HERMANN BOHNER, *Blumenspiegel*, Tóquio, 1953. A versão parcial para o inglês, de Shidehara e Whitehouse, está arrolada em minha bibliografia do Nô, e lá onde a tradução vem a propósito, ou a cito no meu texto. De longe a melhor e mais completa transposição dos tratados de Zeami é a do Professor René Sieffert (Paris, Gallimard, 1960), e foi a partir desta versão que desenvolvi o meu trabalho.

15. RENÉ SIEFFERT (ed. e trad.), *Zeami: La Tradition secrète du nô*, Paris, Gallimard, 1960, p. 10.

férteis e novas perspectivas na arte dramática. Tornar-nos-á também cônscios de universos que partilhamos com este tipo de drama, que se manifesta de uma maneira completatmente dessemelhante da nossa.

ZEAMI E A TEORIA DO NÔ

Os assim chamados *Dezesseis Tratados* (efetivamente foram encontrados vinte e três, embora a autoria de alguns seja duvidosa) de Zeami compreendem um período de pelo menos trinta e seis anos. Em 1400, com quarenta anos de idade, reconhecido como o principal expoente de sua arte, Zeami assentou para os seus discípulos o que, segundo pretendia, eram os preceitos secretos do Nô, tais como foram desenvolvidos por seu pai. Zeami é modesto e, sem dúvida, muitas das idéias que atribui a Kannami são de sua própria lavra. Durante trinta e seis anos suas concepções multiplicaram-se e modificaram-se, de modo que é difícil dar uma interpretação única a certos conceitos centrais da arte de Zeami. Ele era um homem de teatro e, como todos os dramaturgos máximos, trabalhou *dentro* do teatro como compositor, diretor, professor e ator. Seus tratados refletem cabal familiaridade com a prática da arte dramática e profunda percepção psicológica. Para aqueles que julgam o Nô uma forma aristocrática, esotérica, torna-se uma surpresa saber que Zeami era um homem eminentemente prático; ele concordaria indubitavelmente com Jouvet, o qual declarou que a única pergunta a ser feita com respeito a uma peça é: Ela teve êxito? Mas Jouvet e Zeami referiam-se a sucesso por meios artísticos, não sucesso através da facilidade, vulgaridade e do apelo aos instintos mais baixos.

No adestramento do ator Nô, a dedicação da vida toda a tal estudo é algo dado como evidente por si. Zeami salienta, no começo, que não se pode esperar que um rapaz de doze anos mostre o mesmo colorido em um desempenho que se encontraria em um moço de vinte ou em um homem maduro de quarenta. Cada idade tem o seu encanto e perícia particulares; é um erro do mestre quando ele tenta impingir sua própria interpretação a um jovem ator. Desde a primeira página de seu tratado, Zeami revela uma compreensão tão aguda da natureza humana que parece moderno cinco séculos e meio após ter posto a tinta no papel: "A princípio deve-se permitir-lhe que ele [o ator aprendiz] atue como lhe apraza no que quer que eventualmente assuma naturalmente e que siga suas próprias inclinações. Não se deve dar-lhe instruções nos menores detalhes ou dizer-lhe que isto ou aquilo é bom ou mau. Se for instruído de maneira demasiado estrita, perderá o entusiasmo, passará a desinteressar-se do Nô e incontinente deixará de efetuar qualquer progresso no desempenho"[16]. Visto que Zeami,

---

16. SHIDEHARA e WHITEHOUSE (trad.), em *Monumenta Nipponica*, IV, jul. 1941, p. 210.

como os melhores atores japoneses de hoje, encarava a atuação como uma arte que requer muitos anos de estudo, considerava que não é preciso haver pressa em inculcar no discípulo os princípios desta prática; de início, é permitido ao estudante tatear com naturalidade o caminho para o interior do mundo do teatro Nô. A cada período de aprendizado, adicionam-se novas abordagens, mas, reitera Zeami, o velho ator não deve jamais esquecer as fases anteriores de desenvolvimento, embora ampliando constantemente seu campo de desempenho, de acordo com seus dotes e idade particulares. A humildade é essencial: "A presunção mesmo de um perito fará seu desempenho retrogradar". Quando vemos alguém menos habilidoso do que nós primar em algum aspecto do Nô, é mister que sejamos bastante modestos para estudar o seu método.

Zeami divide os estádios da evolução de um ator em sete períodos: primeiro, até os doze; segundo, dos treze aos dezessete; terceiro, dos dezoito aos vinte e quatro; quarto, dos vinte e cinco aos trinta e quatro; quinto, dos trinta e cinco aos quarenta e quatro; sexto, dos quarenta e cinco aos cinqüenta; sétimo, além dos cinqüenta anos de idade. Somente quando alcança o quarto período, dos vinte aos trinta e quatro, é o ator considerado principiante. Neste estágio crucial, o jovem deve estudar a arte da mímica com particular atenção, meditar com assiduidade e aplicar lucidamente a si mesmo tudo quanto aprendeu dos mestres do passado. Se analisar de forma incorreta os seus próprios talentos e o seu grau de evolução, estará irrecuperavelmente perdido. É interessante notar que as quatro primeiras divisões de Zeami correspondem às divisões que prevalecem hoje na educação ocidental para a formação profissional. O primeiro estágio, até os doze, é o da escola primária; o segundo, dos treze aos dezessete, a escola secundária; o terceiro, dos dezoito aos vinte e quatro, a faculdade e a universidade; o quarto, dos vinte e cinco aos trinta e quatro anos, os estudos de pós-graduação e o treinamento profissional [17].

O quinto período, dos trinta e cinco aos quarenta e quatro, deve revelar o auge dos poderes do ator. Se ele não granjeou ainda renome e favor público, é provavelmente porque não o merece; para um intérprete assim, o quadragésimo ano marcará, sem dúvida, o início de um declínio. Mas todo ator se depara com uma situação efetivamente severa no quinto período, pois nesta época é necessário, não apenas que haja dominado o material do passado, mas precisa olhar para o futuro também, a fim de determinar os meios artísticos a seu dispor.

Após quarenta e cinco anos, o artista tem de modificar seu desempenho, preferindo o que é simples e contido ao que é complicado e violento, porquanto esta última forma revelaria sua fraqueza. Com raras exceções, toda a beleza física feneceu, e o

---

17. Assinalado por TOYOICHIRO NOGAMI, *Zeami and His Theories on Noh*, trad. Ryoza Matsumoto, Tóquio, Hinoki Shoten, 1955, p. 82.

encanto de um ator acima dos quarenta e cinco anos deve ser encontrado alhures. Uma das idéias centrais de Zeami é a da *flor* (*hana*); refere-se a uma qualidade, tida por um ator, que é interessante, inusitada e, portanto, especialmente atrativa para uma platéia. É a *flor* que prende o interesse do público. Para uma criança de dez anos, a graça infantil é suficiente e, para um moço, a beleza adolescente pode bastar. Mas, aos quarenta e cinco anos de idade, todas estas qualidades, que foram as flores do momento, desapareceram; se o artista for suficientemente dotado, este último período é a época em que aparece a verdadeira flor. Somente o mestre-ator chega a tal estádio de realização. Ele o atinge mediante um entendimento cabal de seu ofício, por certo, mas são igualmente essenciais a lucidez e a compreensão de si mesmo: "O conhecimento de si é próprio de quem é consumado no Nô"[18].

Após os cinqüenta, o ator está em geral condenado à *não-interpretação*, o que os estudiosos entendem, não como inação, porém ação em papéis que não requerem muito movimento ou brilho. O grande artista, entretanto, no âmbito de um repertório pequeno e simples, pode ainda revelar a verdadeira flor, feita de força e compreensão espiritual, mais fascinante para o conhecedor do que as flores momentâneas ora desaparecidas. Zeami indica como exemplo o pai: vários dias antes de sua morte, aos cinqüenta e dois anos, Kannami apresentou um desempenho particularmente brilhante, louvado tanto por gente elevada quanto pelo vulgo, "pois sua Flor vinha da verdadeira percepção, de modo que continuou florindo na árvore do Nô, até que ela se tornou uma árvore idosa com poucos ramos folhosos restantes"[19].

Zeami organizou a instrução do ator de várias maneiras. Há *três facetas*: exercício, estudo e meditação; correspondem ao treinamento do corpo, da mente e do espírito. Na perfeição destas três facetas situa-se a estrada para a verdadeira flor. Não se pode deixar aqui de refletir que os métodos ocidentais de formação tendem amiúde a negligenciar um, ou às vezes dois, de tais aspectos. De outro lado, lembramos com satisfação que grandes professores da arte do ator, como Stanislavski, Copeau e Dullin, subescreveriam plenamente a divisão tripartite de Zeami; na sua própria prática, por mais diferente que tenha sido da prática do Nô, eles insistiram sobre a importância do equipamento espiritual e intelectual do ator.

Os *dois elementos* nos quais o treinamento do ator será focalizado — e aqui estamos de fato longe das abordagens ocidentais, dado que a forma Nô difere radicalmente do nosso teatro — são a dança e a canção. Cântico inclui elementos tais como dicção e tom emocional. Estes elementos aplicam-se aos *três tipos* que dominam o drama Nô: o velho, a mulher e o guerreiro. Em seu modo de aproximar-se da personagem, o ator não está voltado para a

18. SHIDEHARA e WHITEHOUSE, *op. cit.*, pp. 77-78.
19. *Ibid.*, p. 217.

realidade e a complexidade psicológica, mas para a beleza formal e profundidade espiritual. Isto se expressa no conceito de osso, carne (músculo talvez seja uma tradução melhor) e pele. O osso dá força; é o talento natural e a coluna vertebral espiritual. A carne contém o espírito, a dança e a canção que, dominadas, proporcionam uma sensação de segurança. A pele cobre e enfeita a carne; é aquela sutil beleza a emanar de uma pele saudável [20].

Se o ator deve conhecer a si mesmo, também precisa conhecer o seu público. Era da máxima importância, aos olhos de Zeami, que o intérprete estivesse constantemente cônscio das necessidades de sua platéia e que respondesse a tais necessidades. René Sieffert vê nesta concordância entre ator e platéia a idéia central da filosofia de Zeami. Kannami, somos informados, era dos mais exemplares neste particular, pois conseguia empolgar tanto os camponeses de longínquos rincões do Japão quanto os refinados estetas da corte de Yoshimitsu. Obviamente o nobre é de maior peso do que o camponês, uma vez que está capacitado a apreciar as mais finas agudezas da arte do ator e apreender o cerne espiritual que é sua essência. Em uma relevante passagem, Zeami fornece um exemplo do comediante habilidoso que adapta sua atuação à chegada tardia de um nobre. Vimos que um programa completo de Nô, em cinco peças, deve obedecer a uma estrutura que vai da introdução (*jo*), através do desenvolvimento (*ha*), ao clímax e final (*kyu*). Somente certos tipos de peças e certas maneiras de representar se adequam a cada um destes momentos. Se, entretanto, um espectador de relevo entra durante o desenvolvimento (*ha*) ou o clímax (*kyu*) do programa, ele não seria receptivo às emoções peculiares às citadas partes, uma vez que não teria passado ainda pela introdução. Devido à elevada posição deste espectador, a sua chegada tende a distrair o resto da platéia que assistiu à representação desde o início. O ator deve estar armado para neutralizar tal evento, não por um retorno à abertura nem por um estilo introdutório, mas interpretando a passagem *ha* ou *kyu* com o espírito ligeiramente voltado para a introdução. Embora o espetáculo já se encontre em desenvolvimento ou no clímax, ele captará, assim, a atenção no nobre retardatário, dando-lhe a sensação de completude desde o início, através do meio, e até o fim.

Há diferentes espécies de Nô — peça e representação — a apelar para diferentes níveis de compreensão. O *connoisseur*, observa Zeami, vê com o espírito, ao passo que o principiante vê somente com os olhos. Começando no mais baixo nível de sofisticação, há um gênero de Nô que apela para o sentido da visão; inclui as peças mais violentas e os elementos mais espetaculares da representação, tais como danças céleres, indumentárias multicoloridas e impressivas, perucas imensas. Em nível algo mais elevado, coloca-se o Nô que fala ao sentido da audição; é com-

---

20. São estas as interpretações dadas por NOGAMI, *op. cit.*, p. 60.

posto de canto, canções, música de tambor e flauta, além das próprias palavras. No ápice fica o Nô que se dirige ao espírito; só os maiores intérpretes são capazes de encarná-lo, unicamente os espectadores refinados são capazes de apreciá-lo. Ascendemos aqui a um nível próximo à mística, em que a própria quietude do ator, sua *dança congelada*, pode comunicar algo mais profundo, mais significativo e mais belo do que as belezas de outra ordem, imediatamente mais perceptíveis. Ai do ator que julga de maneira incorreta o nível de seu auditório, pois há de falhar com certeza, não importa quão habilidoso seja.

Zeami divide a realização do ator numa escala de nove graus. O ator começa no meio, tenta desenvolver-se até o topo e só depois procura atuar nos três graus inferiores, que poderiam corrompê-lo, se abordados demasiado cedo. Os graus mais baixos enfatizam o movimento, a violência; os graus centrais acentuam o estilo, a arte, a habilidade e o começo da flor; os graus superiores salientam a verdadeira *flor*, a maestria espiritual. A partir de baixo, os graus são:

9. O estilo violento e corrupto
8. O estilo poderoso e violento
7. O estilo poderoso e meticuloso
6. O estilo superficial e ornamental
5. O estilo amplo e preciso
4. O estilo da flor genuína
3. O estilo da flor serena
2. O estilo da flor tanto alta quanto profunda
1. O estilo da flor maravilhosa

O crescimento do ator é claramente relacionado a uma jornada espiritual, a um ascenso dos aspectos puramente físicos de uma arte a seu âmago espiritual, através de uma constante purificação e desbastamento: uma ascese. As lições de reflexão, disciplina e concentração inerem a uma tal jornada.

Seria engano, porém, supor que o espectador deva focalizar sua atenção no espírito, pois este só pode ser captado como experiência vivida. Isto porque, para o observador, a consciência do espírito do intérprete como fator controlante, significaria tomar consciência do método subjacente à experiência, ou seja, romper esta última como vivência. Tampouco é possível descurar das emoções, sobretudo nos graus supremos do Nô. Ao contrário do que se espera da platéia atual do Nô, na época de Zeami a expectativa era que o espectador reagisse com muita intensidade e emotividade. Se o ator a desempenhar o papel de uma louca consegue comover o seu público e levá-lo às lágrimas, "reconhecemos nele habilidade máxima", declara o fundador do Nô. Mais tarde, ele nos diz que, se um intérprete destro canta e dança perante uma assistência, as pessoas dão rédeas largas às suas emoções. O artista capaz de capturar a emoção inconsciente do público é que consegue atingir renome universal [21].

O Nô moderno revestiu-se a tal ponto da atmosfera que Sieffert chama de *capela* que é difícil imaginar alguém chorando numa representação do gênero. É mais difícil ainda imaginar espectadores "nobres e plebe igualmente", lançando gritos de admiração ou dizendo uns aos outros: "Sim, de fato, como isto é verdadeiro, como é verdadeiro!" A descrição que Zeami faz de reações assim da platéia nos fornecem alguns indícios da distância existente entre as apresentações contemporâneas do Nô (pelo menos do ponto de vista do público) e as do século XV. Hoje, a elegância e a contenção parecem ter eclipsado toda e qualquer pretensão ao imitativo, ainda que, apesar de tudo, o conceito de *monomane*, ou imitação, constitua um dos dois pilares fundamentais do Nô.

Zeami e os estudiosos, desde o tempo de Zeami, consideram básicos para o Nô dois conceitos polares: *monomane* e *yugen*. O primeiro, traduzido por "imitação", "verdade" ou "realismo" (mas não da variedade século XIX), tenta apreender a semelhança exterior; o segundo, *yugen*, ou "o que jaz debaixo da superfície", tenta abrandar, estilizar e descobrir alguma essência oculta. As influências do *monomane* e do *yugen* corrigem-se mutuamente e devem alcançar um equilíbrio dinâmico. Zeami adverte seus seguidores: "Tomem cuidado para não converter-se em diabo ou cair numa postura de dança". Em outras palavras, evitem os extremos do realismo violento, de um lado, e do esteticismo, do outro. *Dengaku*, uma das protoformas do Nô, desapareceu por causa da hipertrofia de seu *yugen*, pois perdeu contato com a realidade e a imitação, caindo no esteticismo e no ultra-refinamento. Zeami lamenta o fato de que sua própria época exija uma boa dose de *yugen* no Nô a ela apresentado, mas, de acordo com o princípio de concordância, é preciso dar aos espectadores o que eles demandam. Cabe indagar se os temores de Zeami foram corroborados, pois o Nô prosseguiu rumo à elegância e ao requinte, desvinculando-se do realismo, que era parte essencial deste gênero nos dias de Zeami. Cumpre perguntar-se também se a exigência de *yugen*, que Zeami atribuía a seu público, decorria de uma existência centrada na corte. O Prof. O'Neill lembra que muitos intérpretes do Nô, no século XIV, não atribuíam tanta importância ao *yugen*, acentuando o *monomane* e "um estilo mais sangüíneo"[22].

Para Zeami, a imitação do aspecto exterior é o caminho que conduz à compreensão dos sentimentos da personagem. A imitação demasiado literal, entretanto, leva à feiúra e à vulgaridade, pretende ele; também lhe parece uma coisa antiquada. A imitação tem de ser corrigida pela beleza e elegância, proporcionando-lhe assim a "flor" do interesse. Zeami está falando aqui da estilização. Sua maneira de abordar o papel de um velho é iluminadora.

21. Ver também O'NEILL, *op. cit.*, pp. 77-78.
22. *Ibid.*, p. 148.

Mais do que imitar o homem idoso, o ator precisa simplesmente tornar seus movimentos mais vagarosos, de modo que cada um destes fique em ligeiro retardo em relação ao compasso. Zeami observa com agudeza que o velho gostaria de ser moço e tenta dar a impressão de juventude na maneira de movimentar-se. Em conseqüência, o intérprete deverá recorrer à movimentação de jovem. Mas, dado que a personagem é na realidade idosa, ela não consegue manter o ritmo e é através desta ligeira síncope que o fardo dos anos é sugerido. Semelhante técnica causa prazer à assistência porque é inusitada, inesperada e interessante: "É como se flores desabrochassem num velho tronco"[23].

Um xeque ulterior no realismo é o semblante despido de expressão com que se apresenta o ator Nô. Como o *waki* é simplesmente o catalisador da estória do *shite*, seu rosto não deve denotar qualquer emoção. O *shite* há de exprimir caráter e emoção por meio do porte e do movimento, pois sua face também se exibirá sem configuração expressiva ou, o mais das vezes, recoberta por máscara. Tais máscaras são obra de arte que, dependendo do movimento do ator e do modo como a luz incide sobre elas, mostram emoções várias, embora apareçam em menor número agora, com a luz elétrica, do que nos velhos tempos, quando o espetáculo era iluminado somente à luz do sol ou de tochas.

O termo *yugen*, sugerido pela beleza estilizada da máscara e da realidade espiritual por trás dela, tem sido traduzido de muitas maneiras diferentes; de fato, é difícil prender-se a um só sentido, pois Zeami o empregou com significados diversos, no curso de trinta e seis anos. A acepção primária de *yugen* é "o oculto" ou, como Waley o verteu, "o que se encontra debaixo da superfície". Outros significados, que dão ao leitor uma idéia da amplitude e complexidade da palavra, são fantasma transcendente, sentimento insondável, percepção transcendente, elegância, graciosidade, o sutil, a insinuação. Sieffert sugere a acepção de "encanto sutil". E Zeami exprime o conceito metaforicamente por "um pássaro branco com uma flor no bico". O *yugen*, sem dúvida, procura descrever algo que lhe é dado somente sugerir. Se a sua essência não pode ser definida, seus resultados podem ser pelo menos experimentados por quem tenha suficiente sensibilidade e conhecimento. O *yugen* floresce em belezas de muitas espécies: graça física, elegância, tranqüilidade e assim por diante. A certa altura, Zeami chega a ponto de dizer que a beleza de atitude é a suprema realização. Encanto, formosura e elegância não devem ser jamais confundidos com moleza, pois, sem o vigor dos ossos e a firmeza da carne, a beleza da pele não seria visível.

A sutileza de *yugen* gera uma representação altamente sugestiva, em que o espectador tem de tornar-se uma parte, de modo a criar aquilo que o ator apenas insinua. O gesto do ator nunca

---

23. Esta noção é contestada por uma abordagem, que parece mais naturalista, no *Espelho da Flor* (1426) (ver SIEFFERT, *op. cit.*, p. 117).

deve suplantar o gesto ideal. Zeami enuncia tal princípio de maneira muito concreta, quando aconselha: "Mova o espírito 10/10, mova o corpo 7/10". Esta fórmula gráfica sugere o intenso controle que incumbe ao espírito exercer, conduzindo o corpo em seus movimentos, todavia contribuindo sempre mais do que este, de forma que o espectador, acompanhando o espírito, estará em condições de completar por si mesmo o movimento. Tal técnica pode levar muito bem à verdadeira *flor*, a inusual e interessante.

O conceito de *flor* vem com certa surpresa para quem quer que haja visto muito Nô atual; os atores, tendo seguido ao pé da letra as tradições durante séculos, deixam agora pouco, se é que deixam algum, espaço para a individualidade ou a surpresa [24]. Zeami, no entanto, declara que, a despeito da herança de um estilo predecessor, "há alguns tipos de desempenho que surgem de nossa própria habilidade"[25]. Nogami chega mesmo a ponto de dizer que Zeami quer criar *suspense,* um sentimento de desconcerto. Existem muitas flores do momento, que seduzem e interessam à platéia, mas uma única flor verdadeira: algo inteiramente especial, em contraste com o *yugen* e o *monomane,* que podem inclusive estar *errados* se realizados por pessoa desprovida do devido adestramento e perícia. Zeami a descreve como "um oásis no deserto". Penso que o teatro ocidental pode proporcionar algo semelhante a esta única flor verdadeira naqueles momentos que restaram em nossa memória como experiências profundas, que nos assombraram pela ousadia e nos impressionaram, todavia, como absolutamente certos. Tais instantes, que em mãos de qualquer criatura, que não seja um grande artista, nos chocaria por sua incongruência, foram transformados numa terrível e bela vivência: é quando Yonel grita "Malheur!" ("Desgraça!"), em *La Reine morte,* ou quando Judith Anderson exclama: "O que está feito não pode ser desfeito", em *Macbeth.*

O intérprete que atingiu a flor segue a norma, porém oferece algo mais, algo de si. Só ao fim de longa disciplina e preparação é permitida a liberdade. Zeami fala do ator que alcançou a suprema arte como existente além das palavras, pois seu papel é tanto espiritual quanto dramático. Ele chegou à unidade, à forma ideal, ao modelo sugerido pelo espírito; encontra-se agora além da técnica Semelhante alvo metafísico no cimo da arte Nô, conjugada com sua busca de beleza na forma, ritmo e música, explica em certa medida o fascínio que ela exerceu e continua a exercer sobre os ocidentais. Desde meados do século XIX, estes têm trilhado um caminho paralelo na busca poética de um absoluto, da unidade de um paraíso perdido e da evocação, nas palavras de Poe, do "superno encanto".

O Prof. Sieffert ministra sem dúvida um saudável corretivo, quando nos adverte que muitas das interpretações aparentemente

24. Ver SIEFFERT, *op cit.*, p. 326, n. 6.
25. SHIDEHARA e WHITEHOUSE, *op. cit.*, V, p. 473.

esotéricas ou místicas dos *Tratados* originam-se em incertezas lingüísticas do texto decorrentes do estado do manuscrito e das diferenças de uso entre o japonês do passado e de hoje em dia. A tradição *secreta* do Nô é secreta, não porque seja abstrusa e esotérica, mas porque devia ser mantida apenas para os membros da escola — eram seus "truques do negócio", por assim dizer. Após estas desembriagadoras sugestões, Sieffert reconhece o propósito religioso do Nô, um esforço para "traduzir uma realidade mais real do que vãs aparências, uma 'surrealidade' ". Sua linguagem, observa ele, é às vezes estranhamente similar à dos surrealistas[26]. Uma atmosfera quase de sonho e um senso de intemporalidade, outrossim, relacionam-no com este movimento.

O Nô mudou provavelmente pouco em seus fundamentos, desde o tempo de Zeami. O que eu disse acerca dos *Tratados* é em grande parte verdade no tocante ao Nô atual. Como sugeri, entretanto, ocorreram três ou quatro mudanças; tudo isto pode ser atribuído, creio eu, ao respeito pela tradição e ao sentimento de que, após várias centenas de anos, o Nô tornou-se uma coisa sagrada, algo que não é possível modificar sem danificar seu espírito. Tal atitude suscitou, paradoxalmente, quatro mudanças dignas de nota, algumas das quais já observei acima: o equilíbrio entre realismo e *yugen* perdeu-se e a balança desceu muito em favor deste. Uma tradição relativamente flexível congelou-se em um rígido tradicionalismo difícil de quebrar. A platéia, que outrora reagia aparentemente com certa emoção, deve agora, pelo que se espera dela, permanecer sentada, recolhida em sagrado — se não sonolento — silêncio. E o que é mais importante de tudo: o ritmo da representação esmoreceu de maneira excessiva. Uma apresentação de Nô, no tempo de Zeami, levava talvez metade do tempo que requer hoje[27].

Evidentemente não há nenhuma razão para que o Nô atual se aferre às regras de Zeami ou à forma do século XV simplesmente para obedecer à tradição. Mas Zeami foi um homem de teatro extraordinariamente inteligente e cabe perguntar se o gênero não lucraria muito mais com uma nova leitura dos textos de Zeami e uma nova consideração das necessidades da platéia em nossos dias.

Apesar dos muitos séculos que nos separam de Zeami, sua teoria do drama nos oferece a mesma espécie de rico alimento para o pensamento que encontramos na *Poética* de Aristóteles. O leitor talvez haja descoberto por si só perspectivas cheias de significação na precedente exposição do sistema de Zeami. Gostaria de relembrar aqui uma utilização particularmente compensadora, efetuada no Ocidente, uma experiência levada a cabo por um homem que nunca assistira a um espetáculo Nô, mas cuja

---

26. SIEFFERT, *op. cit.*, pp. 54-56.
27. O'NEILL, *op. cit.*, pp. 88-89; SIEFFERT, *op. cit.*, p. 41. Para uma discussão ulterior deste ponto, ver O'NEILL, capítulo final, particularmente pp. 144-148.

personalidade e gênio lhe permitiram absorver uma boa porção do espírito desta modalidade teatral japonesa, através do estudo dos textos e das obras teóricas: Jacques Copeau.

Jacques Copeau foi um dos primeiros a tomar consciência das ricas possibilidades de adestramento que o Nô e outras formas de teatro oriental ofereciam ao ator em geral. Seus cadernos de notas, preservados na Bibliothèque de l'Arsenal, patenteiam a extensão de seu interesse pela questão. Há páginas inteiras de anotações dedicadas a livros e artigos sobre os teatros asiáticos, sugerindo fecundas comparações com formas mais familiares. Com sua predileção por um teatro refinado, altamente estilizado, religioso na essência, Copeau estava preparado para apreciar o Nô. Trata-se de um teatro, ressalta ele, que adapta a necessidade nipônica de idealismo, irrealidade e poesia; tal teatro conseguiu guardar-se cuidadosamente da "lógica que despoetizou nosso teatro ocidental". Em uma carta datada de 9 de agosto de 1946, ele estabelece analogias entre a Missa Católica e o drama Nô. O Intróito, observa Copeau, corresponde à passagem sobre a ponte em que o *waki* faz sua entrada, "como um prólogo que expressa o sentimento geral". A canção de viagem e a dança do clímax são momentos fixos na cerimônia, assim como os próprios atores se apresentam fixados nas funções de *waki, shite* e sequazes, sacerdotes e acólitos. Em vez do altar, coro, púlpito, temos as formas fixas do palco Nô: o fundo de pinheiro pintado, o pilar do *waki*, o do *shite*, o *metsuke-bashire* ou o pilar no qual o ator fixa seus olhos, e assim por diante. Como na Igreja, o programa Nô observa as estações do ano, sendo certas peças representadas somente no outono, enquanto outras se adaptam ao inverno, primavera ou verão. E as escolas de treinamento se parecem mais a seminários do que a conservatórios.

Em março de 1924, os estudantes da Escola de Copeau, no Vieux-Colombier, deviam apresentar uma peça Nô; infelizmente um dos principais atores caiu e torceu o joelho, e o espetáculo jamais foi realizado. Os ensaios, entretanto, foram de imenso valor para os alunos e resultaram num impressionante ensaio final. Granville-Barker, presente a este último trabalho de preparação, congratulou-se com os intérpretes: "Até hoje eu não acreditava nas virtudes do adestramento dramático, mas vocês me convenceram. Daqui por diante, vocês podem esperar tudo".

Em 1931, Copeau explicou por que a escola empreendera a montagem de um Nô: "Porque esta forma é a mais estrita que eu conheço e exige do intérprete uma técnica excepcional de preparação"[28]. Não foi o próprio Copeau quem encaminhou a produção, mas sua colega e amiga Suzanne Bing. As anotações de trabalho, feitas por Mme. Bing, conservaram-se entre os manuscritos de Copeau depositados na Arsenal. Durante o verão de 1923, valen-

---

28. JACQUES COPEAU, *Souvenirs du Vieux-Colombier*, Paris, Les Nouvelles Editions Latines, 1931, p. 99.

do-se dos livros de Arthur Waley e Noel Péri, Mme. Bing e seus alunos efetuaram um estudo do teatro Nô. Ficaram admirados com as similaridades entre suas "leis" dramáticas e as que Copeau começara a discernir em sua obra pessoal:

> O Nô parecia ser a aplicação dos estudos plásticos, musicais e dramáticos com que, por três anos, alimentamos nossos estudantes, a tal ponto que as várias improvisações desenvolvidas por eles, a meta de tais estudos, relacionavam-se, em estilo, muito mais ao Nô do que a qualquer peça contemporânea [29].

A peça escolhida foi o *Kantan*, obra conhecida, muitas vezes atribuída a Zeami, mas de vindima provavelmente ulterior. Ela relata as aventuras de Rosei, que parte de sua aldeia em busca da fortuna. Na cidade de Kantan, dorme sobre um famoso travesseiro que lhe permite ver todo o seu futuro, em sonho. Quando acorda, alguns minutos mais tarde, o jantar, que fora posto a cozinhar pouco antes de ele se deitar, ainda não está pronto, mas no sonho Rosei viveu toda a sua vida. Concluindo que a "Vida não passa de um sonho", volta para sua casa, na aldeia.

Mme. Bing foi bastante avisada para compreender que uma simples imitação do estilo Nô por jovens alunos franceses, para uma platéia francesa, e com professores franceses, resultaria em algo altamente artificial. Cumpria evitar também uma adaptação e deformação da obra às convenções dramáticas européias:

> Apresentaríamos da melhor maneira possível a obra como ela é, procurando inspirar-nos no Nô e no estilo da arte japonesa. Tentaríamos verificar exatamente do que é composta esta arte e este estilo. Tomaríamos como base de nosso movimento e nossa *mise en scène* todas as restrições tradicionais, em vez de rejeitar uma única; confinar-nos-íamos dentro de seus estreitos limites, de preferência a tentar escapar deles. É no âmbito desta estrutura, dependendo desta sólida base, que nos permitiríamos a liberdade da transposição.

A tradução foi realizada com o pleno conhecimento da importância do ritmo e da continuidade em uma peça assim. Posto que o Nô tem o seu ponto de partida na verdade (ou *monomane*, como Zeami o denomina), os atores começaram usando inflexões naturais. Mas considerando que a fala Nô é na realidade declamada e cantada, transpuseram os ritmos e as inflexões naturais em termos de música e registraram-nos com notação musical. A flauta serviu de auxílio aos momentos especificamente líricos ou emocionais, enquanto que dois tambores (um grave e outro muito agudo) proporcionavam um ritmo natural e sutil que, de acordo com Mme. Bing, parecia comandar o movimento dos atores e a própria respiração dos espectadores. Seguindo a prática japonesa, todas as partes de solo foram executadas por homens. Entretanto,

---

29. Sou particularmente grato a M. André Veinstein e à Mlle Christout da Bibliothèque de l'Arsenal por me permitirem examinar os documentos não catalogados da coleção Copeau.

o pequeno número de atores masculinos disponíveis obrigou a incluir no coro algumas mulheres; as vozes femininas, observa com percepção Mme. Bing, alteraram a entonação e o volume do coral. Um assistente permaneceu no palco a fim de entregar aos intérpretes os necessários acessórios, arranjar seus costumes e desempenhar todas as funções consignadas ao aderecista do Nô.

Gostaria de citar mais extensamente as notas de Mme. Bing com respeito ao próprio estilo de interpretação. Os comentários dela e os registros precedentes indicam o grau surpreendente de autenticidade de sentimento, se não de gesto preciso, que foi conseguido por este grupo de sérios e dedicados estudantes de teatro, antes que lhes fosse dado assistir a uma representação de Nô ou mesmo, com toda a probabilidade, ouvir uma gravação de música deste gênero.

Faces impassíveis, gestos lentos e solenes; uma fina discrição, um fino controle da expressão, de modo que o simples gesto de um pai pondo a mão sobre o ombro de seu filho perdido fornece uma intensidade de emoção suficiente para provocar lágrimas nos olhos. Nós depuramos nossos gestos.

Enobrecemos nossas posturas, tentando convertê-las numa melodia de belas e nobres poses, uma engendrando a outra de acordo com a lógica do drama. Um pouco mais de ousadia e obediência, e compusemos as danças, uma mais lenta, outra mais célere, tal como necessário.

O ator Nô nunca pode esquecer que está *representando* um poema; deve recusar-se a recorrer a uma fácil emoção pessoal, que atue diretamente sobre a emoção da platéia. A emoção precisa brotar da própria poesia, uma dura disciplina para comediantes muito jovens, cheios de impaciente ardor de auto-expressão. O ator Nô abandona o palco exaurindo por esta coerção.

A medida do êxito deste experimento, tão distante em espírito de muitas "adaptações" fáceis que pudemos ver ou das quais ouvimos falar, não reside no encômio de Granville-Barker ou de outros que assistiram ao ensaio final. Exprime-se antes no julgamento de Copeau, ele que nunca foi um homem fácil de ser satisfeito: "Este Nô, como eu o vi no ensaio final, pela profundidade de sua compreensão cênica, controle, estilo, qualidade de emoção, permanece para mim uma das jóias, uma das secretas riquezas de nossa encenação no Vieux-Colombier"[30].

As lições de contenção, controle, movimento significativo, força interior, concentração e sacrifício que uma tal encenação é capaz de comunicar, deu frutos no pensamento, ensinamento e nas realizações dos mais notáveis diretores e atores franceses que foram discípulos de Copeau. Charles Dullin falou com freqüência de sua admiração pelo teatro oriental e admitiu ter uma grande dívida com o antigo teatro japonês: "foi estudando sua origem e sua história que consolidei minhas idéias acerca da renovação

30. COPEAU, *op. cit.*, p. 100.

do teatro"[31], afirmou ele. O Ocidente não pode simplesmente imitar, tem de haver um processo de transposição, prossegue Dullin. Mas não podemos dar-nos ao luxo de ignorar os exemplos de transposição poética e realista subministrados pelo teatro japonês e os efeitos que ele obtém do ritmo e de *la plastique*. Ao treinar os atores a movimentar-se, Dullin gostava de empregar meia-máscara, pois despersonalizava o intérprete depois que ele aprendera a desenvolver sua própria personalidade, impondo-lhe destarte uma nova disciplina. Dullin acreditava que o comediante, em vez de usar uma abordagem personalizada ou despersonalizada face a suas personagens, poderia abordá-las por dentro ou por fora ao mesmo tempo, criando assim uma caracterização mais teatral e mais completa. Como o ator Nô, que fica sentado diante de um espelho estudando sua máscara antes de ingressar no palco, tateando o seu caminho para entrar no papel, o ator mascarado de Dullin tem de descobrir seus próprios movimentos, não mais através de seus próprios sentidos, mas através da personalidade imposta pela máscara que lhe cobre a verdadeira face. No adestramento, além do mais, a máscara ajuda o aluno a relaxar, a superar a timidez e, o que é mais importante de tudo, talvez, leva-o a utilizar o corpo inteiro como instrumento de expressão, uma vez que não pode ficar na dependência da expressividade facial.

O colega, amigo e biógrafo de Dullin, Lucien Arnaud, atual diretor da École Dullin, nos informa como Dullin, em certo ano, utilizou um tipo de palco Nô para a sua montagem de *Csar Lenine*, de François Porché. Dullin não tentou imitar a construção e o desenho do palco Nô, mas recorreu a um palco totalmente nu, à exceção de quatro pilares, lembrando assim o Nô; o lugar da ação foi sugerido mais por palavras e movimentos do que por qualquer tipo de cenário. No primeiro ato, o centro da cena representava Paris, a borda, a Rússia. O tempo também sofreu compressão. Como o *waki* do Nô, um ator podia dar três passos e atravessar o continente, correspondendo alguns segundos a uma viagem de semanas.

A *mise en scène* no Atelier [disse um crítico] apresenta acima de tudo esta virtude superior: posto que é destinada ao teatro, é puramente teatral... No centro do palco (no Ato II), entre quatro colunas de madeira, em um cenário sem telão de fundo, sem *trompe l'oeil*, encontra-se Petrogrado [32].

Jean-Louis Barrault, o mais famoso aluno de Dullin, recorda os dias no Atelier quando Dullin inspirou a ele e a seus colegas um grande amor pelo teatro do Extremo Oriente e, particularmente, pelo Nô. A despeito de seu conhecimento do Nô, Barrault não

---

31. CHARLES DULLIN, *Souvenirs et Notes de travail d'un acteur*, Paris, Odette Lieutier, 1946, pp. 69-60.
32. *Correspondences*, n.º 26.

tivera ocasião de assistir a um espetáculo deste gênero até 1957, ocasião em que a companhia Kanze apareceu no Théâtre des Nations. Nesta época surpreendeu-se com o fato de o espetáculo não tê-lo atingido de modo algum. Não estava sozinho nesta reação, pois quase todas as resenhas críticas sobre a mantagem acentuavam o sentimento de estranheza, frustração, confusão e desnorteamento que o público europeu, certamente menos preparado do que Barrault, experimentava diante da referida apresentação. Gabriel Marcel declarou que nunca em sua vida sentira-se tão beócio, e Georges Lerminier admitiu que o espectador parisiense só poderia permanecer no limiar de uma tal experiência. Mas acrescentava prudentemente: "Mas não nos entreguemos a nossos preconceitos ocidentais... Este é um lugar teatral privilegiado, não um vulgar 'aparato cênico', porém um cibório, onde artistas, quais sacerdotes, celebram um ritual para iniciados"[33].

À maioria dos ocidentais não é dada a oportunidade de estudar a cerimônia Nô em seu terreno nativo, de tentar converter-se em membro da congregação de seus fiéis. Mas Barrault, durante uma excursão pelo Oriente em 1960, conseguiu assistir a uma outra apresentação de Nô, desta vez em um contexto eminentemente apropriado ao entendimento da forma. Em seu *Journal de bord* ("Diário de Bordo"), ao descrever a excursão, dedica um capítulo ao Nô, observando vários aspectos interessantes. Como seria de esperar, Barrault — um discípulo de Artaud, como é — ficou impressionado com a íntima mistura de dança, música, mímica, texto, canto, que torna o Nô uma espécie total de teatro. De particular fascínio, entretanto, é a sensibilidade de Barrault em relação ao simbolismo do leque e à interioridade da experiência Nô. A seu ver, o leque não é um simples símbolo de espada, escova, garrafa ou ramo; é algo bem mais profundo, pois representa o próprio pensamento e a vida interior da personagem. Ler a descrição feita por Barrault é quase ler a evocação que Artaud faz dos dançarinos balineses como hieróglifos vivos:

> O *shite*, impressionante em sua imobilidade, abriu largamente o leque. Sua vida interna é ali ofertada a todos: sua alma desdobrada. Enquanto o Coro canta em uníssono os tormentos de sua personagem, ele faz o leque ondular e tremer. Temos a impressão de que tais emanações da alma vêm literalmente do próprio objeto. O poder de concentração do ator é tal que, da distância, ele pode dirigir nossa atenção para este ponto determinado. Não há iluminação, no entanto parece que o palco inteiro está mergulhado na escuridão e somente o leque é luminoso[34].

Enquanto nossa atenção permanece centrada no leque, o ator, aparentemente imóvel, moveu-se, mas de maneira tão sutil

33. GEORGES LERMINIER em *Parisien libéré*, 27 jun. 1957.
34. JEAN-LOUIS BARRAULT, *Journal de bord*, Paris, René Julliard, 1961, p. 83. Claudel lança um bocado de luz sobre o Nô em seu brilhante ensaio, "Nô", em *L'Oiseau Noir dans le soleil levant*. O que ele diz a respeito do leque ajudou talvez Barrault em sua interpretação.

que o espectador não percebe. Tão concentrada é a atuação, tão intensa a emoção, que Barrault desejaria que o ator se movesse ainda mais devagar. O movimento, mais do que imposto de fora, parece resultar da própria intensidade do intérprete, movendo o espírito 10/10 e o corpo apenas 7/10. Resumindo a comovente experiência, parecida com um sonho ("um sonho que se poderia tocar"), Barrault escreve, "eu nunca vira algo tão belo, tão interior, tão mágico. Parecia-me que eu vivera fisicamente dentro de uma alma"[35].

Embora não tenha tentado montar qualquer peça Nô ou usar técnicas específicas do gênero, o diretor francês sentiu-se profundamente impressionado. Numa entrevista de 10 de junho de 1964, falou da importância das manifestações físicas da experiência teatral: "Tudo deve ser canalizado através do físico, disse ele e nesse momento o teatro surge para a existência". É precisamente a uma tal experiência física que Barrault é sensível na representação Nô. Ao passo que muitos ocidentais parecem achar que o Nô é tão espiritualizado que se tornou quase imaterial, o encenador francês consegue projetar-se no intensamente concentrado mundo inteiro do ator.

Durante muitos anos, confessou Barrault, o livro Zen da arte do arqueiro foi seu *livre de chevet*. Esta obra ensina que a técnica é mais importante do que acertar o alvo; que uma vez aprendida esta verdade e aperfeiçoada a técnica, a pessoa atinge o alvo quase inconscientemente. Com tais propensões peculiares e formação teatral, Barrault estava melhor preparado do que a maioria de nós, ocidentais, para captar o espírito do Nô. Mas, além de tudo, é um homem tremendamente interessado nas técnicas específicas. Um de seus sonhos, disse ele, era passar vários anos estudando as diferentes formas de teatro oriental; então poderia adestrar os atores de seu próprio teatro no uso deste instrumental.

A EXPERIÊNCIA DO NÔ

Até agora falamos sobretudo do Nô como texto e teoria, subentendendo o tempo todo que nada pode substituir a experiêncial real do Nô como representação. Até 1945 ou 1950, poucos eram os ocidentais que haviam tido a oportunidade de assistir a um Nô em palco do Japão. Posteriormente, entretanto, certo número de fatores possibilitaram a muitos de nós colher uma impressão direta do Nô: incremento das viagens internacionais, do intercâmbio cultural e, de modo mais especial, as visitas da companhia Kanze ao Théâtre des Nations em 1957, bem como os espetáculos dirigidos por Sadayo Kita no Institute for Advanced Studies in Theater Arts (IASTA) em 1964. Infelizmente, tais expe-

35. *Ibid.*, p. 87.

riências raramente foram mais do que algo superficial, pois as visitas tendem a ser breves e os espectadores não se acham em geral muito bem preparados. Mas ao menos alguns passos foram dados rumo a uma compreensão cabal de um dos principais gêneros teatrais do mundo. Desta compreensão brotaram vários experimentos com profundas implicações para a arte dramática do Ocidente, pois apontam para novas direções que conduzem a inovações em um horizonte cada vez mais amplo e, ao mesmo tempo, as mais antigas e quase esquecidas formas de teatro.

Já falamos da peça chinesa, *O Sonho Borboleta,* encenada no IASTA em 1961. Desde sua fundação, em 1958, o Institute for Advanced Studies in Theater Arts tem estudado as tradições teatrais de muitos países. Ele o faz com duplo propósito: familiarizar o teatro americano com outras tradições cênicas capazes de auxiliá-lo na sua busca de um estilo teatral mais artístico, compreensivo e significativo; enriquecer a base e o adestramento de jovens atores profissionais americanos, proporcionando-lhes a oportunidade de trabalhar com os melhores diretores e artistas que as outras tradições produzem. Em 1964, o IASTA trouxe do Japão um dos principais atores da Companhia Nô Kita, Sadayo Kita, e seu assistente, Akiyo Tomoeda. Com um grupo de jovens intérpretes, empreenderam a encenação de *Ikkaku Sennin,* um texto Nô pertencente à categoria de peças dedicadas ao demônio, a secção final de um espetáculo completo de Nô. A peça foi escolhida por duas razões fundamentais: primeiro, dado que um drama *Kabuki* baseado no *Ikkaku Sennin* fora apresentado no IASTA alguns anos antes, a diferença de tratamento da mesma estória facilitava a comparação entre as duas técnicas teatrais; segundo, uma peça de demônio é mais dramática do que outros tipos de Nô e, ao mesmo tempo, uma vez que *é* violenta, carece de *yugen,* o qual é tão difícil de definir e, ainda mais, de instilar em um ator não-japonês.

O palco do IASTA, completamente reconstruído sob a forma de um palco Nô, foi ligeiramente ampliado em comparação com o padrão japonês, a fim de permitir a presença dos corpos, quase sempre algo maiores, dos intérpretes americanos. É tradição nipônica que os jovens aspirantes à categoria de atores do Nô se ponham a polir o assoalho, brilhante como espelho, no tablado Nô, esfregando-o com sobras de coalho de feijão, da manhã. Quando Kita e Tomoeda verificaram que os jovens atores americanos estavam dispostos a fazer este serviço, passaram a alimentar a esperança de que aqueles ocidentais pudessem eventualmente ser capazes de captar o espírito do Nô.

Os trajes e as máscaras para a encenação foram confeccionados no Japão. Atores e músicos do Nô gravaram uma apresentação inteira do texto em japonês, na Radio Corporation of America; então os músicos efetuaram uma segunda gravação, recebendo as deixas através de fones de ouvido, de modo que só a música figurasse na fita a ser utilizada na versão americana. Os intérpretes ianques tinham de aprender as mesmas entonações e cantos que os japoneses empregavam. Isto trouxe, na preparação do texto, um problema particularmente espinhoso. Recorrendo à tradução de Frank Hoff, o dramaturgo-residente no IASTA, William Packard, começou a adaptá-la de tal maneira que correspondesse, sílaba por sílaba, ao texto nipônico. Além do mais, tendo em vista que certas sílabas eram alongadas e outras pronunciadas em rápido *staccato*, tornou-se necessário tomar o cuidado de pôr em tais lugares sílabas inglesas passíveis de alongamento ou *staccato*. O simples fato de se ter feito a adaptação Packard e de os atores americanos se haverem dedicado a aprender os padrões vocais e as inflexões do texto japonês, é um aspecto sintomático do espírito de seriedade e de busca de autenticidade reinantes no IASTA. Esta extraordinária e bem-sucedida adaptação foi publicada no *Players Magazine* (março de 1965); a tradução Hoff, o original japonês em caracteres latinos e a versão Packard aparecem em três colunas, compostas uma ao lado da outra.

Assim como tentaram reproduzir os sons, os intérpretes americanos estudaram durante muitas semanas o modo de reproduzir os movimentos dos atores Nô. As primeiras quatro semanas de ensaios foram despendidas simplesmente na tarefa de adestrá-los no movimento básico, um movimento tão diferente dos modos ocidentais que oferecia dificuldades de execução mesmo para bailarinos experimentados. Na realidade, Kita acabou constatando que todos aqueles que não haviam recebido qualquer treinamento de danças do Ocidente mostravam-se mais aptos a aprender as técnicas Nô, pois se entregavam com maior boa vontade à nova abordagem. A maneira de caminhar numa peça Nô, por exemplo, exige que o ator deslize o pé sobre o assoalho, levantando apenas uma parte de cada vez. Sentar-se ao modo costumeiro japonês é extremamente penoso para uma pessoa sem prática, sobretudo quando precisa manter-se na posição vinte ou trinta minutos, de cada vez.

O proeminente coreógrafo e diretor americano Jerome Robbins, fascinado pelo Nô, assistiu a muitos ensaios. Comentou-os com entusiasmo e falou, em particular, das novas perspectivas que lhe abriram sobre o teatro americano: "Para mim, lançaram uma luz totalmente nova sobre o teatro e particularmente sobre os estilos americanos de interpretação. Nossa interpretação é ilimitada, casual, relaxada, tudo-o-que-você-quiser. Mas este estilo refina e refina e refina o movimento"[36]. Alhures ele sumaria suas impressões sobre os ensaios do Nô nos seguintes termos:

> É como acender uma luz que ilumina outro terreno do teatro. Através de disciplinas extremas e limitações de espaço, costume, voz, ação, expressão, gestos, música e diapasão; através das distilações da essência

36. Citado por WILLIAM PACKARD em "Experiment in International Theater; An Informal History of IASTA", *Drama Critique*, VII (mar. 1965), 69.

do drama; e através de um terrível, terno e religioso amor ao teatro, seus acessórios, trajes e à própria superfície do palco, uma libertação final de poesia é obtida [37].

Só depois de inculcados os movimentos básicos foi atacada a peça como tal e só depois de aprendidos os movimentos desta fez-se a tentativa de penetrar em seu interior a fim de descobrir o espírito do texto. Que os atores conseguiram em certa medida acrescentar o misterioso sabor de *yugen* à peça é sugerido pelo comentário de Kita: "Penso que aprendendo a maneira de adicionar o *yugen*, os intérpretes de fato se familiarizaram plenamente com o Nô"[38]. Antes de partir, Kita expressou seu espanto com o que acontecera, isto é, que atores ocidentais tivessem podido representar um Nô com tanto êxito. "O que me afligia era o receio de estragar toda a fragrância e profundidade da forma Nô, mas, após várias semanas de ensaios com os atores americanos, estou ansioso por ver como o povo americano irá absorver e utilizar a técnica, o espírito e o *yugen* que é o teatro Nô"[39].

É sem dúvida muito cedo para perceber os efeitos de semelhante aprendizado, mas sabemos que Jerome Robbins afirmou que um projeto de Nô por ele concebido haveria de realizar-se. William Packard, escrevendo em *First Stage* (verão de 1965), relata: "Aqueles membros da profissão teatral que estava procurando em seu próprio trabalho alguma coisa além do mero naturalismo sentiram-se especialmente deleitados com esta reprodução de um estilo de interpretação que era tão poético e controlado. Muitos comentaram que pretendiam usar os princípios subjacentes a esta encenação em seus próprios trabalhos futuros". Visto que o projeto visava em grande parte proporcionar a atores americanos uma nova dimensão no treinamento, as reações destes são de especial interesse. Uma componente do elenco, Virginia Blue, ficou impressionada pela maneira com que o ator Nô convida a platéia a participar intelectual bem como emocionalmente. Em vez de comunicar uma mensagem, como tendemos a fazer aqui, no Ocidente, considerou ela, é empregada uma sugestiva técnica que força o público a exercer tanto a imaginação quanto a razão. Peter Blaxill, que desempenhou um dos principais papéis, declarou que aprendeu a usar nuanças das quais nunca tivera consciência: "Já penso que meu breve contato com o Nô elevou meu poder de desempenho e me deu novas ferramentas para trabalhar"[40]. "Outro ator, conta-nos Packard, salientou o espírito desprendido do Nô, como algo oposto ao egoísmo reinante no teatro ameri-

---

37. Das notas do programa.
38. Registrado por *Caravello*, 10 out. 1964.
39. *Ibid*.
40. Mencionado em um depoimento datilografado, nos arquivos do IASTA, p. 5.

cano"[41]. Um comentário arrasador sobre a maneira de proceder dos agentes teatrais de New York, diga-se de passagem, é o fato de alguns haverem tentado impedir seus artistas de participar da montagem do IASTA, sob a alegação de que os intérpretes teriam talvez de apresentar-se mascarados e seriam portanto irreconhecíveis: o espetáculo não lhes serviria de vitrina[42].

A montagem do IASTA afeiçoou um verdadeiro Nô representado por ocidentais em um estilo aproximado do estilo da obra original. Ninguém pode pretender que os jovens americanos lograram em seis semanas a profundidade, beleza e perfeição que os atores japoneses levam anos para atingir, mas a experiência foi manifestamente benéfica para os comediantes. Foi também benéfica para a platéia, não necessariamente como uma realização artística perfeita, mas como um revelação do que o Nô busca na representação. A grande maioria das pessoas empenhadas na montagem não era constituída de especialistas em teatro oriental e só tomara conhecimento da dramaturgia Nô por meio de textos e obras teóricas.

Uma abordagem diferente encarna-se nas peças dramáticas ocidentais que tomam o drama Nô como ponto de partida e transpõem seus elementos em um modo mais significativo para as platéias modernas do Ocidente, ainda que alimentem a esperança de permanecer fiel ao *espírito* do Nô. Poucas lograram êxito. Já nos referimos às criações de Yeats. Algumas adaptações mais recentes merecem aqui breve menção, se não por outro motivo pelo menos para salientar que são adaptações em todos os sentidos da palavra, uma vez que partem do próprio drama Nô, mas chegam a algo inteiramente diverso em espírito. Bertolt Brecht e Yukio Mishima usam estas velhas peças, da mesma maneira que Anouilh ou Cocteau usavam as tragédias gregas, como forma aceita em cujo âmbito lançam suas perspectivas modernas.

Os textos de Brecht, *Aquele que diz sim* e *Aquele que diz não,* duas curtas peças didáticas que relatam a mesma estória, mas com desfechos diferentes, baseiam-se em *Taniko,* tal como esta foi transposta para o inglês por Arthur Waley. Elizabeth Hauptmann, utilizando-se da versão de Waley, adaptou e traduziu o *Taniko* para o alemão; foi ela quem atraiu a atenção de Brecht para a peça. A primeira versão feita por este último, apresentada em 1930 com música de Kurt Weill, segue palavra por palavra, quase, o texto de Waley, introduzindo apenas as mudanças necessárias para adaptá-lo à lição específica que Brecht tem em mente:

---

41. WILLIAM PACKARD, "An American Experiment in Noh", *First Stage,* IV, Verão, 1965, p. 61.

42. Muitas informações relativas às encenações do IASTA me foram transmitidas pelo Dr. John D. Mitchell. Sem a sua generosa cooperação, minha possibilidade de tratar das montagens do IASTA e de um importante segmento do teatro oriental no Ocidente seria afetada.

que o indivíduo deve sacrificar-se ao bem coletivo. Na peça japonesa, um moço deixa sua mãe doente para acompanhar um grupo em uma escalada ritual nas montanhas, a fim de ali rezar pela recuperação da enferma. Mas no caminho adoece, e o Grande Costume decreta que ele tem de ser jogado ao vale, lá embaixo. Os peregrinos, "suspirando ante os tristes caminhos do mundo e suas amargas ordenações", atiram o rapaz para a morte.

Quando esta "peça didática" foi representada para jovens estudantes, eles objetaram que o rapaz procedera tolamente concordando com a própria morte. Depois de dedicar alguma reflexão ao assunto, Brecht aparentemente decidiu que eles estavam com a razão, e que a peça devia na realidade ensinar que os Grandes Costumes não são justos apenas porque são veneráveis: cumpre-nos modificar os erros de nosso mundo. Por conseguinte, Brecht emprega o curso dos acontecimentos apresentado na versão anterior, mas depois o rapaz se volta para os peregrinos e se recusa a permitir-lhes que o atirem montanha abaixo, ensinando-lhes a necessidade de instituir um novo grande Costume: pensar de novo em cada nova situação[43].

As óperas de Brecht, mais próximas em espírito a suas outras *Lehrstücke* do que ao Nô tradicional, carece da espiritualidade, sentido de ritual, intensa concentração interna e sugestividade poética que se identificam com o Nô. Se é mister compará-las a alguma forma de peça, elas se parecem mais a espetáculos da Escola Dominical que ensinam em termos nada incertos as lições que os nossos avós julgavam sábias.

Five Modern Noh Plays ("Cinco Peças Modernas de Nô") de Yukio Mishima são notáveis pelo engenho com que o autor conseguiu descobrir equivalentes modernos para as situações existentes nas peças tradicionais. Elas não preservam, entretanto, nem a forma externa nem o espírito interno do Nô. A forma que Mishima deu a seus pequenos dramas é inteiramente ocidental e reflete as mudanças havidas na dramaturgia japonesa desde a metade do século XIX. Na introdução à edição inglesa, Donald Keene faz duas afirmativas que salientam as diferenças fundamentais entre os dois tipos de teatro. "Não há dúvida, declara Keene, que estas peças têm, por direito próprio, imediato e poderoso apelo até mesmo sobre pessoas que normalmente se mostram indiferentes à dramaturgia japonesa"[44]. Isto equivale dizer que, ao contrário das peças Nô, esta espécie de drama não requer preparo, nem disciplina de parte do auditório; como as peças de Brecht, atingem-nas com seus significados explícitos, mais do que atuando de maneira mais sutil e poética. Não se pode negar, entretanto, que as peças de Mishima preservam algumas das

---

43. Documentos sobre esta mudança encontram-se em BERTOLT BRECHT, *Théâtre Complet*, VIII, Paris, L'Arche, 1960, pp. 231-234.
44. YUKIO MISHIMA, *Five Modern Noh Plays*, Londres, Secker and Warburg, 1957, p. XII.

sugestões de sobrenatural tão essenciais ao Nô, mas vistas em perspectiva moderna e, amiúde, em termos psiquiátricos, científicos, em que tudo parece de algum modo lógico e explicável. Como nota o Keene, "Sentimos inevitavelmente que a estória faz mais sentido, tal como contada por Mishima". Isto sem dúvida acontece porque o tratamento dispensado apela de maneira mais imediata às nossas hipertrofiadas faculdades lógicas. Nossa preferência pela versão moderna também indica até onde vai a riqueza e a poesia perdidas na transição.

Outro elemento igualmente perdido, um elemento de vital importância no teatro Nô, é o estilo. Pois estes dramas destinam-se a ser apresentados em moderno estilo representacional. O fato de *O Tambor de Damasco* ter sido encenado à maneira Nô tradicional, em 1955, e de *A Senhora Aoi* ter sido cantada como ópera de estilo ocidental, não altera um aspecto fundamental, ou seja, de que se trata de peças ao modo do Ocidente mais do que dramaturgia Nô de qualquer espécie, quer na estrutura quer no espírito. Se se compreende esta diferença, é possível apreciar *Five Modern Noh Plays* pelo que elas são, ou seja, tratamentos extremamente inteligentes e em termos modernos de estórias também usadas como bases dos dramas Nô.

O "drama Nô moderno" melhor realizado não foi obra de um japonês, mas sim de um inglês, Benjamin Britten. Numa visita que fez ao Japão, ele seguiu o conselho de um amigo e foi assistir a um espetáculo Nô. Ficou tão impressionado com a peça que viu, *Sumidagawa*, que voltou para vê-la de novo, decidindo então compor uma versão da estória em termos de seu próprio idioma musical. Pediu a William Plomer, o amigo que lhe recomendara o Nô pela primeira vez, para escrever um libreto baseado no texto de *Sumidagawa*. O libretista seguiu muito de perto a narração e mesmo o diálogo da peça original; os dois textos apresentam tanta semelhança que se pode, com facilidade, acompanhar a obra inglesa lendo-se a tradução da peça Nô, que por vezes foi utilizada palavra por palavra.

Plomer mudou o cenário, transportando-o para os charcos de Eeast Anglia, às margens do Rio Curlew. É aí que uma mulher, enlouquecida de dor pela perda do filho, raptado um ano antes, aparece, pedindo ao barqueiro que a leve ao outro lado do rio. Durante a travessia, o barqueiro explica a razão pela qual havia uma multidão reunida na outra margem da corrente: fazia um ano exatamente que um homem e uma criança raptada haviam aparecido por lá. A criança, exausta pela viagem, morrera e fora enterrada naquele lugar, e a multidão estava agora ali reunida para rezar pela criança, no aniversário de sua morte. A Louca compreende que o Barqueiro está contando o que acontecera com o filho dela. Depois de cruzar o rio de maneira simbólica, altamente estilizada, eles desembarcam. A Louca, aproximando-se do túmulo, chora, e depois junta-se aos outros na prece. O fantasma da criança emerge da sepultura e a mãe tenta abraçá-lo, mas os dois habitam mundos diferentes, e quando o espectro desaparece, a mãe fica entregue à sua solidão e desespero.

Ao ser apresentada na British Broadcasting Corporation, em 1964, o comentador salientou duas coisas com respeito a *Rio Curlew*. Primeiro, a obra de Britten, embora composta para cantores, não deve ser pensada em termos de ópera. É antes "uma parábola para representação de igreja". Isto assinala, penso eu, um interessante paralelo com o Nô. Embora secularizado em certa medida, o gênero ainda retém fortes sugestões religiosas e quase inevitalvelmente veicula uma mensagem budista. Britten visava aparentemente não a uma ópera para o público geral, mas a algo que seria significativo em um contexto cristão, para os *fiéis*, tal como a peça Nô é significativa e acessível apenas aos "iniciados", por assim dizer, na via Nô.

Em segundo lugar, o comentarista da BBC acentuou que *Rio Curlew* não deve ser considerado oriental em qualquer sentido. Como o Nô, emprega estilização extrema, senso de quietude, calma e formalidade. Mas esta parábola para representação de igreja é o *Sumidagawa* repensado em termos cristãos e para uma platéia ocidental. "A lembrança da peça original continuou quase sempre na mente de Britten durante todos aqueles anos, desde que a vira no Japão", nos é dito[45]. Procurando paralelos na dramaturgia inglesa, Britten os encontrou nos mistérios medievais. A margem de um rio, como cenário, poderia servir perfeitamente a um mistério; a simplicidade da encenação permitiria montá-la em uma igreja. Uma estória moral sobre o sofrimento humano, interpretada por um elenco só masculino de eclesiásticos, com limitado acompanhamento instrumental, parecia sugerir notáveis semelhanças com o modo de apresentação de uma peça Nô. Após oito anos de pensamento e meditação, *Sumidagawa* viu-se transmutada no *Rio Curlew*. Usando música e sentimentos potencialmente significativos para uma platéia ocidental, cristã, Britten logrou criar uma experiência similar à do Nô para um japonês.

Há quatro solistas em *Rio Curlew*: o Abade, que é uma espécie de chefe do coro; o Barqueiro, que corresponde ao *waki*; um Viajante (o acompanhante do *waki*); o papel do Menino; e a Louca, que desempenha a função do *shite*. Este último papel é cantado por um tenor, o espírito do Menino por uma contralto, ao passo que os demais estão a cargo de um baixo e um barítono. A música, extremamente simples, baseia-se principalmente em um velho cantochão, "Te lucis ante terminum", que o coro entoa no começo e no fim da representação. Nunca se distingue uma ária; ao contrário, a linha vocal assemelha-se a uma salmodia, por vezes quase monótona. Com freqüência ocorrem dissonâncias e os solistas recorrem a um lento glissando e portamento para dar impressão de passagem para quartos de tom.

---

45. Pelo locutor, durante a apresentação da BBC. *Rio Curlew* foi gravado comercialmente.

A orquestra Nô abrange dois ou três tambores e uma única flauta. O acompanhamento imaginado por Britten é extremamente esparso, mas ele fez concessão ao gosto musical do Ocidente, ao compor a partitura. Sete músicos tocam: flauta, trompa, viola, contrabaixo, harpa, órgão de câmara e percussão. Esta é formada de cinco pequenos tambores desarmonizados, cinco sinetas e um grande gongo harmonizados. Tal como a linha vocal, o acompanhamento é amiúde muito simples, embora se torne ocasionalmente bem "musical", melodioso e, em particular, nas passagens extáticas, extraordinariamente rítmico.

Os trajes são simples; de início, todos os atores aparecem em hábitos de monge. Depois, os solistas trocam de roupa, envergando indumentárias apropriadas. Tal mudança corresponde à mudança que, em geral, se verifica antes da segunda metade de uma peça Nô.

A parábola de Britten me parece assombrosamente feliz na recriação, para nós, de uma experiência quase teatral e quase ritual, muito próxima ao espírito do Nô. A estilização imposta pela música é aqui, creio eu, um elemento importante. Houvesse Britten apenas adaptado as palavras da peça, *Rio Curlew* não poderia deixar-nos com o sentimento de se tratar de uma representação cerimonial. Mas dado que Britten acrescentou música com forte sabor ritual e profundas sugestões emocionais, inclusive para um ocidental remotamente familiarizado com a religião ocidental, a estilização na *performance* seguia-se então necessariamente. Na qualidade de músico, o autor de *Rio Curlew* mostrou-se, sem dúvida, mais sensível aos aspectos tonais, musicais, do Nô, do que ao movimento ritualizado. Mas o estilo e ritmo de sua música evidenciam que estava cônscio da necessidade de um certo tipo de movimento. Tivesse ele obtido o concurso de cantores que fossem ao mesmo tempo bailarinos capazes de achar o correspondente visual à partitura de cantochão, teria então descoberto um "Nô para o Ocidente", tão perfeito quanto alguém poderia sonhar.

Rio Curlew, que Britten chama de "parábola", pode ajudar-nos a entender um pouco o assim chamado elemento didático do Nô. Em ambos os gêneros, o espectador sofre o impacto da emoção transposta a um nível estético; se é mister que um elemento didático seja sentido, ele deve vir através das linhas gerais da estória e através daquilo que o observador já conhece de seu conteúdo ou diálogo. Na parábola para uma representação de igreja, como no teatro Nô, as palavras são muitas vezes de tal modo distorcidas por motivos emocionais e estéticos que se fazem incompreensíveis. É quase irônico que se possa compreender o que está acontecendo e que isto seja dito na "transmutação cristã" de Britten por referência ao texto estritamente budista de Motomasa. A qualidade cristã da transmutação se deve em grande parte à música devida à tradição cristã e à indumentária, que lembra a Idade Média cristã. Em qualquer obra fiel ao espírito do Nô, o significado não nos chega através das palavras sozinhas, ou mesmo primordialmente, porém de outros meios auriculares e visuais.

Se *Rio Curlew* é uma anomalia entre os trabalhos de Britten, há outro autor ocidental que consistentemente escreveu dramas que, embora muito diferentes do Nô, apresentam curiosos paralelos com a austeridade, simplicidade e concentração do Nô. Samuel Beckett disse: "Não estou de modo algum bem familiarizado com a dramaturgia Nô ou com o teatro oriental e não fiz nenhuma tentativa para usar tais técnicas em minhas peças"[46]. Ele conhece, porém, as peças de William Butler Yeats e, possivelmente, o volume de Fenollosa-Pound, *Noh or Accomplishment*. Haja ou não qualquer influência do Oriente, direta ou indireta, é impressionante, no caso, o grau em que as peças de Beckett corporificam certos elementos do teatro Nô. De fato, a recepção crítica dispensada ao elenco Nô no Théâtre des Nations não diferiu muito da que foi dada às primeiras peças de Beckett. Robert Kemp (*Le Monde*, 27 de junho de 1957), sentiu-se enfadado com a obra japonesa e falou do torpor, da lentidão do espetáculo, bem como da insignificância dos assuntos. É possível imaginá-lo muito bem tecendo os mesmos comentários depois de assistir a uma das peças de Beckett.

Um crítico mais perceptivo e atrevido, Marcel Ginglaris, observa: "Não seria tão paradoxal se algum dia um autor ocidental falasse do Nô como de uma técnica teatral ultramoderna"[47]. Ginglaris percebeu o ponto de contato existente entre o velho e o novo modo, o clássico e o experimental. A vanguarda, notara Ionesco, não consiste apenas em procurar novas formas de teatro; é também a tentativa de retornar ao teatro primitivo (mas não elementar). A obra de Beckett no contexto do Nô, é um bom exemplo de semelhante retorno. O fato de Beckett ser hoje reconhecido como um dos mais significativos dramaturgos de nossa era parece indicar que mesmo uma forma tão exótica quanto o Nô talvez não seja tão inacessível como parecia a princípio. É possível que *não* se trate, como Gabriel Marcel pretendia, de algo realmente vindo de outro planeta! A mais notável semelhança entre a dramaturgia de Beckett e o Nô reside no senso de compressão e concentração que se percebe, por exemplo, tanto em *Hagoromo* ou *Sotoba Komachi*, quanto em *Fim de Jogo* ou *A Última Gravação de Krapp*. Tem-se a impressão que tais peças foram reduzidas à essência, aparadas até alcançar quase proporções esqueléticas, com músculos e tendões, mas certamente sem qualquer gordura excessiva. Aquilo que Ionesco (a julgar por peças como *Sede e Fome*) não aprendeu da leitura dos escritos de Zeami, Beckett aprendeu sem lê-los.

46. Em uma nota, com data de 2 de junho de 1964, Paris.
47. MARCEL GINGLARIS em *Paris-Presse*, 28 junho 1957.

A ação de uma peça Nô é sempre reduzida, a tal ponto que Claudel a contrapõe ao texto dramático ocidental, ao declarar que no drama *algo* ocorre, ao passo que no Nô *alguém* ocorre ("quelque chose arrive/quelqu'un arrive"). Será talvez levar as coisas muito longe se dissermos que no teatro de Beckett "alguém ocorre". Mesmo em uma peça tão estática quanto *Fim de Jogo*, entretanto, notamos uma estrutura marcadamente similar à do Nô. *Fim de João* não é, por certo, uma imitação de uma peça Nô, sendo um pouco mais complexa sob o ângulo estrutural, mas seu esboço geral é surpreendentemente parecido.

Quando a peça se inicia, a personagem secundária, Clov, realiza uma espécie de viagem ritual por seu pequeno universo, abrindo latas velhas, desvelando Hamm, espiando pelas janelas. Depois ele canta quase o tema da peça: "Acabado, está acabado, quase acabado, deve estar quase acabado". Finalmente, enunciando o objetivo de sua viagem: "Vou agora para a minha cozinha", ele sai. Após esta simples mas eloqüente introdução (*jo*), que acentua a monotonia por meio de movimentos repetitivos, assistimos ao despertar da personagem principal, Hamm. Em umas poucas palavras sugestivas ele se faz valer como senhor, pinta a solidão e a miséria de sua existência e reafirma o tema principal, o de um mundo que tende para o seu término, enriquecendo o significado de "está acabado" com um tema secundário, o da ilusão e realidade. A parte fundamental do desenvolvimento (*ha*) é dedicada ao cruel diálogo entre Hamm e Clov, no qual na realidade revivem o passado, evocam o que aconteceu antes, interrompido pelos aparecimentos cômico-patéticos de Nagg e Nell em suas latas de lixo. Assim como o *shite* representa sua estória perante o *waki*, Hamm tem de interpretar perante uma platéia.

Ruby Cohn caracterizou *Fim de Jogo* como a apresentação da "morte dos esteios estereotipados da civilização ocidental — coesão de família, devoção filial, amor paterno e conjugal, fé em Deus, conhecimento empírico e criação artística"[48]. Se esta análise for correta, chega um momento em que Hamm fica reduzido a nada mais do que ele próprio, totalmente divorciado de qualquer relacionamento significativo com as pessoas ou até com os objetos — uma revelação aterradora. Clov o abandonou, ou pelo menos é o que ele crê, e no final (*kyu*) da peça Hamm executa o que se poderia muito bem denominar de dança do adeus, passando uma vez mais através dos movimentos triviais que foram sua vida, mas agora somente para si próprio, e em nada mais exceto um rápido ritmo. Ao contrário das peças Nô, *Fim de Jogo* não traz sugestão de libertação ou de qualquer espécie de felicidade, atingida ou atingível.

Se as personagens de Beckett — em *Fim de Jogo* mais do que em *Esperando Godot* e nas peças ulteriores mais do que em

---

[48]. RUBY COHN, *Samuel Beckett: The Comic Gamut*, New Brunswick, N. J., Rutgers University Press, 1962, p. 228.

Fim de Jogo — estão voltadas para o passado, reapresentando constantemente os acontecimentos de uma vida já vivida, é porque elas, como os espectros budistas do Nô, acham-se amarradas à roda da vida, incapazes de escapar aos efeitos do passado de cada uma, impossibilitadas de libertar-se de um ciclo que se converteu em uma repetição despida de qualquer significado. Apenas algum tipo de fé alimentada pelos sacerdotes e espectros do velho Japão, mas tão tragicamente ausente no mundo de Beckett, poderia oferecer certa sustação no sofrimento de seus patéticos protagonistas.

Arthur Waley, ao falar do relato Nô, diz que este vai rastejando "cautelosamente até o seu assunto". Visto que a ação é apresentada como uma lembrança evocada por um morto, "não nos é dada a possibilidade de cruas realidades; trata-se de fato de uma visão da vida, mas pintada com as cores da lembrança, anseio e saudade"[49]. Semelhante descrição aplica-se à *Última Gravação de Krapp* e *Rescaldo*, textos em que os protagonistas são fantasmas e a ação é evocada, pois ocorreu há muito tempo. Cabe certa reserva, entretanto, no que tange à impossibilidade "de cruas realidades"; se o teatro de Beckett pinta com as "cores da lembrança, anseio e saudade", o que ele pinta é muitas vezes escabroso, desagradável e nojento. Parece-me que a inclusão de fenômenos "naturalísticos" nas peças de Beckett é de algum modo uma coisa próxima às formas mais primitivas de teatro que precederam o Nô. A primeira representação *sarugaku*, registrada no século XII, incluía uma parte em que um intérprete "aparecia em roupas esfarrapadas, levantava a aba de sua veste e, tremendo de frio fingido, corria dez vezes em torno do fogo do pátio, exclamando: "A noite se aprofunda e estou ficando com frio. Vou aquecer meu saco no fogo"[50].

Zeami advogava um equilíbrio entre *monomane*, imitação, e *yugen*, o misterioso "encanto sutil" traduzido em uma porção de maneiras diferentes. Se o equilíbrio entre *monomane* e *yugen* beckettianos teria chocado o cortês Zeami, não podemos negar, todavia, que existe um equilíbrio. Talvez cada platéia perceba o *yugen* que está apta a ver. Se nossas propensões puritanas nos tornam demasiadamente sensíveis aos elementos escabrosos existentes na dramaturgia de Beckett, nossas inclinações materialistas nos fazem singularmente insensíveis à sua profundeza espiritual.

Não devemos culpar somente a nós por nossa incapacidade de vislumbrar *yugen*. As revoluções científicas e racionalistas divorciaram o nosso teatro dramático de suas raízes espirituais. A dramaturgia Nô existe dentro de uma tradição específica, e talvez de maneira demasiada, enquanto que a obra de Beckett, mais ain-

---

49. ARTHUR WALEY, *The Noh Plays of Japan*, New York, Grove, 1957, p. 13.

50. Em FAUBION BOWERS, *Japanese Theater*, New York, Hill and Wang, 1959, p. 13.

da até do que a moderna dramaturgia ocidental, permanece fora do teatro tradicional, como nós o conhecemos.

Pelo emprego de certos ritmos, gestos, fórmulas verbais e imagens rituais, Beckett conseguiu, entretanto, estabelecer uma relação dinâmica, mesmo se subconsciente, com a tradição religiosa do Ocidente. Inerente ao ritual é o conceito de símbolo: uma manifestação física — um gesto, um som, um objeto — que aponta para alguma realidade mais profunda, quiçá mais universal (e portanto mais vaga). Como o ator Nô, o beckettiano precisa, portanto, propor-se certo grau de estilização, pois cada movimento representa algo que se encontra além. Hamm cavalga pelo quarto e isto é mais do que uma simples cavalgada pelo quarto, assim como suas latas de lixo não são meras latas de lixo ou o cachorro assexuado é mais do que simplesmente um cachorro. Deparamos aqui, no uso simbólico de movimentos e objetos, a mesma compressão e concentração que Beckett utiliza ao retratar personagens e ações.

Não é preciso dizer que Beckett, operando fora de uma tradição teatral estabelecida, não pode depender de um vocabulário simbólico aceito, como Zeami podia. No entanto, com incrível perícia e imaginação, o dramaturgo ocidental logrou encher seus textos de objetos e movimentos tão significativos para o homem moderno quanto o eram o leque e a vergôntea da personagem Nô para o japonês. O que Beckett não pode fazer é dar a seus atores um modo de mover-se e falar altamente estilizado. Nosso teatro se afastou tanto do conceito do dramaturgo, que é também ator e diretor, que o ator agora quase se indigna com qualquer interferência de parte do autor. Beckett, dizem-nos, está vivamente interessado na *mise en scène* de suas peças, e esforça-se muito, se comparece aos ensaios, a fim de indicar de maneira precisa o que pretende. De fato, seus textos são exemplares neste sentido e se tornam cada vez mais, à medida que sua dramaturgia se desenvolve. As indicações cênicas em *Godot*, embora copiosas, não se comparam com *Play*. Divorciado de uma tradição que permitisse ao ator saber como entonar precisamente o texto ou como mover-se, Beckett tentou claramente compensar esta perda com rubricas minuciosas.

Os textos de Beckett também oferecem paralelos com os textos Nô. Estes, além de uma certa beleza poética, caracterizam-se por numerosas citações de autores chineses e antigos autores japoneses, e por múltiplos trocadilhos e jogos de palavra de um tipo possível unicamente em japonês. Os textos de Beckett caracterizam-se por uma poesia sugestiva, esparsa, conjugada com um desenfreado jogo de palavras e, em algumas peças pelo menos, com freqüentes citações. *Dias Felizes* é o melhor exemplo [51]. Amiúde o texto nos fala de maneira mais efetiva, através de sua sugestividade ou sua música, do que pelo significado aparente. Em

---

51. Ver COHN, *op. cit.*, pp. 253-255.

Play, embora não haja música, o diálogo é falado tão rapidamente que é improvável que a platéia possa apreender muita coisa. Como no caso do Nô, Beckett depende em grande parte, quanto aos efeitos, dos elementos não-verbais do teatro.

Há um claro parentesco entre as peças de Beckett e a dramaturgia Nô, mas não é menos claro que não há nenhuma influência verdadeira. Se efetuamos esta excursão, não foi por uma tentativa de mostrar influência lá onde não existe nenhuma, mas para sugerir que o drama beckettiano, como o de alguns autores que o acompanham na tendência, nos tornou sensíveis às formas de teatro que, há quinze ou vinte anos atrás, poderiam nos parecer — como pareceram a Robert Kemp — lentas, insignificantes e monótonas. *Esperando Godot* afigurou-se estática em 1953, em parte porque a ação nela encarnada difere de qualquer outra ação que fora vista no palco anteriormente. Nos anos subseqüentes a esta estréia das mais importantes, aprendemos a procurar outras coisas no teatro; alargamos nossos horizontes dramáticos, aguçamos a qualidade de nossa percepção e aprofundamos nossa compreensão. Beckett mostrou-nos que um drama pode nos parecer a princípio estranho, exótico, difícil, até não dramático, e após um contato mais próximo surgir como um aditamento significativo à nossa experiência humana e estética.

4. Kabuki: Incursões no Ocidente

> *Se estes jovens em seu zelo equivocado conseguirem expulsar o Kabuki, terão destruído então o melhor teatro existente hoje em dia.*
>
> PAUL GREEN
>
> *As longas horas que despendi no Teatro (Kabuki) Imperial, seguindo com profunda emoção o desdobramento dos epos heróicos do período Genroku, foram para mim uma verdadeira escola de dramaturgia.*
>
> PAUL CLAUDEL

Não sendo tão esotérico, hierático ou aristocrático quanto o Nô, nem tão "operístico" e acrobático como o teatro chinês de Pequim, o Kabuki é sem dúvida a forma dramática do Extremo Oriente que mais se parece com o teatro ocidental. Ao mesmo tempo é um mundo novo e inteiramente diferente, que emprega técnicas de desempenho e encenação até agora não utilizadas no Oeste.

O Kabuki encetou o seu desenvolvimento no começo do século XVI quando Okuni, uma servidora e dançarina de um dos santuários, passou a apresentar programas de dança em um leito seco de rio na capital, Kioto. Ela atraiu largas platéias, particularmente depois que incluiu várias mulheres em seu elenco e começou a representar como homem. Há muitas estórias sobre Okuni; é difícil separar a lenda da história real. Por volta de 1629, numerosas companhias, compostas principalmente de mulheres, estavam exibindo-se na capital e usando os espetáculos como meios de incitar os homens a comprar os artigos que as atrizes poderiam oferecer-lhes depois de terminadas as danças.

O xogunato Togukawa não demorou muito em proscrever este imoral estado de coisas, que, temiam eles, iria corromper os samurais e poderia servir de instrumento para destruir a sociedade estritamente estruturada, da época. Quando as mulheres foram proibidas de aparecer em Kabuki (o nome deriva de um verbo que significa comportar-se escandalosamente), os papéis das jovens foram assumidos por belos rapazes, que haviam começado a adestrar-se nesta arte cerca de dez anos antes. Por volta de meados do século XVI, os jovens rapazes estavam causando tanta corrupção entre os samurais quanto as mulheres anteriormente e eles foram, por sua vez, proscritos.

Foi então, em 1652, que o Kabuki como arte veio à existência; não podendo mais contar com a boa aparência e o encanto dos executantes, o *Yaro* ou os homens do Kabuki tiveram de evolver outras habilidades a fim de prender seu auditório; como resultado, o diálogo e o desenvolvimento dramático adquiriram um papel importante. Pouco depois, a música e a dança foram reintegrados no Kabuki; este (agora dignificando seu nome com três personagens que significam canto-dança-perícia) as incorporou nos dramas que encenou. Tais companhias promoveram uma abordagem mais realista do teatro que a do Nô, inventando maquilagem, estilos de movimento para sugerir feminilidade e masculinidade, vozes em falsete para homens interpretando papéis de mulheres e suntuosas indumentárias (periodicamente proibidas pelo governo). Em 1664 foi representada a primeira peça de maior extensão. No curso dos vinte anos subseqüentes ocorreu a introdução de cortinas e cenários, e dois dos mais criativos atores do primitivo Kabuki apareceram e fundaram as duas correntes principais do gênero, que sobrevivem até hoje: Sakata Tojuro refletiu a elegância e o realismo de Kioto (a corte do Imperador) e de Osaka (o centro comercial); Ichikawa Danjuro engendrou o heróico e flamante do estilo *aragoto* que reflete os gostos do público geral de Edo (Tóquio), a capital dos governantes militares do Japão.

Com sua vitalidade e seus temas, reminiscentes das grandes eras do teatro dramático ocidental, o Kabuki oferece um ponto de contato especialmente acessível aos teatros dos dois hemisférios. Muitos homens de teatro repararam as ricas possibilidades cênicas que o Kabuki nos oferece, mas pouco se fez a fim de tirar vantagem de tais tesouros com os quais, segundo Paul Green, "tantos ansiosos dramaturgos sonharam"[1]. A tarefa é tanto mais complicada quanto o Kabuki, como outras formas de teatro oriental, não pode ser considerado simplesmente como um texto. A boa vontade de autores não bastará, embora seja um fator necessário, para uma transposição adequada, visto que há poucos textos modernos, por ora, que se prestariam para um tratamento

1. PAUL GREEN, *Dramatic Heritage*, New York, Samuel French, 1953, p. 169.

Terakoya. *Em cima*: O falecido Ichikawa Danjuro em uma postura heróica. Os alfinetes na vestimenta simbolizam seu nome, Matsuomaru. O gorro de pele representa o cabelo que cresceu muito porque Matsuo esteve doente. Note-se o uso total dos músculos faciais. (*Foto*: Shochiku.) *Embaixo*: Matsuo ameaça Genzo. Sendo Genzo um mestre-escola, o samurai desdenha de puxar a espada. Tais poses são freqüentes em peças Kabuki heróicas. (*Foto*: Shochiku.)

"total". Os atores e diretores ocidentais têm, por razões várias, dedicado pouquíssimo tempo ao estudo aprofundado dos teatros asiáticos; a maior parte do trabalho realizado neste terreno se deve a estudiosos de base acadêmica; um desbastamento do campo só poderá dar frutos quando os reais cultores do teatro se disponham, com o tempo, o talento e a imaginação requeridos, a consagrar-se durante alguns anos, no mínimo, à pesquisa disciplinada de um gênero particular.

Já falamos acerca dos obstáculos a um contato efetivo entre artistas do Oriente e do Ocidente, na medida em que cada qual está preocupado em desenvolver sua arte no âmbito de sua casa. As breves visitas de elencos orientais apenas nos permitiram, para nosso tormento, provar o gosto de sua arte, ou pouco mais. No caso do Kabuki, as dificuldades aumentam porque toda excursão envolve a necessidade de transportar muita gente e grande parafernália. O gênero requer não somente um numeroso grupo de intérpretes, mas é preciso contar também com o fato de que cada um dos atores principais vem acompanhado de uma porção de discípulos e alunos que, de acordo com a hierarquia medieval do Kabuki, ainda constituem um adjunto indispensável. Muitas dezenas de auxiliares são precisos, nos bastidores, a fim de efetuar as mudanças de cenários e manobrar a complicada maquinaria cênica, que não se encontra com facilidade nos teatros europeus e americanos. Enquanto que o Nô e a ópera chinesa não possuem cenário digno de menção, o Kabuki exige *décors* elaboradíssimos. Sucessivas trocas de roupa, muitas camadas de pano para uma indumentária, apuradas cabeleiras postiças, grandes orquestras de palco — todo um conjunto de óbices para uma excursão de Kabuki, que raramente é exeqüível do ponto de vista financeiro.

Em conseqüência, os ocidentais tiveram escassos ensejos de assistir a esta excitante dramaturgia, ficando na dependência de relatos, reportagens, uns poucos filmes e companhias ou de qualidade inferior ou sem verdadeira representatividade em relação ao gênero que seu nome implica. Elencos Kabuki fizeram apenas três curtas visitas ao Ocidente: à Rússia em 1928, aos Estados Unidos em 1960 e à Europa (Berlim, Paris, Lisboa) em 1965. Mas antes dessas experiências maiores, houve momentos menores de revelação.

OS PRIMEIROS CONTATOS

A cultura japonesa foi revelada ao Ocidente na Exposição de Paris em 1867. Apenas quatorze anos antes, em 1853, o Almirante Perry entrara na Baía de Tóquio e restabelecera o contato oficial entre o Japão e o mundo exterior. Em 1856, Townsend Harris, o primeiro cônsul americano em terras do Sol Nascente, dirigiu-se ao império do Micado; em 1862 foi estabelecida a primeira embaixada nipônica na Europa. Em 1868 começou o período de ocidentalização do Japão, ou seja, a época Meiji, assim chamada em honra do imperador que naquele ano se reimpôs, em detrimento do xogunato, como governante não apenas nominal, mas também efetivo, do país.

Como um novo tipo de nação oriental, o Japão não demorou a saltar para um plano de evidência; com a energia e a habilidade que nele testemunhamos repetidas vezes no século XX, montou uma admirável mostra na Exposição de 1867. Os franceses apreciaram as porcelanas, bronzes e esculturas nipônicas, declarando que eram de "incrível delicadeza" e que, dentre todas as apresentações ali trazidas pela Ásia, a japonesa era sem contestação a mais completa e a mais brilhante. Ao mesmo tempo, dois grupos de acrobatas japoneses exibiram-se em Paris, sendo objeto de críticas extasiadas de parte de Théophile Gautier [2].

Por volta de 1860, Sardou, um dos mestres da construção da peça bem-feita, já havia introduzido em uma de suas obras o leque, a sombrinha e o duplo suicídio, e Baudelaire, em 1861, estava recebendo estampas do Japão; mas isto não era nada em comparação com a niponofilia que irrompeu depois da Exposição. Verlaine, como ele nos informa, tinha em sua casa xilogravuras e uma colgadura, os Irmãos Goncourt guarneceram o estúdio com Hokusais e Utamarus, Zola rodeou-se de gravuras japonesas e os impressionistas e pós-impressionistas empenharam-se em seguir as lições da arte nipônica. Saint-Saëns e Lecocq compuseram operetas "japonesas", Heredia escreveu o soneto "Samurai" e Loti evocou um falso porém pitoresco Japão, cheio de afetação e diminutivos, em *Madame Chrysanthème*. Judith Gautier produziu uma série de dramas com nomes tais como *Princesa Amarela, As Cerejeiras do Suma, O Vendedor de Sorrisos* e *Princesa do Amor*, enquanto nos grandes magazines as donas-de-casa podiam comprar não importa que quantidade de vasos, bonecas e berloques feitos no Japão para a exportação.

O caráter espúrio desta maneira de entender e apreciar o mundo do Sol Nascente pode ser em grande parte resumido em duas coisas, o retrato de um quiosque e a peça *La Belle Saïnara*. Em um opúsculo ilustrado sobre a Exposição de 1867 aparece uma gravura surpreendente do que é chamado de quiosque japonês; é um cruzamento entre uma mesquita hindu e um templo tailandês, rodeado de elefantes, samurais e damas vitorianas. A peça, obra de um poeta parnasiano menor, Ernest d'Hervilly, conheceu não apenas a glória de uma encenação no Odéon em 1876, mas também de uma remontagem na Comédie-Française em 1893 [3]. O comportamento encantadoramente quixotesco dos incompreensíveis japoneses manifestava-se nesta peça por uma personagem denominada Musmé, que em japonês (*musume*) não

2. *Moniteur*, 22 jul., 12 ago. 1867.
3. ERNEST D'HERVILLY, *La Belle Saïnara*, Paris, Lemerre, 1876.

é sequer um nome próprio, porém um substantivo comum e quer dizer moça, filha, donzela. Musmé é dada a freqüentes e inexplicáveis piruetas. Sua maneira de portar-se, entretanto, não é mais curiosa do que a casa onde vive, pois d'Hervilly indica que há "flores por toda a parte em vasos de bronze e porcelana". Quem quer que tenha até um conhecimento superficial do Japão sabe que a essência do arranjo floral nipônico é a simplicidade e a austeridade, assim como a da poesia japonesa é a brevidade, o caráter sucinto e a concisão. No entanto, o herói de *La Belle Saïnara* anuncia, ao abrir da cortina, estar compondo um poema que "terá nada mais do que dez mil versos"! É inútil acrescentar que há de ser no padrão francês do verso de doze sílabas, o alexandrino.

Ao mesmo tempo que a Europa desenvolvia este conceito altamente artificial do Japão, viajantes europeus visitavam o Império do Sol Nascente e assistiam aos espetáculos teatrais. O que os impressionava mais era o "realismo" de tais apresentações. Na Europa de 1875 não eram tão dominantes como agora nem os textos nem os estilos de representações realistas, não sendo pois de espantar que os ocidentais, acostumados aos desempenhos mais estilizadas de Bernhardt, para não mencionar a tradição francesa da contenção, se fixassem particularmente no modo como os atores japoneses reproduziam com detalhe certos tipos de comportamento. Georges Bousquet, escrevendo em 1874, esperava que os jovens autores realistas de seu tempo pudessem ver um dia algumas das "lúgubres exibições" de sofrimento prolongado e morte, efetuadas no Kabuki, para que chegassem a compreender "quão cansativa poderia tornar-se a aplicação ilimitada da teoria que esposavam" [4].

Repetidas vezes o Kabuki é descrito com expressões como "naturalidade de desempenho", "representação exata da natureza", "verdade do sentimento", "sinceridade dos pormenores e dos mores", "excessiva realidade dos adereços". O termo "realismo", tal como empregado no fim do século XIX, nem sempre implica elogio. Na verdade, os críticos não são concordes sobre o seu significado. Um deles pergunta se não foi por vezes utilizado como designação de opróbrio, pois cenas de violência e exagero que recebiam o nome de "realistas" nos pareceriam hoje como nitidamente estilizadas. Alexandre Bénazet, que considera o realismo a característica dominante do Kabuki, conta a estória de um ator que estava trabalhando em um papel de demônio. Ele conseguiu criar uma expressão facial tão aterradora que sua mulher, voltando para casa inesperadamente, o tomou por um verdadeiro diabo e morreu de medo na hora!

O que parece incomodar os comentadores não é tanto a realidade representada quanto os extremos a que o intérprete che-

4. GEORGES BOUSQUET, "Le Théâtre au Japon", *Revue de Deux Mondes*, 15 ago. 1874, p. 729

ga ao apresentá-la. Quase todos se queixam que as peças do Kabuki são demasiado dramáticas e as emoções por elas provocadas excessivamente violentas. Acostumados sem dúvida às montagens anódinas do Boulevard ou da Broadway do século XIX, não estavam preparados para um teatro que constituía uma efetiva experiência e atingia níveis que não pareciam inteiramente decentes. Os franceses preferiam uma "polida" encenação de Racine, e Racine é por certo um dos menos polidos dos dramaturgos franceses, se o espectador vai abaixo da superfície onde muitos preferem permanecer. Julgavam inquietantes e misteriosas as criações de Shakespeare, de modo que era inteiramente natural que colocassem o Kubuki perto das "monstruosidades shakespearianas". Só em tempos bem recentes pôde este inglês se lhes afigurar como algo mais do que um bárbaro de gênio.

É muito estranho que Georges Bousquet, autor para o qual, no Kabuki, "tudo se passa como na própria vida", relate mais adiante ter certa vez interrogado um ator a fim de saber por que proferia gritos tão confrangedores e fazia gestos tão largos em seus papéis trágicos. Ao francês, não pareciam modos de comportamento real de um senhor ou de um guerreiro. O ator redarguiu-lhe que, se se limitasse a comportar-se como qualquer pessoa, a platéia dificilmente o reconheceria como um herói. É claro que este ator, assim como muitos de seus companheiros de arte, estavam procurando algum tipo de idealização, uma personagem com maior nobreza e força do que o corriqueiro homem de carne e osso; a criação feita por eles era mais uma transposição teatral do que uma imitação realista. É assim, em todo caso, que descreveríamos o fato hoje em dia.

Motoyosi Saizu, escrevendo em um periódico francês vinte anos mais tarde (1894), faz o relato de uma abordagem totalmente diversa do desempenho, no Kabuki, algo muito próximo do que veio a ser chamado "O Método". Os alunos de um certo ator, Dengoro, odiavam o mestre que os tratava de maneira muito cruel; não podendo mais suportar seu comportamento, decidiram matá-lo durante uma luta no palco. Dengoro, contudo, era excelente esgrimista, de modo que não conseguiram sequer feri-lo. Após o espetáculo, ele congratulou-se com os discípulos pela vigorosa, valente e verdadeira representação. Eles lhe confessaram a verdade, porém o mestre lhes retrucou ser às vezes necessário recorrer a tais métodos quando a gente não encontra de nenhum outro modo a emoção requerida [5].

O certo é que o Kabuki contém extremos, tanto de realismo quanto de estilização. Qual deles irá atingir o espectador é algo que depende de sua formação, do programa específico a que assiste e dos atores que estão trabalhando na peça. A peça sobre a vida da classe média (*sewamono*) tende a assemelhar-se sob mui-

5. MOTOYOSI SAIZU, "Le Théâtre au Japon", *Revue Brittanique*, 1894, p. 396.

tos aspectos com nossas peças realistas, ao passo que as peças de dança (*shosagoto*) e de época (*jidaimono*) são encenações altamente estilizadas. A escola de Osaka especializou-se durante muitos anos em *sewamono* e no estilo mais realista de representação, ao passo que os atores de Tóquio eram dados aos brilhantes exageros do *jidaimono*. Por volta do fim do século XIX, um dos principais comediantes de Tóquio, Danjuro IX, tentou infundir maior exatidão histórica e verossimilhança às peças Kabuki. Felizmente seus esforços tiveram vida curta. É provável que os observadores franceses de então houvessem assistido a algum dos espetáculos de Danjuro, ou talvez, como os turistas de hoje, não fossem capazes de resisitir em seus assentos às muitas horas de um espetáculo Kabuki, baseando as impressões na vista superficial de uma única (e quiçá atípica) peça. Mesmo hoje, um dos mais informados escritores sobre o Japão, Edwin Reischauer, permite-se dizer que "o Kabuki ressaltou o realismo da ação e do cenário"[6], enquanto que uma das grandes autoridades em teatro Kabuki, Earle Ernst, chama-o de "forma não-ilusionista, intransigentemente teatral"[7].

Chamemo-lo teatralismo ou realismo, a violência e o caráter dramático do Kabuki eram aparentemente algo excessivo para os nossos avós, que preferiam rejeitá-lo como criação monstruosa de "uma nação de crianças". Esta atitude condescendente, adotada por A. Lequeux, autor do primeiro livro consagrado ao teatro japonês (1889), reflete-se na maior parte dos escritores da época, inclusive Bousquet, que concluiu com fátuo provincianismo:

O Extremo Oriente, devemos admitir, não conheceu a beleza nua e simples dos gregos: uma prerrogativa da raça ariana, a concepção de um mundo superior sempre tomou, para o oriental, a forma de uma exageração informe da realidade. Além da trivialidade diária, ele encontrou somente o monstruoso[8].

A vitória nipônica na Guerra Russo-Japonesa, obtida poucas décadas depois, mostraria aos europeus que os japoneses eram algo mais do que crianças encantadoras, e que sua antiga civilização era digna de um estudo sério, por motivos inerentes a ela mais do que por uma bizarra curiosidade para o deleite de alguns diletantes ocidentais. Após 1905, a Europa aprendeu a levar a sério o Japão, seu povo e suas manifestações culturais, e começou a investigar as instituições nipônicas.

Mas antes que os europeus descobrissem muita coisa a respeito do Japão, outra revelação ocorreu. Na Exposição Internacional de 1900, a fabulosa Sada Yakko brilhou por alguns meses

---

6. EDWIN REISCHAUER, *Japan Past and Present*, Tóquio, Tuttle, 1963, p. 99.
7. EARLE ERNST, *Kabuki Theater*, New York, Grove, 1956, p. IX.
8. BOUSQUET, *op. cit*, p. 728.

qual um cometa vindo do Oriente, ofuscando o público francês com a perícia, emoção e teatralidade da arte dramática do Sol Nascente. Sua chegada a Paris fora precedida por relatos sobre o seu desempenho cênico; recebida como a mais ilustre das atrizes japonesas vivas, viu-se promovida a uma espécie de Duse do Japão. Lendo-se as notícias diárias dos jornais, poder-se-ia quase crer que ela viera sem mais ninguém, mas na realidade acompanhavam-na o marido, Kawakami, e um elenco de atores japoneses, o primeiro que jamais visitara a Europa. Na Inglaterra, Sada Yakko representou perante a Rainha Vitória. Ellen Terry, abraçou-a calorosamente, exclamando: "Que grande lição de arte dramática foi esta para mim!" E Irving é citado nos jornais franceses como tendo dito: "Nunca vi um desempenho assim"[9].

Sada Yakko e Kawakami apresentaram certo número de peças; o programa em geral incluiu uma breve peça de abertura ou um grupo de danças com Loie Fuller. Nenhum dos textos encenados era Kabuki de verdade, mas a companhia proporcionou aos espectadores europeus a possibilidade de provar o gosto efetivo do vigoroso estilo de interpretação japonesa. A maioria do repertório constituía-se de melodramas fantásticos que permitiam a Kawakami mostrar sua habilidade no manejo da espada e a Sada, seus talentos para dançar e retratar a loucura e a morte. O mais famoso destes veículos foi *A Gueixa e o Cavaleiro*, uma estória de amor e ciúmes no Japão antigo, com um desenlace reminiscente da peça Kabuki, *A Donzela Dojoji*. Era dado a Sada a oportunidade de dançar para os sacerdotes do templo a fim de obter acesso ao santuário onde o esposo estava escondido com a amante. Depois, transformada em demônio, ela podia exibir seus dotes em uma luta com a amante e, por fim, morrer da maneira mais estrênua.

Os críticos assinalam a graciosidade e o encanto de Sada; seus movimentos leves e simples; sua intensidade dramática; sua vozinha acariciante, que é comparada a de um pássaro ferido. Mas acima de tudo ficam impressionados com as cenas de morte, considerando-as

... um espetáculo incomparável. Sem contorções, sem caretas, ela nos dá a impressão de uma morte que é fisicamente progressiva. Vemos a vida abandonando lentamente o pequeno corpo, quase segundo por segundo... Nossa Sarah Bernhardt mesma, que prima tanto na representação da morte, nunca nos proporcionou nisso um sentimento mais forte de verdade artística [10].

Após os seus provocantes sorrisos, que olhos fundos de cólera! Seu nariz se dilata, as faces ficam ocas, o medo convulsiona todo o seu corpo, e ela morre com uma espécie de realismo sobrenatural [11].

9. *Le Théâtre*, set. 1900.
10. *Lectures Pour Tous*, mar. 1908.
11. *Je Sais Tout*, s.d.

Quer a vejam como uma atriz que se contorce e careteia na morte, quer como uma criatura extremamente sutil e interiorizada, os críticos concordam que o teatro exemplificado por Sada Yakko faz o nosso parecer tímido, em comparação. O estilo de desempenho da atriz japonesa afigurou-se-lhes tanto bárbaro quanto refinado; quando um súdito do Sol Nascente residente em Paris, escreveu que Sada Yakko e Kawakami não eram de modo algum figuras representativas do teatro tradicional do Japão — de fato, notabilizavam-se pela adaptação que faziam de tudo quanto era moderno e ocidental — os críticos poderiam ter respondido que, ainda assim, Sada constituía algo surpreendente e inusitado para os europeus. Oxalá nos fosse dado vê-la hoje, não apenas em seu famoso papel de gueixa, mas também no de Pórcia, na cena do julgamento de *O Mercador de Veneza*, que ela apresentou no Athénée em 1901, ou na *Dame aux camélias*, traduzida para o japonês a fim de que Yakko pudesse representá-la. Em várias entrevistas concedidas a jornais europeus, Sada descreveu o prazer que sentiu à vista do trabalho dos grandes atores europeus de seu tempo e anunciou o propósito de regressar à sua pátria a fim de construir, com o milhão de francos ganhos na França, um moderno teatro para a encenação de obras de Corneille, Molière, Hugo, Shakespeare e outros autores clássicos ocidentais.

Sada Yakko e Kawakami eram tudo menos atores tradicionais japoneses. Sada, na realidade, nunca pisara num palco no Japão e suas apresentações como atriz, no Ocidente, surgiram de um acaso. No Japão, fora gueixa antes de casar-se com Kawakami. Em conseqüência, havia sido instruída nas artes tradicionais e era uma bailarina consumada. O marido, um político malogrado, voltara-se para o teatro e alcançara certa fama na qualidade de professor de interpretção. Em 1898, ele e sua companhia decidiram efetuar um giro de estudo pelo mundo. Não pretendiam representar, mas simplesmente enfronhar-se no teatro ocidental em seu solo nativo, com o fito de "modernizar" a cena teatral nipônica. Quando desembarcaram em San Francisco, um empresário lhes propôs que se exibissem. Kawakami hesitou de início, mas o convite foi tão insistente e a oferta tão compensadora, que por fim aceitou.

Naquela época, eram proibidos no Império do Sol Nascente as companhias mistas; assim, todos os papéis do elenco de Kawakami foram atribuídos a homens. Porém, na véspera do espetáculo, o jovem que ia interpretar o papel da heroína caiu doente e Sada ofereceu-se para substituí-lo. A idéia causou surpresa, mas Kawakami acabou acedendo aos desejos da esposa e o espetáculo converteu-se em um triunfo pessoal para aquela miúda criatura. Foi chamada dez vezes às cortinas.

Depois deste espetáculo, Sada Yakko começou a estudar seriamente a arte da interpretação e apareceu com a *troupe* do marido, de uma ponta a outra dos Estados Unidos. Quando finalmente chegou à Costa Leste, foi felicitada pelo cônsul-geral do Japão, que lhe fez também uma severa advertência: o comportamento dela era ilegal em sua pátria; quando voltasse, seria certamente processada. O elenco foi para a Inglaterra. Ao assistir ao trabalho de Sada Yakko, a Rainha Vitória sentiu-se tão comovida que lhe perguntou se poderia fazer algo por ela. A jovem pediu-lhe que intercedesse junto ao Imperador a fim de que lhe fosse permitido representar com o marido, não somente na Europa, mas também nos palcos do Japão. Em poucos dias o pedido tornou-se um *fait accompli*; desde aquela época afrouxaram as restrições contra o aparecimento conjunto de homens e mulheres no mesmo tablado cênico. Fato picante é pensar na Rainha Vitória como responsável por esta evolução "imoral" das coisas.

Só depois de sua triunfante *tournée* pelo Ocidente é que Sada Yakko veio a ser famosa no Japão, onde interpretou peças de Shakespeare e outros autores europeus. Em 1908, ela e Kawakami voltaram a Paris, tendo ali representado uma obra japonesa moderna, a sempre popular *A Gueixa e o Cavaleiro*, e uma adaptação do Kabuki, *Momijigari* ("A Vista dos Bôrdos"), que, como *A Gueixa*, permitia aos atores exibir todas as suas técnicas notáveis.

Primeiros intérpretes japoneses a apresentar-se na Europa, Kawakami e Sada Yakko tiveram um papel importante. Seus espetáculos revelaram às platéias ocidentais um exemplo real de um teatro poderoso, emocional, intensamente "realista", a cujo respeito a maioria dos espectadores do Ocidente, quando muito, havia lido alguma coisa. É interessante observar que os críticos não estavam de acordo quanto aos graus de realismo ou de estilização nos espetáculos de Sada Yakko, sendo capazes de conjugar duas palavras tão contrapostas como "sobrenatural" e "realístico". As resenhas da imprensa e as reações das platéias ressaltam vários pontos de importância. Primeiro, a verdade corporificada nas montagens japonesas não se referia à semelhança com a vida real, mas era de caráter artístico, constituía uma transposição de elementos de vida para uma chave mais teatral, onde sonho e verdade se apresentam concomitantemente. Segundo, o fato de todo crítico comentar a mestria de Sado nas cenas de morte é indício de uma consciência dos aspectos técnicos envolvidos na representação desta atriz. Apressemo-nos a acrescentar que articulistas e público não se mostravam menos cônscios da qualidade de artistas como Duse ou Bernhardt sob o ângulo de sua extraordinária técnica de desempenho. Esta é precisamente a questão; antes do apogeu do método de representação realista e das encenações psicologicamente integradas, atores e atrizes eram creditados por seus momentos de exibição técnica, e nem por isso ninguém ficava menos comovido. Pois o virtuosismo no desempenho era considerado teatro e francamente reconhecido como tal.

"Que espetáculo para a imaginação, que festa para os olhos", exclama um crítico [12]. Após o sombrio prato dos naturalistas e o inconsistente regime das comédias do Boulevard, os atores nipônicos devem ter inflamado a imaginação do espectador parisiense, fazendo-o vibrar com um espetáculo que lhe falava tão poderosamente através dos olhos quanto através dos ouvidos.

Tirando-se o retorno de Sada Yakko em 1908 e umas poucas visitas de dançarinos, como Hanako, a Europa esperou trinta anos até receber outra companhia japonesa de maior envergadura. Em 1930, os comentaristas ocidentais recorreram mais uma vez a um vocabulário de superlativos para caracterizar a *troupe* de Tokujiro Tsutsui. Embora o elenco de Tsutsui, como já ocorrera com o de Kawakami, não fosse constituído de autênticos atores do Kabuki, seu repertório incluía várias peças efetivamente pertencentes a este gênero de teatro, sendo a mais digna de nota a *Kanjincho*. Uma vez que sua especialidade residia nas tramas de aventura com muito duelo de espada, seu modo de abordar as obras-primas do Kabuki não se notabilizava pelo apego à tradição. Vários artigos na imprensa européia, escritos por japoneses, assinalavam que a companhia não era das melhores, que ela adaptara para seus fins particulares os textos clássicos, misturando o velho e o novo, o literário e o popular. Um deles, entretanto, concordava que os espetáculos de Tsutsui podiam "dar aos ocidentais uma idéia elementar do teatro clássico japonês". Em 1930, até uma idéia elementar era necessária. Resenhadores ditirâmbicos, bradaram: "Isto é teatro, mais verdadeiro que a própria verdade!" Aí estava uma forma de representação francamente não representacional, que usava movimento estilizado, dança, música, acrobacias, e no entanto parecia revelar a vida como ela é: a verdade desvendada através de convenções artificiais e de uma técnica das mais desenvolvidas.

Maurice Rostand ficou impressionado, ele também, com uma cena de morte, "tão estilizada e todavia tão real, tocando de pronto na mais elevada poesia e na mais pungente realidade". Elogia os atores e lucidamente assinala que, graças ao talento deles, uma peça que é em essência um melodrama (em termos ocidentais) se eleva ao nível de um profundo drama psicológico. Conclui a crítica com alguns sábios conselhos aos intérpretes de sua época, conselhos que os atores de hoje poderiam muito bem seguir:

> Quantos comediantes franceses, partidários do caminho mais fácil, com medo do excesso de trabalho, não tirariam lucro se dessem ouvidos ao ensinamento destes japoneses, de sua arte prodigiosa, tão diferente de um realismo sem beleza quanto o é de um romantismo sem verdade? Quão longe nos encontramos aqui de nosso prato usual e quão profunda reflexão isto merece [13].

12. ARSENE ALEXANDRE em *Le Théâtre*, set. 1900
13. *Le Soir*, 4 mai. 1930.

O teatro francês entre 1900 e 1930 assistiu ao número costumeiro de operetas e peças pseudojaponesas, assim como a vários esforços mais sérios. Dois merecem menção, um por seu absurdo e outro por sua honestidade e sinceridade. *L'Honneur japonais* foi representado no Odéon Théâtre de France em 1912. Escrita por Paul Anthelme, após uma breve visita ao Japão, *A Honra Japonesa* volta a narrar o famosíssimo relato de heroísmo e lealdade, *Chushingura*. A mesma estória fornece o material para uma das mais duradouras obras-primas do teatro Kabuki. Dirigida por Antoine, a peça mereceu louvores pela nobreza do tema, por seus elevados sentimentos e pela qualidade do espetáculo. Curiosamente — e isto deveria constituir um sinal de perigo — o público, segundo um crítico, "elogiou particularmente as virtudes francesas do autor, clareza, lógica, contenção, eloqüência precisa, rapidez de ação"[14]. Quer dizer, a platéia apreciou o que era mais nitidamente não-japonês naquele teatro. A "tragédie cornélienne" que algumas pessoas enxergaram em *A Honra Japonesa* não impediu outras de pretender que o caráter nipônico da peça tinha "uma veracidade tal que os mais cultos *connoisseurs* da vida e das lendas do povo do Sol Nascente não podiam encontrar qualquer falta em seu âmbito"[15]. A despeito de um tal elogio e uma tal certeza, a despeito da estada de Paul Anthelme no Japão e do motivo "altamente japonês" do drama, *A Honra Japonesa* contém os costumeiros amaneirados nomes de personagens — Crisântemo, Sorrizinho e Senhora Ameixa! — e, o que é mais sério, uma total ignorância da vida e até da geografia japonesas. Esta cegueira torna-se tanto mais curiosa quando se considera que Antoine, tão dedicado à reconstrução acurada da vida real, estava à frente da encenação. Aparentemente não cogitou sequer de consultar um japonês para que este o ajudasse na *mise en scène*. O resultado foi que:

O Ato I ocorre em Osaka, com uma vista do Monte Fuji no fundo, uma impossibilidade geográfica.

O filho do Príncipe Sendai consagra Sayemone como cavaleiro golpeando-o no ombro, à boa maneira européia.

Velhos amigos se cumprimentam uns aos outros, trocando apertos de mão.

O *seppuku (hara-kiri)* do Príncipe Osaka é realizado diante de numerosa assistência.

As pessoas usam sapatos dentro de casa.

Uma princesa traz o penteado de cortesã de alta classe, uma peça de decoração seguramente muito teatral e impressionante, mas, no caso, referta de implicações cômicas.

O mais trágico dos contos japoneses termina com um desfecho feliz, porque o Imperador *por acaso passa por perto e entra para um visita noturna.*

14. ADOLPHE BRISSON, citado em *L'Illustration Théâtrale*, 25 maio 1912.
15. J. GAUTIER, em *ibid*.

Em pólo quase oposto situava-se *O Fabricante de Máscaras,* montado pelo notável pioneiro de um teatro internacional, Firmin Gémier, em 1927, no Primeiro Encontro Internacional de Teatro, por ele organizado. Este texto de Okamoto Kido é uma das mais conhecidas peças japonesas contemporâneas. Escrita em 1911, e tida como uma peça moderna de Kabuki, relata a estória de um escultor de máscaras que fez uma para o seu senhor, mas sente que falhou na obra, pois a máscara parece ter um olhar mortal. A filha do artista casa com o empobrecido senhor e, quando este é atacado na batalha, ela põe a máscara a fim de poder lutar para salvá-lo. Ambos são mortos. Quando a peça termina, o fazedor de máscaras, enlutado pela morte da filha, sente-se feliz, mesmo assim, ao saber que continua sendo o maior escultor de máscaras, pois o olhar mortal que gravou na máscara de seu amo era a própria morte. Sempre artista, no momento em que a cortina cai, ele pega no pincel a fim de esboçar a filha moribunda, pois quer imortalizar suas feições em uma nova máscara.

A grande virtude da montagem de Gémier foi a honestidade e autenticidade; ela limpou o palco europeu das falsas "japonesices" de lanternas coloridas, cerejeiros em flor e de lambidas donzelas, pondo em seu lugar um Japão verdadeiro e humano. Em vez de procurar inspiração no colorido superficial, tentou arrostar as técnicas teatrais nipônicas. Indício de que Gémier abordou a tarefa com senso de responsabilidade e seriedade encontra-se não somente nas resenhas críticas. Vimo-las errar com bastante freqüência. Mas um relance sobre o programa nos informa que, ao contrário de Antoine, Gémier recorreu a artistas, bailarinos e músicos japoneses a fim de colorir sua montagem. A música foi reconstituída a partir de temas japoneses, sendo os cenários desenhados por Fujita e os costumes por Yanagi. Embora Gémier se incumbisse pessoalmente da encenação em geral, toda a *"mise en scène* japonesa" esteve a cargo de um certo M. Omori.

A peça era simples e sóbria, mas não desprovida de cor. A maior parte do Segundo Ato era devotada a um festival de aldeia, quase inteiramente composto de danças e mímica. Vários atores nipônicos figuravam no elenco, infundindo um ar de autenticidade, mas também ajudando os demais intérpretes em seus movimentos. Os críticos assinalaram em especial o trabalho de um M. Urin, que dançou e mimou, com grande efeito, o papel de uma louca. Tendo por fundo os austeros, ásperos telões acinzentados, os atores, em suas poses, lembraram gravuras japonesas a vários resenhadores do espetáculo.

Os críticos foram unânimes na afirmação de que a montagem de Gémier constituía um modelo de fidelidade e gosto, e que ele próprio, no desempenho pessoal, preparara tão escrupulosamente o seu papel, que nenhum ator japonês poderia mostrar-se mais japonês.

VISITAS ULTERIORES

Até 1928 era necessário visitar o Japão a fim de assistir a um espetáculo de autêntico Kabuki. Os poucos teatros e companhias de dança que viajavam pela América e Europa proporcionavam tão-somente uma idéia das mais vagas do que era de fato uma representação efetiva de Kabuki. Em 1928, porém, uma companhia de atores Kabuki, encabeçados por Ichikawa Sadanji, apresentou-se na Rússia, onde despertaram um interesse não pequeno. A influência do teatro japonês já se fizera sentir nos palcos russos em diretores da linha teatralista e, mais notadamente, em Meyerhold, que enalteceu o emprego nipônico da sugestividade, dos recursos da atuação total e do contato com a platéia. Na verdade, os *Ballets Russes* de Diaghilev, apresentados ao Ocidente em 1909 em Paris, já haviam proposto uma síntese similar das artes e haviam indicado como era possível derivar da dança notáveis efeitos dramáticos.

Um dos artistas mais sensíveis às representações do Kabuki, em Moscou e Leningrado, foi o jovem diretor cinematográfico, Sergei Eisenstein. Ele divisou no Kabuki um exemplo brilhante de elementos que se poderia alcançar por meio da câmara. Num artigo, onde evidencia o seu poder de imaginação e o seu gênio, aponta algumas das lições oferecidas pelo Kabuki, sendo quiçá a mais importante a consecução da unidade. Einsenstein considera o Kabuki um *monismo de conjunto*: "Som-movimento-espaço-voz aqui *não acompanham* (nem sequer em linhas paralelas) um ao outro, mas funcionam como *elementos de igual significação*"[16]. O ator do Kabuki, observa Einsenstein, apela a todos os níveis do espectador simultaneamente, criando o que se pode chamar de sinestesia, pois os movimentos do intérprete podem corresponder à música ou ao som de matracas de madeira; podem ocorrer no espaço, ser acentuados pelo som ou por uma superfície plana a mover-se no fundo do palco, ou podem corresponder a alguma convenção intelectualmente concebida[17].

Eisenstein relembra-nos do velho cantor de ópera que assegurava ao seu diretor de teatro que "quaisquer notas que eu possa cantar com minha voz, hei de mostrar com minhas mãos". Mas o ator do Kabuki não escolhe entre um ou outro meios; utiliza ambos, ao mesmo tempo: "E nós permanecemos pasmados diante de uma tal perfeição de montagem"[18]. Com sólidos conhecimentos de cultura japonesa, Eisenstein faz comparações apropriadas com fenômenos similares em outras fases da vida nipônica. Escreve, por exemplo, que o japonês está acostumado

---

16. SERGEI EISENSTEIN, *Film Form; The Film Sense*, ed. e trad. Jay Leyda, Cleveland e New York, Meridian Books, 1963, p. 20.
17. Ver *ibid.*, pp. 21-22.
18. *Ibid.*, p. 23.

a usar um silabário fonético (na realidade *dois*) e, ao mesmo tempo, expressa muitas de suas palavras e idéias em caracteres pertencentes a uma ordem que difere totalmente dos símbolos fonéticos. Cada caractere, como o ator do Kabuki, existe em muitos níveis, simultaneamente; cada caractere tem duas, três ou até cinco ou seis diferentes pronúncias e significações, dependendo do contexto. Em alguns contextos, o caractere representa um símbolo em relação a um significado quase independente de qualquer valor fonético, ao passo que em outros representa um símbolo de um som inteiramente desvinculado do significado que de outro modo veicularia. A complexa unidade dos níveis de representação do Kabuki é aparentemente inerente à tessitura toda da cultura japonesa.

Trinta e dois anos mais tarde, em 1960, uma companhia do Kabuki-za de Tóquio efetuou, com o maior êxito, uma excursão pelos Estados Unidos. Muitos americanos despreparados para uma apresentação de Kabuki talvez tenham deixado o teatro perplexos e, mesmo, um tanto enfadados, mas aqueles que dispunham da necessária bagagem, e possuíam a compreensão requerida, levaram consigo a sensação de que seu contato com o teatro Kabuki tradicional lhes trouxera uma verdadeira revelação. Era indubitável o sucesso popular desta temporada, pois não houve um só espetáculo, dos vinte e quatro oferecidos em New York, que não tivesse todas as entradas vendidas, e a opinião geral era que as três semanas de permanência do elenco poderiam estender-se quase infinitamente. Conhecidos homens do teatro americano assediavam o City Center onde os atores do Kabuki estavam apresentando-se; na época, havia uma greve contra a maioria dos teatros nova-iorquinos, o que dava aos artistas "em férias" o lazer para assistir o Kabuki tantas vezes quantas desejassem. Faubion Bowers lembra de ter visto lá Irene Worth e Anne Bancroft quase todas as noites. Em um artigo altamente informativo, publicado no *Nation*[19], ele relata que Greta Garbo foi aos bastidores pela primeira vez na vida, tão ansiosa estava em ver de perto Utaemon VI, que desempenhou os principais papéis femininos durante a excursão. E cita palavras da famosa atriz sueca, segundo as quais Utaemon era "a maior experiência individual de teatro" que tivera na vida.

Bowers, uma das pessoas mais instruídas nos Estados Unidos em matéria de Kabuki ou teatro oriental em geral, está também familiarizado com o mundo do teatro ocidental. Ele tem absoluta certeza de que algum dia certos elementos destas representações do Kabuki serão incorporados ao nosso palco. Um dramaturgo, Arthur Penn, informa-nos ele, já admitiu "tomar empréstimos do Kabuki" para a sua peça *A Death in the Family* ("Morte na Família").

19. *Nation*, 9 jul. 1960, pp. 39-40.

Uma das lições inspiradoras que é possível depreender de uma tal visualização do Kabuki é o uso da estilização. A verdadeira estilização, como notou Eisenstein há trinta e dois anos, não é enxertada de fora; cresce a partir de dentro. Quando pensamos em estilização no Ocidente, tendemos, quiçá, a enxergar aquela espécie de poses esquisitas que vemos nas fotografias fim-do-século da Bernhardt ou de rechonchudas cantoras de ópera. O ar de artificialidade e exteriorização decorativa nos parece tudo menos algo que nos mova, a não ser que seja à gargalhada. A exibição do Kabuki, aqui, em 1961, surpreendeu muitos atores americanos, porque lhes revelou a possibilidade efetiva de se comunicar a emoção através da estilização.

A cena do suicídio ritual em *Chushingura,* que seria completada em alguns segundos em uma peça ocidental, como assinala Brooks Atkinson, levou aqui quinze ou vinte minutos. Os vinte minutos, informa ele, não foram longos nem tediosos, mas "quase insuportavelmente dramáticos". O retardamento do ritmo, a extrema formalidade, eram transparentes em todas as peças. Shoroku traça um retrato do samurai leal em *Chushingura* que mostra de novo a mescla de estilização e realismo, a marca característica do Kabuki: "Embora o estilo seja elaborado, medido e formal, as emoções que expressa são reais"[20]. E em *Kanjincho* a crítica observa mais uma vez uma combinação de estilos fortemente contrastantes: elegância e *bravura.*

Cinco anos demorou para que fosse dado a Paris ver os notáveis artistas do Kabuki-za. Até 1965, quando este conjunto apareceu no Théâtre de France, de Jean-Louis Barrault, o público parisiense assistira apenas às apresentações de Kawakami e Sada Yakko, de Tsutsui e um certo número de companhias japonesas de dança. Uma delas, o Azuma Kabuki, exibira-se no Théâtre Hérbertot em 1955 e fora recebida calorosamente. O nome "Kabuki" deu infelizmente a impressão aos franceses que os espetáculos Azuma constituíam de fato um exemplo do teatro Kabuki, quando na realidade se tratava de uma série de excertos de dança, extraída de certas peças Kabuki. O Azuma também se afastava da tradição do Kabuki na medida em que alguns papéis eram dançados por mulheres. A companhia era altamente profissional e de grande perícia na execução, mas não era um elenco Kabuki.

Em 1958, o Kabuki Hanayagi apareceu no Théâtre des Nations. Como os grupos anteriores, tratava-se de um conjunto de danças cujo repertório salientava uma variedade de números clássicos japoneses, inclusive alguns provenientes do repertório Kabuki. O nome inexato deu origem, uma vez mais, a uma série de idéias errôneas acerca do Kabuki, e muitos críticos acharam que o mundo gentil, contido e pitoresco, de cerejeiras em flor

---

20. *New York Times,* 10 jun. 1966, p. 37.

e chuvisco, que aparecia nas montagens do Hanayagi era típico do Kabuki. Evidentemente, escreveram eles, o Kabuki carecia da grande épica da ópera chinesa; sua expressão é menos concreta e sua psicologia mais hermética. Um exame cuidadoso revela que tanto o Kabuki quanto a ópera de Pequim possuem grandeza épica; mas a primeira é mais concreta e sua psicologia é mais compreensível para o ocidental.

Em outubro de 1965, no mesmo teatro onde a imitação feita por Anthelme, A Honra Japonesa, fora encenada havia cinqüenta e três anos, várias cenas de Chushingura — a peça Kabuki em que se baseara A Honra Japonesa — vieram a ser representadas. O público dispensou calorosa e entusiástica recepção ao elenco nipônico no Odéon Théâtre de France, embora a maioria dos críticos, aparentemente desconcertados pelo exotismo, pelas técnicas desfamiliares e pelo ritmo lento, não tenha refletido este entusiasmo na imprensa. Elogiam o rigor artístico dos executantes, a beleza da encenação, mas somente Gilles Sandier nas Arts denota real entendimento da forma e consciência das possibilidades que ela oferece ao Ocidente. Citando Genet, enaltece o sugestivo simbolismo do Kabuki, sua qualidade religiosa, bem como a disciplina de forma e de atores igualmente. Ele saúda este teatro extremamente estilizado como um veículo que nos transporta ao coração da realidade. Através de atores que, são "peças humanas de arquitetura", em suas enormes indumentárias e cabeleiras, empenhados no "eterno bailado de desejo, vingança, humilhação, luta, amizade, tristeza e morte", começamos a nos vislumbrar a nós mesmos, pois cada personagem é uma imensa abstração ou, antes, uma personagem reduzida à sua essência:

> Quando se vê a mulher do chefe inimigo emergindo do fim do *hanamichi*, como se saísse de uma lanterna mágica, em meio a estranhos estridores, sentimos como se estivéssemos vendo o nascimento da Mulher (voz, gestos, porte, andar). Na verdade é um nascimento que ocorre cada vez que uma personagem emerge daquela caixa de Pandora, como se houvesse saltado da imaginação humana plenamente armado; o nascimento de seres míticos, carregados com o peso de uma realidade escrita em letras maiúsculas, A Viúva, O Guerreiro, O Amigo e assim por diante [21].

Encontramo-nos demasiado perto, no tempo, destas recentes visitas do Kabuki para que cheguemos a descortinar o que autores, diretores e atores ocidentais aprenderam com elas, de maneira concreta. Que há alguma coisa a ser aprendido é evidente. De fato, já existem muitos textos que não apenas permitem, como encorajam, uma abordagem Kabuki da encenação. Sem dúvida, tais peças devem algo à familiaridade de seus autores com o teatro japonês. Gostaria de mencionar duas, uma da lavra de conhecido dramaturgo, uma das figuras principais do teatro do século XX, e outra escrita por um dramaturgo-poeta que, che-

---

21. *Arts*, 27 out.-2 nov. 1965.

gado mui recentemente ao teatro, criou algumas obras de surpreendente originalidade e significação: Paul Claudel e Gabriel Cousin.

Claudel foi um dos primeiros escritores europeu de proa a discernir a riqueza que o Kabuki pode proporcionar ao drama ocidental. Na qualidade de embaixador francês em Tóquio, de 1921 a 1927, assistia com freqüência a espetáculos de teatro Kabuki, ao qual chamou de "verdadeira escola profissional para o dramaturgo". A música, as técnicas do desempenho, a disposição física do palco e da platéia — tudo lhe pareceu dotado de nítidas possibilidades para o Ocidente. Embora haja composto pouquíssimos textos dramáticos na segunda metade da década de 1920, não utilizando portanto o seu conhecimento de Kabuki em suas próprias composições, escreveu um curto drama mímico, *A Mulher e Sua Sombra,* que foi levado em 1923, com reduzido êxito, no Teatro Imperial em Tóquio, uma das principais casas de Kabuki no Japão da época. *La Femme et son ombre* foi reapresentada em 1929, no mesmo teatro. A música para esta peça-dança foi escrita por um conhecido compositor de música Kabuki, Sineya Sakichi, e desempenha papel essencial na encenação. Com efetiva compreensão do Kabuki, Claudel eclipsou-se diante do movimento dos atores e da música que o sublinha.

Quando a peça se inicia, um samurai chega a um lugar agreste e solitário, indicado como "Fronteira entre os Dois Mundos". Ele veio aqui meditar sobre a sua falecida esposa, cujo espectro lhe apareceu por trás de um manto de cerração. Ao mesmo tempo, uma mulher, pertencente ao reino dos viventes, entra e tenta seduzir o guerreiro. Ela se põe a cantar e, quando se interrompe, uma voz detrás do manto continua. Enquanto dança, a sombra reproduz os movimentos. Finalmente, o guerreiro toma a espada e corta o laço invisível entre o espectro e a mulher. Ao fazê-lo, a mulher viva cai ao solo. O guerreiro persegue a sombra e, ao mergulhar a espada no manto de cerração, a criatura de carne e osso solta um grito e morre. Cambaleando de terror, o guerreiro vai embora e, por trás do manto de cerração, ouvem-se algumas notas no *samisen* e o riso de uma mulher.

Esta peça poética e sugestiva depende dos efeitos visuais, suscitados pelos dançarinos-atores, e da música que os acompanha. A primeira versão é apenas um cenário e não encerra nenhum diálogo. A segunda, meia página mais longa do que a primeira (que tem duas páginas e meia ao todo), indica uns poucos versos evocativos, a serem cantados pelo coro que fala em lugar da mulher.

Claudel é provavelmente o único estrangeiro que jamais escreveu uma "peça Kabuki" apresentada por atores profissionais do Kabuki. Não é de surpreender que ele tenha sido tão notado, pois sua busca teatral nunca cessou de ampliar-se e jamais ficou restrita à imitação da realidade cotidiana que dominou tão grande segmento da dramaturgia ocidental durante a vida de Claudel. Sua última e, segundo muitos, mais poderosa criação dramática, *Le Soulier de Satin* ("O Sapato de Cetim"), faz paralelo com o Kabuki, devido à sua amplitude com fôlego, cor, variedade temática e mistura de "realismo" com estilização. *Le Soulier de Satin* foi completado durante a estada do autor no Japão e é bem possível que, ao escrevê-lo, Claudel tenha sido influenciado por sua experiência com o teatro Kabuki.

Gabriel Cousin é um apaixonado humanitário, assim como o autor de *Le Soulier de Satin* era um católico apaixonado. Professor de educação física em um liceu de Grenoble, seus primeiros escritos foram dedicados à educação física e à cultura entre os trabalhadores. Depois de compor vários volumes de poesia, voltou-se para o teatro, em 1951, quando sua pantomima-oratório, *Officina*, foi montada na Itália por Jacques Lecoq. Um ano de estudos dramáticos em 1944-45 e uma temporada de espetáculos com Les Compagnons de la Saint-Jean proporcionaram-lhe a experiência teatral prática que se reflete em sua obra. Todos os dramas de Cousin indicam a presença de um feitio experimental de espírito, bem como uma consciência social cabalmente desenvolvida. *L'Aboyeuse et l'automate* (1959, "A Ladradora e o Autômato"), que existe em duas versões, como farsa-tragédia e patomima-balé, trata da desumanização do indivíduo na sociedade moderna. *L'Opéra noir* (1961, "A Ópera Negra") é um relato aterrador sobre o racismo no Sul dos Estados Unidos, empregando jazz, canções e música, e alçando-se a um clímax de terrível ironia quando um branco, disfarçado de negro, é assassinado por racistas brancos, enquanto sua noiva negra, disfarçada de branca, assiste a tudo, inteiramente impotente. Duas peças de Cousin usam temas japoneses como fonte. *Le Voyage derrière la montagne* (1962, "A Viagem atrás da Montanha") baseia-se em antiga lenda japonesa que serviu de objeto a um famoso drama Nô, *Obasuteyama*. Em uma certa aldeia era costume levar as pessoas de idade, que haviam ultrapassado os anos de vida útil, e expô-los nas montanhas. Cousin vale-se da estória a fim de ilustrar o seu tema, que é no caso a fome em um mundo, onde dois terços da população não têm o suficiente para comer. Recorrendo a um andamento lento e técnicas teatralistas que lembram o Nô (um narrador, música, movimentos coreografados), o dramaturgo situa a peça em um país não especificado, visto que alimenta a esperança de despertar nossa consciência para a difícil situação dos acossados pela fome em toda a parte do mundo.

Le Drame du Fukuryu Maru é uma das primeiras obras dramáticas de Cousin (1954-1957) e permanece uma das mais interessantes. O autor a denomina de drama épico, e a peça é de fato épica em suas implicações, relacionando-se estrutural e tematicamente com o teatro épico de Brecht. Jean Villar programou sua encenação no Théâtre National Populaire, mas, em grande

A montagem realizada por Jean Dasté do *Drame de Fukuryu Maru*, de Gabriel Cousin. *Em cima*: Uma cena representada em grande parte sob a forma de mímica, os pescadores são surpreendidos no mar pelo aparecimento de um sol estranho no meio da noite (*Foto*: Comédie de St-Etienne.) *Embaixo*: Matsuyama, desfigurado pela explosão atômica em Nagasaki, visita a mãe de seu namorado, o pescador Urashima. (*Foto*: Comédie de St-Etienne.)

parte devido à morte de Gerard Philipe, ela não foi exibida. Coube, ao invés, a Jean Dasté montá-la pela primeira vez, em 1963. Inspirado no caso do barco pesqueiro japonês, *Dragão Feliz*, que foi atingido por precipitações atômicas decorrentes das experiências nas Ilhas Marshall, Cousin narra a estória de um jovem casal cujas vidas são destrutivamente torcidas devido à bomba atômica. Matsuyama, desfigurada pela bomba de Nagasaki, ama um jovem pescador Urashima. Este, exposto numa de suas pescarias às cinzas de uma explosão atômica, volta para casa a fim de morrer. Matsuyama, não percebendo que o seu amado estava condenado, aceita o oferecimento de um cirurgião plástico que deseja operá-la a fim de lhe restaurar as feições, e regressa exatamente no momento em que se processam as crimônias fúnebres de seu noivo.

O motivo principal da peça é que a energia atômica estabelece uma ameaça à felicidade e sobrevivências da humanidade. O segundo tema tem a ver com o amor em uma sociedade consciente das diferenças de classe. Um terceiro aspecto, sugerido ao autor por um ensaio de Einstein, que Cousin leu enquanto pesquisava o material de sua peça, aborda o conflito entre os velhos e novos modos de pensamento. Este último tema é evocado através do contraste entre Urashima, representante declarado dos trabalhadores, e Matsuyama, pertencente a uma família abastada, ligada às tradições do velho Japão, e através do coro de operários e mulheres contraposto a Michizane, avô de Matsuyama. Cousin inventou personagens e situações fictícias, mas a peça se baseia em fatos e todos os detalhes acerca da explosão atômica são verdadeiros.

Embora *Le Drame du Fukuryu Maru* seja um documento *humano* importante e comovedor, gostaria de ressaltar seus aspectos puramente teatrais. O autor logrou, de uma forma miraculosa, criar uma obra cujo espírito se aproxima muito do espírito do Kabuki — de maneira miraculosa, porque nunca tivera a oportunidade de assistir a uma representação de Kabuki. Antes de escrever *Fukuryu Maru*, Cousin pudera apenas estabelecer ligeiros contatos com o teatro oriental: vira uma companhia japonesa de danças, provavelmente o grupo Azuma, e duas peças Nô, apresentada por Jean e Marie-Hélène Dasté, *Rio Sumida* e *Kagekiyo*. Ambas foram interpretadas de um modo estilizado, adaptado às sensibilidades ocidentais, e não à maneira de autêntico Nô.

Enquanto procedia à sua pesquisa preparatória à redação da peça, Cousin leu, pela primeira vez, textos devotados ao teatro nipônico: Claudel, em artigos esparsos, e todos os livros sobre o Japão que pôde encontrar, inclusive a maioria das obras de Lafcadio Hearn. Só depois de redigido o primeiro esboço de *Fukuryu Maru* chegou a conhecer a *Tradition secrète du nô*, de Zeami, na impressionante edição de René Sieffert. A estas obras é possível acrescentar a influência de autores contemporâneos, tais como Brecht e Genet, que introduzem um influxo oriental indireto no teatro europeu da atualidade.

Em carta datada de 2 de julho de 1964, Gabriel Cousin expressa sua crença de que os autores ocidentais poderiam auferir relevantes benefícios de um conhecimento mais acentuado do teatro oriental. Nota, em particular, a importância do gesto, ou do movimento físico, como adjunto ou equivalente da poesia verbal. Tal elemento, prossegue ele dizendo, é de especial interesse na França, "invadida pelo *verbo* de um teatro oral". Ele acha, porém, que surgem limitações intransponíveis a semelhante aproveitamento, por força do tipo de adestramento do ator ocidental, que nem sempre é capaz de suprir no seu desempenho o que um dramaturgo imaginativo pode ter em mente no seu texto.

É claro que Gabriel Cousin pertence mais à classe dos poetas *do* teatro do que *no* teatro, pois a poesia de seus dramas raramente é poesia da linguagem. Ela vem à existência no espaço da criação teatral, o palco. O palco e as áreas adjacentes, pois, como no Kabuki, Cousin gostaria de estabelecer uma estreita relação entre os atores e a platéia, e ele indica em suas numerosas notas que os intérpretes deveriam mover-se ou para o interior do próprio auditório, por sobre pontes, ou utilizar caminhos em torno da área da audiência.

De conformidade com o teatralismo que partilha com a tradição oriental, Cousin sugere que as mudanças de cenário sejam efetuadas à vista da platéia, que os cenários sejam mais estilizados do que realistas e sejam talvez montados em palco giratório. Máscaras, música e dança constituem importantes elementos da encenação, porém o dramaturgo acentua que se deveria usá-los para sublinhar um tema, uma ação, uma emoção, e não para condescender com uma atração pela estética. Cousin tomou o cuidado de integrar cada um desses elementos na sua peça.

As máscaras, por exemplo, podem ser empregadas a fim de suscitar uma impressão estilizada das desfiguradas feições de Matsuyama ou dos ferimentos dos marinheiros afligidos pelas cinzas atômicas. Duas personagens no drama tocam instrumentos e introduzem de maneira absolutamente natural elementos musicais na representação. Em outros momentos, a música sugere a passagem do tempo. As danças, de um modo igualmente lógico, entram em cena sempre que aparece o velho cavalheiro, todo tradicional, Michizane, assim como num quadro de cabaré. De particular valia como elementos corais da peça são os marinheiros e suas mulheres que, em algumas cenas, se movem como um corpo de dançarinos.

Dentro da tradição do Kabuki, Cousin preparou uma peça que apela a muitos sentidos e o faz por meio de técnicas integradas na textura do drama. Sob este aspecto, há duas cenas especialmente notáveis. Uma delas mostra a visita de Matsuyama ao avô. Após uma serena e contida cerimônia de chá, o velho cavalheiro e sua neta envergam antigos trajes japoneses. A cena termina quando eles executam uma comedida dança clássica; Michizane usa uma máscara de guerreiro e empunha uma espada, e Matsuyama traz a máscara de uma beldade tradicional japonesa, um contraste irônico com o seu desfiguramento atômico. A segunda cena mostra os pescadores no mar, à noite. Em movimentos coreografados, eles sugerem o arrasto das redes. Enquanto Urashima dorme, o fantasma de Matsuyama lhe aparece. Um estranho sol raia no ocidente e cinzas escuras chovem sobre a coberta do barco; o coro de pescadores mima o movimento da embarcação, os tormentos e queimores dos ferimentos, uma luta, e a lenta desintegração sob as precipitações radioativas.

Impressionante cerimonial, grandiosas procissões, aparições sobrenaturais, cânticos, danças, festejo — *Fukuryu Maru* é um espetáculo total a apelar para todos os sentidos e destinado a "enledar todos os espectadores, mesmo aqueles que tenham mínimas preocupações sociais ou morais"[22]. Pois Cousin, como os autores do Kabuki (ou dos períodos épicos do passado no teatro ocidental), se dedica ao que os franceses chamam de "théâtre populaire", o que não significa "teatro popular" no sentido de comédias frívolas com amplo atrativo para o público mais fútil. *Théâtre populaire* é teatro para *o povo, le peuple*, o trabalhador, as massas. E como tal deveria interessar a todos aqueles que gostariam de agitar em prol da reforma social, bem como àqueles que simplesmente querem divertir-se com um variegado espetáculo. O Kabuki também foi, por vezes, direto em sua crítica à injustiça social, mas, embora se concentrando em uma mensagem social, nunca perdeu a atração pelos sentidos. O Kabuki é teatro de "festa", a palavra que Cousin gosta de usar para descrever a sua peça: "Ela deve portanto ser... como uma festa, e uma festa não deve ser nem maçante nem demasiado austera. Podemos relaxar o espectador e deliciar seus olhos com uma peça onde a intensidade do drama e a gravidade das situações poderiam — para algumas pessoas — ser quase insuportáveis"[23].

Cousin teve a sorte de contar com diretores inteligentes para a montagem de suas obras e, o que é mais importante, diretores orientados para um tipo de teatro total. Dasté, Lecoq, Mendel, Maria Piscator sentiram-se por certo atraídos pelas possibilidades teatrais dos textos, bem como pela disposição do autor em conceder ao encenador sua margem de liberdade. Mais uma vez dentro da tradição do Kabuki (e de Artaud também), Cousin parece considerar que uma peça deve ser criada *no* teatro e não meramente sobre o papel; assim, compete ao diretor e aos intérpretes efetuar larga contribuição. Cabe-lhes portanto determinar que direção é preciso imprimir a certos elementos do texto, dados

22. GABRIEL COUSIN, *Théâtre*, II, Paris, Gallimard, 1964, p. 273.
23. *Ibid.*, p. 273.

pelo dramaturgo: "Entre o texto escrito e o representado, há uma certa margem que (a realização teatral) tem obrigatoriamente de cruzar. De fato, a escritura no teatro precisa submeter-se aos imperativos da encenação e do desempenho dos atores. É no palco que o texto como 'ação enformada' nascerá coletivamente e definitivamente"[24]. Gabriel Cousin, cônscio dos problemas do teatro como o é dos problemas da humanidade, está criando uma dramaturgia não para ontem, mas para o homem e os teatros de hoje e de amanhã.

---

24. *Ibid.*, p. 275.

5. Kabuki para o Ocidente

> *O teatro Kabuki é universal, independe de época e atinge o cerne do homem.*
>
> JOSHUA LOGAN
>
> *Nós somos ligeiramente Kabuki! Mas não suficientemente!*
>
> SERGEI EISENSTEIN

A posição do Kabuki, a meio caminho entre o realismo e a estilização, torna-o um ponto de encontro acessível e proveitoso para os teatros do Oriente e do Ocidente. Menos obviamente "balético" do que o drama-dança de Bali, menos obviamente operístico do que o teatro de Pequim, menos obviamente ritualístico do que o Nô, oferece notáveis paralelos com o drama realista ocidental, tal como o conhecemos hoje em dia, e com as formas teatrais de nosso passado, mais altamente estilizadas.

Em 1925, Zoe Kincaid, no primeiro estudo de maior amplitude escrito em inglês sobre o Kabuki, exprimiu a convicção de que os ocidentais, "procurando às apalpadelas o caminho para chegar a um novo método, capaz de unir as artes independentes do teatro"[1], poderiam encontrar talvez no Kabuki algumas respostas surpreendentes. Há quase cinqüenta anos, na mesma obra, a mesma pesquisadora escreveu: "O teatro ocidental, possuindo as tradições dos gregos e de Shakespeare, não descobriu ainda o teatro oriental, uma esfera do esforço humano que permanece inapro-

---

1. ZOE KINCAID, *Kabuki: The Popular Stage of Japan*, Londres, Macmillan, 1925, p. 264.

veitada e inexplorada. Da sabedoria teatral do Leste pode vir a força para produzir uma nova era de criatividade no Oeste"[2].

Ainda hoje as palavras de Kincaid continuam a aplicar-se à maior parte do teatro ocidental. Felizmente, tem havido exceções e exceções de gênio, que trouxeram uma lufada de ar fresco ao nosso palco, pondo abaixo não apenas a quarta parede, mas também todas as outras. Os experimentos de Claudel, Brecht, Genet, Barrault, Planchon, do IASTA, bem como de uma série de dramaturgos e encenadores imaginosos, representam importantes passos no rumo de um diálogo significativo entre Oriente e Ocidente. Mas resta tanto a fazer, nosso teatro ainda é tão provinciano em sua opressiva devoção às formas desgastas de várias décadas atrás, que Earle Ernst tem razão quando escreve, em 1959:

> À medida que nosso teatro abre caminho para sair do beco sem saída do realismo e busca avenidas mais amplas de expressão, as técnicas do teatro japonês... podem ser de grande ajuda, sugerindo o modo pelo qual se tornará eventualmente possível ao teatro ocidental prosseguir na tarefa um tanto negligenciada mas indispensável, de ser mais amplo que a vida[5].

Kincaid foi uma pioneira e Ernst ainda é um pioneiro, pois somente as vanguardas teatrais se aventuraram a um campo tão distante quanto o Oriente. O livro do Prof. Ernst, *The Kabuki Theater* ("O Teatro Kabuki"), é leitura obrigatória para quem quer que esteja envolvido no teatro. Um estudo cuidadoso do referido volume, escrito por um homem de teatro para outros homens de teatro, ainda não iniciados no assunto, abrirá um novo mundo de possibilidades a diretores, autores, dramaturgos e professores de arte dramática. Outros textos excelentes, algo menos técnicos na abordagem, são *The Kabuki Theater Japan* ("O Teatro Kabuki do Japão"), de A. C. Scott; *Japanese Theater* ("Teatro Japonês), de Faubion Bowers, e *Kabuki Handbook* ("Manual de Kabuki"), de Halford.

Poucos textos de peças Kabuki foram publicados em inglês ou em idiomas da Europa Ocidental, mas, à vista do minguado entendimento que se tem das técnicas de encenação Kabuki, isto talvez seja até um fato feliz. Um leitor ocidental de um texto Kabuki provavelmente concluirá que a peça carece de valor, porque o texto como tal oferece pouquíssimo em termos de interesse literário, psicológico, filosófico ou sociológico. Tendemos a julgar as peças pela versão escrita mais do que pela encenação no teatro, julgamento este inviável, quando qualquer forma de drama oriental está em pauta. O texto é na realidade um pretexto e, como Gabriel Cousin reconhece com tanta lucidez em suas notas ao *Fukuryu*

2. *Ibid.*, p. 375.
3. EARLE ERNST, *Three Japanese Plays*, New York, Grove, 1960, p. IX.
4. EARLE ERNST, *The Kabuki Theater*, New York, Grove, 1956.

Maru, a peça só assume sua verdadeira forma nas mãos do diretor e dos atores. No Japão, uma exceção é Chikamatsu, reconhecido como o mais notável dramaturgo nacional. Algumas de suas criações, nas traduções bastante representáveis de Donald Keene, exibem as qualidades textuais que os ocidentais esperam encontrar; por isso, uma peça de Chikamatsu pode exercer certo atrativo no papel, embora as impressões colhidas na leitura forneçam apenas uma reduzida dimensão da peça. Outros textos significativos do Kabuki foram coligidos ou traduzidos por Scott, Ernst, Watanabe, Richie, Motofuji, Muccioli e outros [5].

É bastante estranho que, a despeito da curiosa deformação de *Chushingura* nas mãos de Paul Anthelme, e a adaptação algo menos absurda de John Masefiel (*The Faithful* ["O Fiel"], encenada pela primeira vez em 1915, no Birmingham Repertory Theater), não existe nenhuma versão moderna desta obra perenemente favorita das platéias do Kabuki, a qual relaciona a estória trágica e heróica dos leais quarenta e sete samurais privados de seu suserano, cuja morte eles vingam. *Chushingura*, que Claudel considerou "uma das maiores obras da humanidade", existe em uma tradução de 1910 e em uma transposição parcial (quatro cenas da primeira secção) efetuada por Miyoko Watanabe e adaptada por Donald Richie, na época da excursão do Kabuki-za através dos Estados Unidos. A visita, em 1966, do teatro japonês de bonecos, Bunraku, deu às platéias americanas a oportunidade de assistir a três dessas quatro cenas representadas por bonecos, para os quais elas foram originalmente escritas; depois de apresentadas por esta forma de teatro, as peças vieram a ser com freqüência adaptadas para atores vivos do Kabuki.

Por intermédio dos numerosos estudos acerca do Kabuki, em inglês, e dos poucos textos de peças disponíveis, o leitor ocidental poderá obter alguma idéia sobre o teatro Kabuki. Mas somente assistindo às representações lhe será possível compreendê-lo e apreciá-lo. Neste capítulo, desejo tratar o Kabuki não como uma forma em si — coisa que já foi realizada admiravelmente por outros — mas nas suas possíveis relações com o teatro ocidental, salientando os aspectos que me parecem oferecer a melhor oportunidade para uma transposição significativa no Ocidente. Várias encenações de Kabuki em nossos palcos hão de servir de guias a eventuais indicações neste sentido.

PERSPECTIVAS

Uma das características mais notáveis do teatro Kabuki, tal como existe hoje, é o *hanamichi* ou a passarela que liga o palco ao fundo do auditório. Começando na área à direita do proscênio,

---

5. .Remetemos o leitor à bibliografia deste livro, bem como a *The Kabuki Theater*, de ERNST.

o *hanamichi* corre em linha reta até o fundo da sala, dando espaço em ambos os lados aos assentos dos espectadores. É uma área especial de atuação, usada com grande eficácia para importantes entradas e saídas, procissões, posturas de clímax, seqüências de dança e similares. Fiel ao espírito do Kabuki, a passarela apresenta o ator por inteiro ao seu público e permite um contato particularmente íntimo entre o intérprete e a platéia. Na forma Kabuki, com sua alta teatralidade, há tendência constante de aproximar o ator e o espectador, e empurrar o comediante, não para *dentro* de um cenário realista, mas para *fora* de um fundo decorativo e na direção do público.

Muitos observadores ocidentais perceberam com clareza a eficácia dramática do *hanamichi*. Claudel declara que nós, no Ocidente, faríamos bem se o imitássemos. Em 1910, Max Reinhardt já empregara semelhantes estrados de passagem em suas montagens de *Édipo* e de *Sumurun*, uma pantomima-fantasia do Oriente Próximo. A passarela contribuiu, e não pouco, para o encanto e o sucesso desta última peça, como Robert Flers nos conta. Meyerhold seguiu o exemplo, em 1924, na encenação de *A Floresta* de Ostrovski, mas aqui a passarela, em vez de começar no proscênio direito, precipitava-se para frente em forma de semicírculo que sai da retaguarda do palco e vai para dentro da platéia. S. Mokulski comenta que "as pessoas nunca esquecerão o engenhoso final deste espetáculo: a lenta partida de Piotr e Aksuscha pela passarela, ao som do acordeão. Até o presente dia, nem o teatro russo nem o teatro europeu assistiram a uma coisa assim"[6].

O teatro Kabuki, freqüentado por Claudel e outros observadores nas primeiras décadas do século XX, era algo diferente, na estrutura, do Kabuki que se nos apresenta atualmente. Sob a influência da arquitetura teatral do Ocidente, e a pressão econômica que obrigou a conceder espaço sentado ou em pé para os patrocinadores, um *hanamichi* secundário, à direita do espectador, desapareceu, assim como o *naka-no-ayumi*, uma passarela que unia os dois *hanamichi* no fundo do auditório. Em certo tempo, o ator do Kabuki podia entrar pelo fundo, à esquerda da sala, sobre o *hanamichi* principal, descer até o palco, cruzar o proscênio da esquerda para a direita, seguir pelo *hanamichi* menor e, caminhando da direita para esquerda, retornar ao seu ponto de entrada. O emprego de um único *hanamichi* sugere possibilidades atraentes, porém impressionantes, fora do alcance de qualquer construção ocidental: são os efeitos disponíveis quando é possível cercar a platéia com um ou mais atores e incluí-la no diálogo que se trava acima da cabeça dos espectadores, enquanto a comunicação é feita entre uma área da sala com a outra. Cumpre lembrar que o *hanamichi*, utilizado na forma simples como ele se apresenta hoje, ou em

---

6. Citado em *Le Théâtre théâtral*, de VSÉVOLOD MEYERHOLD, ed. e trad. por Nina Gourfinkel, Paris, Gallimard, 1963, p. 168.

forma mais complexa, com duas ou três passarelas e pontes de ligação, é sempre um lugar especial. O *hanamichi* não é comparável às modalidades ocidentais de encenação central, ou aos usos ocidentais das passagens entre os assentos e nem sequer à localização estratégica de cadeiras cênicas para a interação entre intérpretes em diferentes partes da sala e/ou no palco, porque o *hanamichi* é sempre uma plataforma relacionada ao palco e, ao mesmo tempo, disposta à parte. Não colocar o ator no mesmo nível que o espectador, destruindo assim a distância e o encanto do intérprete. A passarela do Kabuki põe o intérprete em contato muito íntimo com o público, mas lhe garante concomitantemente um lugar que lhe é próprio como artista e criador da magia teatral.

A gente volta constantemente a Antonin Artaud quando se fala em modernas experiências de teatro. O que se deseja é que ele tivesse tido a oportunidade de assistir ao Kabuki, pois encontraria, com certeza, muita coisa para admirar neste gênero. Em seu "Primeiro Manifesto do Teatro da Crueldade", descreve Artaud a disposição física de seu teatro ideal. Embora não seja parecido com o teatro Kabuki do fim do século XVIII, apresenta algumas semelhanças impressionantes. Na maneira direta e excessiva que é parte de seu gênio, o autor de *O Teatro e seu Duplo* começa por exagerar o seu caso: "Nós abolimos o palco e a platéia e os substituímos por um único local, sem divisão ou barreira de qualquer espécie" [7]. Um pouco mais tarde, entretanto, salienta que, enquanto a platéia há de ser colocada no meio do auditório mais do que no fim, o ator deverá contar com certos locais que serão especialmente seus. A ação poderá ocorrer em qualquer canto da sala; galerias envolverão a periferia do recinto de espetáculos, permitindo que os atores se desloquem de uma parte da sala à outra; muitas ações poderão ocorrer simultaneamente. Por fim, diz Artaud, uma posição central será reservada, de modo a "permitir que o grosso da ação seja concentrada e levada a um clímax sempre que necessário" [8].

Cabe reconhecer que a estrutura Kabuki é demasiado formal para Artaud, mas, entre as construções teatrais jamais excogitadas no mundo, é indubitavelmente a que chega a realizar mais de perto os sonhos do grande inovador. Na verdade, a forma que o teatro Kabuki apresentou nas três ou quatro décadas iniciais do século XIX, que os estudiosos japoneses julgam os mais expressivos da modalidade [9], corresponde com grande proximidade ao ideal de Artaud. O palco, hoje empurrado para trás de um tipo de proscênio, era na época projetado para dentro do auditório, de maneira muito semelhante à do palco shakespeariano. Se olhar-

---

7. ANTONIN ARTAUD, *The Theater and Its Double*, New York, Grove, 1958, p. 96.
8. *Ibid.*, p. 97.
9. Ver ERNST, *The Kabuki Theater*, p. 65.

Um teatro Edo por volta de 1802. Considerada como a mais apurada forma assumida pelo teatro Kabuki, a estrutura exibe notáveis paralelos com as casas de espetáculo elisabetanas e corresponde, de muitas formas, ao ideal de Antonin Artaud. Note-se que cada membro da platéia encontra-se próximo de ao menos uma área de desempenho e que muitos estão inteiramente rodeados pelo *hanamichi*. À esquerda um ator posa, à direita um vendedor oferece comida, enquanto que, no fundo, as pessoas entram e, no palco, uma luta parece estar em curso. (*Foto*: Universidade de Waseda)

mos para a estampa de um teatro de Edo (Tóquio) por volta de 1802 (ver a ilustração que a reproduz), constataremos que o público quase cercava o palco, sentado em todos os lados e também na retaguarda da plataforma, que se lança para dentro da sala. O único espaço livre de espectadores é a área central do fundo do palco, que constitui uma espécie de tablado interno, em geral situado sobre uma plataforma e representando o interior de uma casa. Grande parte da assistência, na secção correspondente aos "lugares de platéia", surge inteiramente rodeada pelos dois *hanamichi* e pela ponte que os une na retaguarda da sala de espetáculos. A maior parte do restante do público, conquanto nenhuma passarela o envolva, encontra-se em algum ponto em estreito contato com um *hanamichi*.

Nesta velha estampa, divisamos coisas esquisitas mais do que possibilidades teatrais, pois não é possível abstrair a cor local das peculiaridades estruturais. No entanto, uma das mais modernas edificações teatrais nos Estados Unidos ergue-se sobre os mesmos princípios — o Guthrie Theater de Minneapolis. Como no velho teatro Kabuki, o palco projeta-se bem para o interior da sala; os cenários apresentam-se em grande parte sob a forma de planos de fundo, contra os quais o ator representa, mais do que paredes a envolvê-lo. As entradas e saídas são efetuadas não somente a partir dos bastidores, mas também de portas debaixo das áreas da audiência, como se os intérpretes fossem expelidos das entranhas da terra. O formato peculiar da área destinada aos assentos reflete, mais uma vez, a tentativa de pôr cada espectador em contato tão íntimo com o palco quanto é tecnicamente possível.

Mas o Guthrie não é obviamente um teatro Kabuki. As entradas "subterrâneas" carecem da eficácia dramática dos *hanamichi* e não possuem suas variadas possibilidades de uso, posto que não constituem parte do palco, não são plataformas, porém simplesmente vãos de porta que permitem acesso ao palco sem a menor possibilidade de exibir o ator. O *hanamichi*, como já sugeri antes, não é mera entrada; é um tablado que tem importância em si mesmo. Uma de suas funções vitais é mostrar-nos a emoção ou a personalidade do intérprete quando ele entra em cena. Ao chegar ao *shichi-san* (um ponto chamado de 7/3, o que significa 7/10 do fundo do auditório, 3/10 do palco, a mais efetiva área de representação do *hanamichi*), o ator entra plenamente na personagem, pausa e, amiúde, assume uma postura que resume seus sentimentos ou atitudes naquele momento da peça.

O Kabuki atua sobre todos os sentidos; os prazeres ligados ao *hanamichi* não são unicamente visuais. Atrás da passarela há uma porta recoberta por uma cortina cujas argolas de metal pendem de uma haste metálica. À entrada de cada personagem, o rangido das malhas sobre a haste informam à platéia que alguém de importância está a ponto de surgir; quase como um só corpo, a assistência volta-se para trás, esperando ansiosamente pela ofuscante aparição de alguma figura patética ou monstruosa. Para o *habitué* do Kabuki, o som rangente da abertura de cortina identifica-se tão intimamente ao prazer de uma cena principal de *hanamichi* que o próprio som se torna uma sensação agradável.

O Prof. Ernst sustenta que o uso do *hanamichi* no moderno teatro ocidental "produziria provavelmente leve incômodo à maior parte do público (como aconteceu com o cortejo nupcial de *Nossa Cidade*) e pouquíssima intimidade" [10]. Discordo inteiramente. A esta altura da evolução teatral do Ocidente, não seria lícito empregar o *hanamichi* em todos os tipos de peças, mas, se for utilizado com gosto e discernimento, não vejo por que a platéia há de sentir-se incomodada. Na realidade, o desconforto porventura experimentado decorreria apenas do fato de as pessoas não estarem habituadas a virar-se nos assentos e não gostarem do esforço de volver a cabeça. Acostumamo-nos de tal modo a receber tudo no teatro, sem qualquer trabalho de nossa parte, que qualquer esforço a nós solicitado nos parece demais, seja ele mental ou físico. Uma vez ultrapassada a estranheza que a presença do *hanamichi* pode provocar em nossas salas de espetáculo, brotará de maneira inteiramente natural um sentimento de intimidade e de relação habitual.

Quanto ao desconforto gerado pela procissão matrimonial em *Nossa Cidade*, a platéia, é óbvio, sentiu que sua "privacidade" fora invadida; de repente, os atores estavam nas passagens, entre as poltronas, rebaixados de sua altura ficcional para o mesmo nível que o público. Esta mudança talvez tenha criado um pouco daquela sensação de intimidade que Wilder esperava obter, mas no estado em que se encontra hoje o teatro ocidental não é possível chegar a isto, sobretudo numa peça com um sabor tão caseiro. Uma relação vital entre o comediante e a platéia só pode ocorrer na medida em que cada qual se mantiver em seu próprio plano. Não são as pessoas envolvidas no teatro que devem permutar os níveis; são os dois níveis que têm de ser postos em contato íntimo.

O ator do Kabuki, abençoado com um teatro em que é permitido exibir seu virtuosismo para a maior vantagem da assistência e em sua estreita proximidade, é um ator total. Quer dizer, ele atua, como Eisenstein assinalou, de tal modo que "produz cem por cento de apelo". O intérprete ocidental, inibido por sua maneira realista e psicológica de abordar a representação, poderia aprender do comediante Kabuki um senso real de liberdade: liberdade não de fazer qualquer coisa em qualquer tempo, mas de utilizar o corpo e a voz com um alcance bem maior do que a prática teatral do Ocidente o permite. Tais técnicas, digamo-lo uma vez mais, não seriam passíveis de uso indiscriminado, mas existem certos tipos de peças na tradição de nosso teatro — e entre elas muitas das que chamamos de grandes — que se prestam de ma-

---

10. *Ibid.*, p. 66.

neira especial a uma interpretação com técnicas Kabuki. Na verdade, *exigem* um tratamento similar e somente a nossa timidez, falta de imaginação e conformismo nos impedem de encená-las tal como caberia fazê-lo. As peças de Shakespeare e Marlowe, de quase todos os dramaturgos elisabetanos ou jacobinianos, dos gregos e dos espanhóis da Idade de Ouro — qualquer destes textos apresenta um conceito de teatro maior-do-que-a-vida, uma visão aumentada da realidade que rejeita a mera imitação e é eminentemente adaptável ao que poderia denominar-se estilo "Kabuki para o Ocidente". O Kabuki é extremamente variado; algures ao longo de seu espectro, desde o realismo relativo (mas apenas relativo, pois é estilizado em comparação com o realismo ocidental) das tragédias de classe média (*sewamono*), através das peças-danças (*shosagoto*) até as peças de época; exageradamente heróicas (*jidaimono*), há elementos adaptáveis com proveito (após a devida transmutação) em quase todas as espécies de peças ocidentais concebidas antes do período realista.

A base da técnica do ator Kabuki é a dança. Mas a dança Kabuki, a exceção de seu senso de ritmo e controle, não se parece em qualquer aspecto à dança do Ocidente. Enquanto esta tende a desprender-se do solo, a elevar-se no ar e a tornar-se abstrata, o Kabuki dança em harmonia com a gravidade, apresenta-se firmemente atada ao chão e toma como ponto de partida os movimentos naturais da vida cotidiana. Sua própria essência reside nos seus gestos, cada um dos quais detém um significado específico. Drama-dança por natureza, o Kabuki converte palavras em gestos. Mais do que enfatizar o movimento, acentua a graça e a tensão dinâmica das posturas; alguns o descrevem como um mover-se de pose em pose.

Dizer que um ator Kabuki dança mais do que representa cada papel é dar uma impressão errônea. Seria grotesco, para Macbeth voar através do palco em *grand jeté* ou mesmo mover-se à maneira mais chã, desenvolvida nos recentes estilos ocidentais de dança. O movimento do ator Kabuki pode ser tão obviamente coreografado quanto o movimento em uma peça-dança, como *Dojoji*, mas pode também ser tão natural quanto o é em um *sewamono*. Mesmo neste último caso, porém, o movimento é submetido a estrito controle, sendo cada gesto ditado por princípios estéticos de economia, sugestividade, graça e intensidade. Não há movimento desperdiçado nem gesto sem preparação, desenvolvimento e resolução.

A forma não-realista de apresentação no Kabuki permite ao ator o uso de uma gama mais larga de gestos do que a disponível pelo intérprete ocidental. Mesmo em nossas montagens mais "estilizadas", raramente vemos um ator estender as mãos até os limites extremos acima dele e ao seu redor. Tampouco nos é dado ver utilizações expressivas dos pés e das pernas. O desempenhante do Kabuki, no transcurso de duzentos anos ou mais, desenvolveu técnicas altamente especializadas que mobilizam a área em derredor e tiram vantagem das possibilidades significativas e expressivas dos membros. Uma das mais excitantes e sugestivas destas técnicas é o *mie*, uma postura incrivelmente dinâmica, que exprime as emoções de uma personagem em um momento climático da peça. O *mie*, sempre um pico na curva dramática de qualquer representação, vem acompanhado de efeitos auditivos que atacam o espectador através dos ouvidos, ao mesmo tempo que o ator desfecha seu ataque através dos olhos. Amiúde uma aceleração do passo ou uma intensificação da emoção e dos efeitos vocais introduzem o *mie*. No instante crucial, o ator adianta-se, descrevendo uma espécie de arco com o pé avançante, que parece pausar no meio do ar e depois descer até o assoalho com forte estrondo. Um desenho de intensidade controlada é descrito com um ou ambos os braços; no fim, um braço, com brusca sacudida do punho, detém-se muitas vezes acima da cabeça. Quando a cabeça do intérprete começa a rodar, girando sobre o pescoço, de um ombro ao outro, as matracas de madeira anunciam, com dois ou três golpes agudos, que chegou o clímax do *mie*. Tão logo a cabeça atinge o ombro, ela pára e em seguida se move para uma posição final, às vezes ligeiramente de lado, outras vezes reta à frente; com freqüência o ator acompanha tal movimento com o cruzamento de um ou os dois olhos, e um terrível sorriso de escárnio. Este exemplo é apenas um entre muitos tipos diferentes de *mie*, todos passíveis de dúzias de variações.

O *mie* é uma especializadíssima técnica desenvolvida para o Kabuki e pode parecer loucura sequer tentar competir com ela no palco ocidental. No entanto, em certa época, os atores do Ocidente também assumem poses, batendo com os pés no assoalho. Embora existam outras maneiras de posar além do *mie*, este oferece um exemplo de uma pose harmoniosa e dramaticamente eficaz, que poderia servir de maneira efetiva a personagens heróicas ou extraordinariamente exageradas e grosseiras em nossas peças estilizadas.

O movimento japonês de dança, tal como aplicado no Kabuki, quer em suas formas óbvias quer nas atenuadas, indica que o corpo do ator pode ser totalmente expressivo, e de tal modo que não perturbe os elementos psicológicos e emocionais da representação. Mais do que enfatizar a dança como abstração, o Kabuki sublinha o tratamento econômico e intensificado do movimento natural.

O movimento é um corolário da significação e da emoção, e no Kabuki a emoção é sempre refletida visualmente. Laurence Olivier disse que não existe atuação excessiva, pois toda atuação no palco o é. O ator do Kabuki encarna esta teoria, mas não a todo e qualquer momento da representação. Seu estado normal é a imobilidade; ele atua somente quando é sua *vez* de atuar e quando sua atuação não distrair de um momento importante no palco ou no *hanamichi*. Ao contrário do nosso intérprete, ele não sente necessidade de reagir de imediato. Espera até que a platéia tenha apreendido a situação principal, estando pronta a observar a sua reação; só então reage, mas de um modo tal que as nossas formas ocidentais parecem de fato tímidas. Pois o que ele faz é dar uma transposição teatralizada da reação normal e, como tal, é realçada, elaborada de modo a ser mais ampla do que na vida e, às vezes, até moldada segundo os rígidos movimentos dos bonecos, cujo repertório o Kabuki saqueou com assiduidade. Quando uma mulher tomada de aflição, cambaleia e cai, com as mãos trêmulas a agarrar o ar, o ator Kabuki revela mais do que uma atriz ocidental relativamente firme revelaria no mesmo papel, e isto em termos nitidamente teatralizados, não naturalistas.

Olhos, lábios e até o nariz podem ser de tanta expressividade dramática quanto as mãos e os braços. O ator Kabuki, como o dançarino hindu do Kathakali ou o executante balinês, dispõe de um largo vocabulário de movimentos de olhos, sobrancelhas e lábios, a fim de mostrar medo, preocupação, coragem, cólera, pesar e toda gama de emoções.

Os sons fazem-se tão eloqüentes quanto os gestos. Já observamos as cortinas guinchantes no fundo do *hanamichi* e as agudas matracas de madeira que acompanham o *mie* e outros momentos excitantes do espetáculo. Tambores e outros instrumentos também aumentam a sensação do auditório. Mas é o próprio ator que produz os sons de maior interesse. A voz do ator Kabuki, assim como seu corpo, é um instrumento total e é usado para refletir a emoção através do timbre, diapasão, entonação, na mesma medida, senão mais, em que serve de meio de esclarecimento através do significado das palavras. O texto é, no fim de contas, um elemento secundário na maioria das representações Kabuki. Abrindo parênteses, parece necessário lembrar de novo o ideal de Artaud, ou seja, o de um teatro em que o texto seja relegado a uma posição relativa sem ser dominante face aos outros elementos da encenação, e de um teatro que, como o Kabuki, conceda importância aos sons, gritos, "a todo o complexo de gestos, signos, posturas e sonoridades que constitui a linguagem da representação no palco"[11]. Ao contrário de muita coisa do teatro ocidental, que Artaud achava tão decadente, o Kabuki fala a níveis mais profundos que a consciência, porque fala outras linguagens além das palavras. No Kabuki esquecemos freqüentemente os vocábulos e seus significados e tomamos súbita consciência de que a voz, enquanto instrumento, exerce função artística no teatro. Na verdade, o alcance vocal do ator é tão grande, as colorações emocionais tão intensas, que todas as reações são intensificadas. A platéia do Kabuki é uma das mais emocionais do mundo; são vertidas tantas lágrimas quanto as de um público ocidental "ao identificar-se" com uma encenação realista.

11. ARTAUD, *op. cit.*, p. 44.

A maneira de falar da personagem Kabuki nos diz algo a seu respeito. O jovem e romântico rapaz fala em alta voz, o rude guerreiro em voz profunda e desabrida, a princesa em aflautado falsete inocente e a matrona em uma combinação de tons em falsete e de peito, prorrompendo com uma espécie de parada glótica que Michener comparou ao ranger de gonzos enferrujados. Cada uma destas vozes, além de transmitir as emoções que costumamos associar ao tom, proporciona um prazer estético distinto, assim como certos tons da voz de um cantor de ópera podem dar-nos uma espécie de frêmito dos sentidos — uma reação mais física do que intelectual, creio eu. Mas nenhum papel se restringe a um único registro vocal, e o ator Kabuki recorre a uma variedade impressionante em qualquer papel dado. Ao contrário do comediante ocidental, cuja gama vocal pode compreender três ou quatro notas no desempenho de uma representação, o do Kabuki cobre por vezes duas oitavas ou mais, indo de grunhidos profundos até elevados tons de falsete. Tal amplitude encerra vasta variação de expressividade emocional, mais uma vez de um modo não imitativo. A gargalhada vazia, estirada, de mulher, a estilização lamentosa do choro, o escuro raspar de sons no fundo da garganta que sugere intensa cólera, a tosse do herói, que faz a terra tremer, o riso imenso que nasce das entranhas e continua através de uivos, passando a uma porção de gorgolões — todos constituem transposições Kabuki da realidade cotidiana para uma chave teatral, uma chave que é, do ponto de vista estético, agradável, porque nos é dado à percepção o artista como virtuose, sendo no entanto comovente, porque o gigantesco exagero está firmemente enraizado na realidade.

Aí precisamente reside o segredo da estilização do Kabuki: ela não perdeu o contato com a realidade, não se divorcia inteiramente de suas fontes vitais na vida. Charles Dullin, que nunca chegou a assistir a um verdadeiro espetáculo de Kabuki, percebeu este segredo, a partir dos desempenhos de Tsutsui que ele viu em maio de 1930. Neste mês, nas páginas de sua revista mensal, *Correspondences*, fez o seguinte astuto reparo: "O ator japonês tem o seu ponto de partida no mais meticuloso realismo e chega a uma síntese através de seu anseio de verdade. Entre nós, a palavra 'estilização' lembra imediatamente uma espécie de esteticismo congelado, submetido a um ritmo obtuso e dócil; entre eles, a estilização é direta, eloqüente, mais expressiva que a própria realidade" [12].

Dullin não foi o único a notar a vitalidade e a autenticidade da estilização do teatro popular japonês. Georg Fuchs, depois de observar que "o teatro japonês atinge cimos de intensidade dos quais nós não temos a menor idéia e o faz simplesmente por meios estilísticos", explica o fenômeno: "A arte japonesa de

12. *Correspondances*, maio 1930, p. 60.

interpretação deve esta supremacia do estilo à sua ligação vital com princípios fundamentais, isto é, com as fontes físicas elementares da arte mímica. Tais princípios são idênticos aos da dança, da acrobacia, da luta corporal e da esgrima" [13]. Em outras palavras, o movimento básico da estilização japonesa se relaciona aos mesmos movimentos naturais existentes em outras atividades que constituem extensões de atividades reais.

As suntuosas, policrômicas indumentárias do Kabuki, e sua maquilagem simbólica, exibem as mesmas características de alta estilização firmemente radicada na realidade que descobrimos nos demais elementos da encenação. Há pouca preocupação com a representação fiel de um período histórico; os trajes são às vezes cópias e às vezes versões teatralizadas do atual modo japonês de vestir-se. Encontramos, particularmente na estilização grotesca do *aragoto* ("coisa grossa", "bombástico"), que tenta sugerir o heroísmo por meio de um largo e violento estilo de representação, costumes gigantescos e cabeleiras que infundem ao ator, acima e além de seu corpo, proporções quase monstruosas. A maquilagem *kumadori* que caracteriza o *aragoto* — com as linhas rubras e pretas para representar força, a púrpura e o cinza perfídia, duplicidade ou qualidades demoníacas — serve na realidade para sublinhar a força do ator, acentuando a musculatura de sua face e membros. A maquilagem branca, empregada na maioria dos casos, idealiza a invejada compleição branca do nobre, que pode dar-se ao luxo de resguardar-se do sol, ou deriva da necessidade de tornar visível a certa distância as expressões faciais em um teatro que carecia de luz artificial. Na realidade, um tal palor tem seu paralelo, mesmo hoje, na gueixa e na jovem senhora que, envergando o traje tradicional japonês, aplica uma camada de maquilagem branca ao rosto e pescoço a fim de realçar sua beleza. Os numerosos efeitos emocionais e artísticos possibilitados por semelhante maquilagem e indumentárias desta ordem, arraigadas na realidade mas não limitados por ela, já foram utilizados nas montagens teatralistas do Ocidente, independentemente das influências orientais. O uso eficaz da maquilagem e dos costumes, assim como de máscaras e monstros, é parte de nossa herança teatral, mas uma parte que negligenciamos com freqüência.

Quando se vai além da encenação imitativa, descobre-se logo que elementos cênicos aparentemente menores — como os adereços em certas peças do "Absurdo" e como a vestimenta e a aparência dos atores do Kabuki — podem prestar uma contribuição maior à experiência teatral e seu significado. Visto que a realidade à qual correspondem maquilagem e os costumes do Kabuki não é fotográfica, porém interior, simbólica e teatral, a maquilagem e os trajes não permanecem inalterados, mudando sempre que

---

13. GEORG FUCHS, *Revolution in the Theater*, Ithaca, Cornell University Press, 1959, p. 60.

muda a realidade por eles representada. Muitas vezes são alterados entre as cenas ou no palco, no decurso de uma cena, por razões puramente teatrais das mais diversas — cor, surpresa, ênfase, contraste; outras vezes também são trocados a fim de mostrar que a personagem está aparecendo em dado momento com sua verdadeira identidade. Pode acontecer que as sobrancelhas de um nobre sejam pintadas por cima ou traços de demônio desenhados por dentro, e de súbito revelados ao público, ao mesmo tempo que o ator, auxiliado por um "invisível" ajudante de cena, emerge de uma indumentária, aparecendo em outra completamente diferente e, talvez, mesmo, deixa sua cebeleira formal desgrenhar-se numa massa demoníaca (graças a um sistema de cordéis). Os truques de mudança rápida em cena são deslumbrantes e servem para sublinhar as emoções mutantes das personagens. Como preparatório à luta, um intérprete remove às vezes uma das mangas de seu quimono e exibe um forro de cor vivamente contrastante. Ou pode ocorrer que esteja usando vários quimonos, alinhavados em pontos estratégicos; o ajudante de cena fica segurando pelos ombros o quimono de cima e, quando o ator se adianta, tira-o, pondo à mostra embaixo um quimono inteiramente diverso e que contrasta com o anterior. Tais técnicas são teatrais, mas não arbitrárias, pois estão em consonância com a estética do Kabuki e indicam realidades psicológicas e simbólicas que os trajes representacionais em grande parte ignoram.

No teatro total, que é o Kabuki, a música não fica ausente. Ao contrário, entretanto, do que sucede neste particular na maior parte do teatro ocidental, a música não existe por si mesma, porém como elemento integrante da experiência teatral. É raro a música oriental ser composta somente para o ouvinte; em geral ela se apresenta acompanhando a dança ou como canção. A música Kabuki nasceu de acompanhamentos musicais anteriores, sobretudo do Nô. Pouco antes de o Kabuki encetar sua longa evolução, o *samisen* foi introduzido no Japão e logo viu-se adotado como o instrumento por excelência do Kabuki. Hoje, os tambores e a flauta Nô sobrevivem em peças Kabuki, adaptadas do Nô, mas o *samisen* é o que se identifica de maneira mais íntima com o tipo de drama desenvolvido pelo Kabuki. De braço longo, com a caixa de ressonância coberta por pele de gato, é um instrumento dotado de três cordas, sendo tangido por um plectro. Seu alcance é algo similar à voz humana, razão pela qual é empregado para a mímica e o acompanhamento das entonações vocais dos comediantes. Com o narrador, ou com um grupo de cantores, o *samisen* pode dar continuidade à fala ou às emoções do ator, ou então acompanhá-las. Ou a fala pode passar, sem ruptura, do ator ao narrador e desembocar no instrumento. Ao reverso da música em nosso teatro, a do Kabuki não dá a sensação de interrupção ou de domínio de um elemento sobre o outro, pois todos os três componentes — representação, narração e música — ficam inteiramente integrados.

É inútil dizer que há vários tipos de música e diversos graus de integração. Mas a música Kabuki nunca parece ao espectador um adorno, como é o caso, com freqüência da música no teatro ocidental. É parte da textura do espetáculo e raramente chama a atenção para si própria enquanto música. Existem alguns paralelos entre a música Kabuki — e os demais efeitos auditivos que constituem parcela do assalto cênico a nossos nervos — e a música concreta. Ambas se caracterizam pela qualidade esparsa e austera, tão eficaz dramaticamente como meio de acentuar certos momentos da peça.

Paul Claudel foi particularmente sensível à perfeição atingida pela música teatral japonesa. Debatera-se por longo tempo com o problema da música no teatro: o Kabuki foi uma revelação, para ele, neste sentido, assim como em muitos outros: "Entendi então o que era a música dramática; quero dizer a música tal como utilizada por um dramaturgo e não por um músico, tentando, não criar um quadro sonoro, mas sacudir e tocar nossas emoções por meios puramente rítmicos e sonoros, mais diretos e mais brutais do que palavras"[14].

A seguir fala, não somente da música como tal, mas também dos efeitos dramáticos provocados pelos estalos de matracas de madeira em momentos de grande intensidade, e pela voz do ator, ou do narrador, "resmungo, exclamação, dúvida, surpresa, todos os sentimentos humanos expressos por simples entonações"[15]. Esta espécie de música, assinala Claudel, ao contrário da música usada no teatro ocidental, não forma agudo contraste com a palavra falada; pertence à mesma ordem de experiência. Assim, a música Kabuki pode suportar, fortalecer, acentuar, comentar as situações mostradas no drama, sem atrair atenção sobre si mesma. Parece-me que existem formas de música ocidental nos dias de hoje, particularmente desde o desenvolvimento da assim chamada música concreta, que poderiam ser admiravelmente adaptadas ao teatro. Experimentos neste sentido talvez possibilitassem o surgimento de uma música de teatro mais perfeita em sua integração.

O Kabuki é um teatro de festa do qual nenhuma parte do espectador precisa ir embora esfaimada. Há com que nutrir o pensamento e as emoções, bem como alimento que satisfaça todos os sentidos. Não é por acaso que a platéia Kabuki, em geral,

14. PAUL CLAUDEL, *Le Livre de Christophe Colomb*, Paris, Gallimard, 1935, p. 21. A estética da música Kabuki é, como outros elementos da encenação, brilhantemente discutida pelo Professor ERNST em *Kabuki Theater*, pp. 114-119.

15. CLAUDEL, *op. cit.*, p. 24.

come dentro do teatro. Há séculos atrás os espetáculos de Kabuki começavam antes do raiar do dia e terminava ao cair da noite. A assistência retirava-se para as casas de chá adjacentes a fim de refrescar-se ou preparava sua própria comida nos pequenos cubículos. Até hoje o espetáculo principia por volta das 11 da manhã e dura até às 10 da noite, com a possibilidade de se sair no meio. Pode-se comprar um pequeno lanche preparado (*obento*) numa caixa e comer na sala teatral enquanto se assiste à representação. Certa vez, de meu assento frente ao palco, voltei-me para ver Shoroku, um dos mais dotados atores vivos, do Kabuki, que estava representando sobre o *hanamichi*. Sentada diretamente abaixo, havia uma velhota descascando calmamente uma laranja. O contraste entre a calma da mulher em sua atividade trivial e as proporções heróicas do ator em seus movimentos dinâmicos e estilizados — acentuado por minha percepção de que uma experiência bidirecional estava ocorrendo, à medida que a mulher absorvia a viva sensação do espetáculo e Shoroku o odor da laranja — pareceu-me de algum modo constituir a essência da experiência Kabuki: uma experiência íntima, heróica, estilizada, realista, que apela para os sentidos da visão, audição, olfato e paladar.

Um crítico japonês chamou o Kabuki de uma "criação sobre o solo da mais próxima aproximação possível do Paraíso"[16]. Se o paraíso significa viver na intimidade dos deuses e no entanto estar em casa com uma laranja, então o Kabuki é de fato uma aproximação do Paraíso. No paraíso nipônico, não cristão, nenhum fruto é recusado a seus habitantes, nem sequer o fruto da árvore do conhecimento. Mas como todas as coisas japonesas, a aproximação com o conhecimento é feita por um desvio, sem destruir os sabores e perfumes das demais frutas e flores. Outro crítico, pretendendo que a base do Kabuki é "uma caça insaciável do prazer", descreve-o como "uma completa messe de apetites carnais"[17]. No Japão, ou em outra parte, nesta matéria, a satisfação de apetites carnais e o paraíso não precisam ser mutuamente exclusivos; se o Kabuki tem ambos a oferecer, parece tolice não considerarmos a possibilidade de nos apropriar de semelhante amálgama para o nosso próprio teatro, se é que podemos assim proceder sem tomá-lo simplesmente de maneira artificial. A imitação não é o caminho. Temos de adaptar as formas do Kabuki às nossas próprias necessidades e aos nossos próprios modos de sentir e pensar.

16. Em YONEZO HAMAMURA *et. al.*, *Kabuki*, trad. por Fumi Takano, Tóquio, Kenkyusha, 1956, p. 54.

17. SHOYO TSUBOUCHI e JIRO YAMAMOTO, *History and Characteristics of Kabuki*, trad. de Tyozo Matsumoto, Yokoama, Heiji Yamagata, 1960, p. 145.

TRANSPOSIÇÕES

O Kabuki servir-nos-á de sinaleiro apenas se estivermos suficientemente familiarizados com ele na qualidade de trabalhadores do teatro e espectadores. Os poucos atores, diretores e pesquisadores que tiverem o ensejo de estudar no Japão podem efetuar no caso contribuições substanciais, mas a fim de se estabelecer uma base mais ampla de familiaridade, é desejável que contemos com maior número de oportunidades de assistir aos espetáculos Kabuki em nosso país. Problemas práticos assoberbantes parecem impedir tal coisa no momento presente. Mas, hoje, pelo menos, pode-se obter uma espécie de conhecimento de segunda mão desta emocionante forma teatral, graças a montagens apresentadas por atores e estudantes americanos. Nem é preciso dizer que tais encenações carecem do polimento e da perfeição das representações efetuadas por intérpretes que cresceram com o sangue do Kabuki nas veias e dedicaram anos a fio a estudá-lo. Mas, como estamos interessados naquilo que o Kabuki tem a oferecer a nós, ocidentais, sou de opinião que tais experimentos podem ser proveitosos. O problema em jogo é menos o de conseguir imitação impecável do teatro japonês utilizando artistas americanos ou europeus, como o de rasgar novas perspectivas, quer para os atores quer para o público, e fazê-lo da maneira mais rematada e artística possível, dadas as limitações de tempo, preparo e dinheiro. Ninguém haveria de pretender que Joe Doakes poderia substituir Baiko ou Shoroku, mas a cópia fiel do desempenho não é o propósito de semelhantes exercícios, pois nós, no Ocidente, somos meros alunos do Oriente em matéria de estilização teatral e teatro total. No ponto em que se encontra atualmente o desenvolvimento cênico ocidental, até uma representação de segunda classe de um teatro assim proporcionaria eventualmente momentos de revelação capazes de mudar o curso de nossa história teatral.

Houve certo número de interessantes experimentos com o Kabuki nos Estados Unidos e eu gostaria de discutir aqui alguns deles. O Institute for Advanced Studies in Theater Arts (IASTA), a Universidade do Havaí, a Michigan State University e o Pomona College montaram, de uma ou outra maneira, peças Kabuki. As montagens compreenderam desde uma genuína reencenação de um Kabuki em inglês, dirigido por um grande ator japonês de Kabuki, ou de apresentações que procuravam autenticidade de atmosfera e técnica sem imitar com precisão o original, até um livre experimento com técnicas Kabuki aplicadas a um clássico ocidental.

Já tivemos ocasião de mencionar o trabalho do IASTA em páginas anteriores. A montagem de *Narukami* ("Deus do Trovão"), uma das famosas *Dezoito Peças* da família Ichikawa, foi o seu primeiro empreendimento no domínio da encenação oriental. Em conseqüência, o instituto enfrentou — e solucionou — um certo número de problemas, inclusive o da possibilidade de levar-se de fato a cabo uma representação tão estilizada, com atores americanos que ignoravam totalmente as tradições do teatro asiático. O diretor escolhido para realizar a tarefa foi Onoe Baiko, um dos dois *onnogata* mais admirados no Japão de hoje. Baiko, mais acessível do que a maioria dos intérpretes do Kabuki, é conhecido por sua disposição amistosa para com os estrangeiros interessados em conhecer a arte do Kabuki.

Foi Baiko que concebeu a idéia de ensinar, durante vários dias, dança clássica japonesa aos atores que se apresentaram como candidatos ao trabalho — pois o Kabuki se baseia em momentos de dança — antes de escolher o elenco de *Narukami*. Só depois de um tal preparo é que ele se dispôs a ouvir a leitura das partes. Este método de selecionar o conjunto foi utilizado no IASTA por outros diretores asiáticos e também para formas menos exóticas de dramaturgia.

Antes de dar início aos ensaios propriamente ditos, Baiko exibiu aos atores um filme sobre a montagem Kabuki-za de *Narukami*, fê-los ouvir uma fita gravada e ver diapositivos da mesma encenação. Assistido por Miyoko Watanabe, que adquirira grande perícia na representação Kabuki bem como na dança clássica japonesa, Baiko preparou pessoalmente, um por um, todos os papéis da peça.

Sempre cônscio de que estava trabalhando com atores profissionais americanos, respeitou-lhes a individualidade. É um aspecto muito elucidativo para os ocidentais, propensos talvez a acreditar que todas as formas de estilização reprimem a liberdade e a personalidade do artista, saber que o diretor japonês procurou evitar a todo custo qualquer cópia estrita dos elementos fornecidos pelos filmes e gravações sobre o Kabuki, por temer que semelhante imitação poderia "destruir a verdade interior da peça"[18]. Utilizando as fitas gravadas e as películas de cinema como ponto de partida, os intérpretes, sob a rigorosa orientação de Baiko e de Watanabe, labutaram com extremo afinco para obter "uma evocação adequada e verdadeira do estilo vocal e maneira de externar-se". Baiko salientou o grau de liberdade concedido pela tradição do Kabuki:

Aprender a dominar uma tradição de representação e dança que dezesseis gerações de executantes desenvolveram, não conduz a uma perda de liberdade; ao contrário, o ator que se empenha em conseguir tal mestria torna-se verdadeiramente livre para expressão dentro de um corpo de técnicas, que são unicamente sua personalidade e modos de ver como artista[19].

---

18. As informações sobre os ensaios e a apresentação de *Narukami* chegaram ao meu conhecimento, graças ao Dr. John D. Mitchell. Boa parte do material aqui empregado é parafraseado de cartas escritas pelo Dr. Mitchell.

19. WILLIAM PACKARD, "Experiment in International Theater: An Informal History of IASTA", *Drama Critique*, VIII, mar. 1965, p. 64.

Em cima: Onoe Baiko no papel de monstro na segunda metade de *Momiji-gari* (A Vista dos Áceres). Chinó, indumentária e padrões de desenhos são aumentados. Note-se a maquilagem estilizada que, ao contrário da chinesa, não oblitera as feições, porém as acentua. (*Foto*: Shochiku.) *Embaixo*: Onoe Shoroku no papel de Todanobu em *Yoshitsune Sembonzakura* ("As Mil Cerejeiras de Yoshitsune"). A cortina fechou-se no fim da cena e Tadanobu (na realidade uma raposa que tomou a figura de um leal cliente) realiza uma impressionante saída *rappo*, que revela sua alegria e seu espírito animal. A maquilagem *aragoto* sublinha a estrutura musical do corpo e da face, ao passo que o movimento mostra uma força e tensão quase inacreditáveis.

A liberdade do artista reflete-se nas diferentes interpretações dos mesmos papéis por diferentes atores, pois a encenação era representada por um elenco duplo. Um ator, no papel do sacerdote perverso que é a principal personagem de *Narukami*, imprimia um caráter clássico ao seu modo de retratar a figura, enquanto que outro (George Gitto) dava-lhe uma expressão romântica. A platéia sentiu empatia acentuada por esta segunda linha. Rosamond Gilder, que assistiu ao trabalho de ambos os elencos, disse: "A gente se sentia triste pelo sacerdote derrotado, Narukami, quando George Gitto o reprensentava. Mas ainda assim a coisa parecia correta". Baiko concordou com esta apreciação, salienta o Dr. Mitchell, e acrescenta com um gosto pela nuança: "Assim os *kata* [padrões, técnicas] do Kabuki não são de modo algum rígidos — apenas precisos, destilados e refinados".

Ocorreram várias dificuldades durante os ensaios e os espetáculos. Alguns intérpretes de pequenos papéis cômicos sentiam aparentemente que havia demasiada contenção e que não conseguiam utilizar a precisão e disciplina requeridas. Outro ator, admiravelmente adaptado a papéis naturalistas, tinha dificuldades em aprender o estilo Kabuki. Baiko porém não estava propenso a dispensá-lo, insistindo no fato de que qualquer pessoa disposta a trabalhar com afinco pode ao fim alcançar aquilo que se propuser a fazer.

Até mesmo os atores que foram capazes de esquecer a formação naturalista chegavam a um ponto onde achavam muito difícil aceitar o extremo "apresentacionismo" do Kabuki. O ator Kabuki não pretende ser nada mais do que um ator desempenhando um papel; conseqüentemente não é incomum vê-lo inserir o seu próprio nome no texto da peça ou fazer uma referência passageira a uma estória popular do dia. Esta capacidade de adaptar a peça aos acontecimentos correntes ou de permitir que apareça a verdadeira identidade do ator, significa derrubar o último bastião do naturalismo. Só depois de muito insistência de Baiko, os intérpretes americanos foram por fim convencidos a usar seus próprios nomes, e portanto não-japoneses, no trecho onde Narukami diz, para agradar a bela princesa: "Vou trocar meu nome por... [o nome do ator]". Semelhante técnica, diga-se de passagem, constitui algo mais do que um comentário sobre o clamoroso teatralismo do Kabuki; é uma indicação de seu vigor e de sua aptidão de adaptar-se — mas sempre dentro de limites claramente definidos.

Após a montagem, Baiko declarou que os intérpretes americanos que haviam manifestado forte vontade de aprender as formas do Kabuki, tinham logrado fazê-lo, ao passo que os membros do elenco que não haviam mostrado disposição para aceitar as restrições e a disciplina necessárias não haviam obtido, por certo, o mesmo êxito. Pareceu-lhe "espantosa" a maneira como Stephen Daley aprendera os elementos do Kabuki. Um espectador comentou que foi "uma experiência teatral eletrizadora, uma coisa que dificilmente posso exprimir"[20]. E Stella Adler afirmou que um único momento de *Narukami* continha mais estilo do que um século de teatro naturalista[21].

As encenações, em faculdades e universidades, de textos do Kabuki, sem a participação de atores profissionais e muitas vezes sem a assistência de um profissional japonês do Kabuki, têm alcançado um estilo aproximativo em relação ao original. As reações do público e da crítica a três montagens de que estou inteirado foram, para dizer o mínimo, de excitação e até mesmo de entusiasmo. A maioria dos ocidentais, ante os espetáculos universitários de Kabuki, fica surpreendida com o fato de um teatro altamente estilizado ser capaz de reproduzir forte impacto emocional e criar uma relação íntima com os atores. Mesmo aqueles que viram o elenco Kabuki em 1960 não chegaram a sentir um grau de intimidade como é possível alcançar num teatro de universidade e, acima de tudo, não tiveram a oportunidade de acompanhar uma peça Kabuki em uma linguagem que pudessem entender.

A montagem de *A Casa de Sugawara* pelo Theater Group, da Universidade do Havaí, constituiu uma ocasião histórica, assinalando a primeira apresentação de uma peça clássica do Kabuki em palco ocidental, em língua ocidental por atores ocidentais, em estilo que se avizinhava do original. Earle Ernst, com o seu imenso conhecimento do teatro Kabuki, dirigiu a encenação, com a assistência de Gertrudes Tsutsumi na coreografia. Os mesmos diretores montaram, dois anos mais tarde, *Benten Kozo* ou *Cinco Ladrões*, representando a peça na inauguração do Teatro John F. Kennedy, no East-West Center, em 1963. O magnífico novo teatro, com *hanamichi* e a mais moderna maquinaria cênica, permitiu que se realizasse uma exuberante representação cuja autenticidade se acentuou ainda mais, graças aos préstimos de Onoe Kuroemon II como co-diretor e coreógrafo. O moderno *sewamono*, de autoria de um dos mais profundos dramaturgos japoneses do século XIX, Kawatake Mokuami, mostra a decadência da sociedade nipônica na primeira metade do referido século, e narra com *pathos* e humor sua melodramática estória. A tradução inglesa da peça, efetuada por Yukuo Uyehara e Earle Ernst, é uma das mais vivas e encenáveis traduções de peças Kabuki; significativa e divertida para um público hodierno, também dá azo à estilização e às coloridas técnicas do original.

As encenações do Prof. Ernst têm sido modelos de autenticidade; quando necessário, incluem até tocadores de *samisen* e narradores. Outras montagens universitárias de Kabuki viram-se forçadas a recorrer a gravações no tocante à música. Mas os programas da

20. Citado em *ibid.*, p. 64.
21. Citado numa carta do Dr. Mitchell.

Em cima: *Benten o Ladrão*, Ato II, Pomona College. Benten disfarçou-se de mulher a fim de roubar um mercador de pano. Quando sua verdadeira identidade é descoberta, ele se apresenta altivamente e desnuda o ombro para mostrar a tatuagem fantasiosa, típica dos gatunos. (*Foto*: Lapp.) *Embaixo*: A encenação de *Narukami* efetuada pelo Institute for Advanced Studies in Theater Arts (IASTA). O mau sacerdote faz propostas amorosas à princesa enviada para seduzi-lo. A princesa é interpretada aqui por um homem; um *onnagata* americano! (*Foto*: IASTA.)

Benten o Ladrão na Universidade do Havaí, dirigido por Earle Ernst. *Em cima*: Ato I, ante o Templo de Lótus. (*Foto:* Stan Rivera, Honolulu.) *Embaixo*: Quadro final do Ato III, cena 1. Após uma luta, qual um balé, com a polícia, os cinco ladrões posam vitoriosamente. Notem-se as largas e rasas proporções do palco, a franja decorativa superior e o *hanamichi*. (*Foto*: Stan Rivera, Honolulu.)

Michigan State University e do Pomona College esforçaram-se, tanto quanto possível, em apresentar os elementos genuínos deste gênero de teatro.

Em 1963, o Prof. James Brandon, da Michigan State University, dirigiu duas peças Kabuki, *Kanjincho* e *O Delegado Zen*. Esta última é uma obra moderna, mas *Kanjincho* é uma das peças clássicas com força de permanência, exigindo atores extremamente habilitados nas técnicas do Kabuki. Ao contrário dos componentes do elenco da Universidade do Havaí, os estudantes-atores da Michigan não eram de extração oriental. A tradução de *Kanjincho*, publicada na *Evergreen Rewiew* (n. 14), foi realizada por James Brandon e Tamako Niwa, e contém indicações cênicas bastante detalhadas. Os trajes para as principais personagens vieram do Japão, especialmente confeccionados. Construiu-se um *hanamichi* no teatro e os ensaios desenvolveram-se durante nove semanas. Os resultados foram assombrosos e instigadores como patenteia a resenha crítica no *Christian Science Monitor*[22]. Conhecendo intimamente a forma deste teatro japonês, Brandon produziu uma montagem que representava fielmente os movimentos Kabuki e conseguiu encontrar um paralelo estilizado para padrões vocais tão diferentes dos da língua japonesa que a simples imitação seria impossível. A despeito de se tratar de uma apresentação não-realista, a assistência sentiu-se profundamente envolvida na peça e, fomos informados, parecia inclinar-se para frente na antecipação dos movimentos dos intérpretes. A lotação do teatro esgotou-se sucessivamente e houve necessidade de oferecer mais uma apresentação do espetáculo, prova do êxito e da popularidade do empreendimento.

Verificou-se reação similar à montagem de três cenas do *Benten* e uma peça-dança de origem Nô, *A Aranha Monstruosa*, no Pomona College em 1964. Mais uma vez, construiu-se um *hanamichi*; as indumentárias foram obtidas por meio de empréstimos, sendo algumas poucas confeccionadas especialmente, e as despesas tiveram de ser mantidas dentro dos limites de um modesto orçamento; as cabeleiras foram compostas especificamente. Os ensaios levaram seis semanas, sendo um terço de cada ensaio dedicado à prática das maneiras de caminhar, sentar-se, aos movimentos coreografados e às poses impressivas. O movimento foi ensinado por um hábil dançarino japonês que se dispôs a passar muitas horas por semana instruindo os atores neófitos. Mais do que tentar uma imitação passo-a-passo das peças Kabuki, a montagem procurava reproduzir o espírito heróico, estilizado, deste teatro. *A Aranha Monstruosa*, visto tratar-se de um *shosagoto*, era altamente coreografada em seu todo; um dançarino com experiência profissional foi utilizado para o difícil papel de sacerdote-aranha; com destaque, entre os guerreiros que o combatiam, havia dois jovens estudantes, peritos em saltos mortais reversos

22. 16 de abr. 1963.

A Aranha Monstruosa, Pomona College. *Em cima*: O sacerdote Chichu aparece misteriosamente no *hanamichi* e anuncia que veio orar por Raike, o nobre adoentado. (*Foto*: Lapp.) *Embaixo*: Na realidade o sacerdote é um monstruoso demônio-aranha. Na segunda metade da peça, ele surge na sua verdadeira forma. (*Foto*: Lapp.)

que acrescentaram uma nota brilhantíssima às cenas de luta kabukianas.

Uma vez mais, um espetáculo Kabuki foi levado perante casas cheias, sendo entusiasticamente recebido pelos platéias locais, bem como por visitantes japoneses, que acentuaram a qualidade elétrica da atmosfera lançando gritos adequados de aprovação nos momentos climáticos. Muitos espectadores nipônicos confiaram a um crítico que, "dado o imenso desafio que semelhante produção representa para um elenco ocidental não especializado, tinham ficado agradavelmente surpresos com a alta qualidade do espetáculo daquela noite"[23]. Uma estudante, menos inibida, terminou sua resenha crítica com os seguintes termos: "Saltos selvagens de cores, música plangente, arrebatante, cabelos abundantes, faces e posturas heróicas, uniões de materiais, mãos torcidas, movimento violento e nobre silêncio, MAIS!"[24]

KABUKI E ELISABETANOS

A montagem Kabuki no Pomona College foi seguida, no ano subseqüente, de uma encenação experimental de *O Judeu de Malta*, de Marlowe, com o emprego de técnicas do Kabuki a fim de intensificar a teatralidade desta peça, uma das mais rutilantes do repertório elisabetano. A justaposição do Kabuki com o elisabetano, que pode parecer à primeira vista bastante assombrosa, não só é de natureza eminentemente teatral, mas também serve de abordagem fecunda ao problema do estilo na encenação de textos elisabetanos. Embora já se haja escrito um bocado de coisas a respeito dos estilos de representação das eras isabelina e jacobiniana, os estudiosos são obrigados a admitir, no fim de contas, que pouca coisa é conhecida com certeza. O Kabuki oferece uma tradição teatral ainda viva que apresenta pasmosas similaridades com muita coisa que, segundo nos dizem, ocorreu no palco inglês, há tezentos ou quatrocentos anos atrás.

Recebendo deixas da teatralidade do Kabuki, *O Judeu de Malta*, encenado em 1964, pode ter atingido um estilo elisabetano mais autêntico do que muitas montagens modernas dos clássicos, as quais são, em essência, bem mais naturalistas do que nos é dado perceber. Estamos tão próximos do estilo representacional dominante em nosso teatro que muitas vezes vemos peças de caráter obviamente apresentacional somente em termos familiares e estabelecidos.

A mistura do velho e do novo, do refinado e do bárbaro, típica da Inglaterra isabelina e do Japão dos Tokugawas, é vista nos teatros de ambos os países. Antes de chegar à maturidade artística, o Kabuki serviu com freqüência de intermediário para

23. *Claremont Courier*, 3 mar. 1965.
24. *Student Life*, fev. 1965.

a prostituição, ao passo que em Londres os teatros eram relegados à margem sul do Tâmisa, perto dos infames Stews. O famoso ator, Edward Alleyn, parece simbolizar este período da Inglaterra: criador das principais personagens de Marlowe, ele conseguiu amealhar grande parte de sua fortuna arrendando terreno para *bearbaiting** e aplicando o seu dinheiro na fundação de um colégio.

Prostituição, violência, derramamento de sangue, vingança encontram eco em muitas das mais representativas peças elisabetanas e do Kabuki. Refinamento e barbárie, ambos por vezes além do gosto moderno, nos chocam por sua justaposição em Marlowe, Shakespeare, Ford e Webster, tal como nas obras de Chikamatsu ou Takeda Izuma, quando nos são exibidos. Os dois teatros elevam o elemento histórico ou o lendário ao nível do heróico, pintam o encontro entre os mundos natural e sobrenatural, justapõem cenas entre problemas insolúveis, desembocam na morte cenas da máxima jovialidade.

O antigo ator elisabetano era mais versátil do que sua contraparte moderna. Como o ator Kabuki, era tanto dançarino quanto acrobata. "Em cartas a respeito dos comediantes ingleses no Continente, nos anos de 1580", Beckerman nos informa, que a "representação está sempre ligada com dança, acrobacia e volteios" [25]. Um inglês em visita à Alemanha comenta que os alemães "sem entender uma palavra do que [os atores] diziam, tanto homens quanto mulheres afluíram assombradamente para ver os gestos e as ações deles, mais do que ouvi-los falar inglês, língua que não entendiam" [26]. Tal atitude sugere que havia algo digno de observação, além dos atos de andar e manipular objetos que os intérpretes executavam no tablado. Numa época tão tardia quanto 1592, um homem escreve de Nuremberg: "Os comediantes ingleses têm música maravilhosa e são tão hábeis em acrobacias e dança que eu nunca ouvi nem vi coisa parecida" [27]. Não descobri qualquer indício de que Alleyn ou Burbage fossem acrobatas ou dançarinos. Mas é interessante notar que ambas as práticas faziam parte do teatro, que incluía a dança e a acrobacia, e que podemos ver ainda hoje um teatro precisamente assim, porquanto o Kabuki, ao contrário da representação moderna, não se divorciou inteiramente de suas tradições mais antigas.

Dançassem ou não, fizessem ou não fizessem acrobacias, Alleyn e Burbage e outros grandes atores daquela época eram, seja como for, mestres de um estilo formal de desempenho que atualmente está perdido. Beckerman caracteriza-o como romântico,

* Esporte que consistia em açular cães contra um urso acorrentado (N. do T.).

25. BERNARD BECKERMAN, *Shakespeare at the Globe, 1599-1609*, New York, Macmillan, 1962, pp. 123-125.

26. ALOIS MARIA NAGLER, *Shekespeare's Stage*, trad. de Ralph Manheim, New Haven, Yale University Press, 1958, p. 37.

27. *Ibid.*, p. 83.

Barbage como formal, ao passo que Josephs tem toda certeza de que empregava gestos comuns na recitação retórica contemporânea, exagerando-os, talvez, a fim de satisfazer as necessidades do teatro. Um largo estilo de representação veio por certo ser indispensável para compensar a paupérrima iluminação dos teatros, bem como para atender o público postado na platéia. Thorndike acredita que "é preciso empregar todos os meios de expressão facial e gesto na pintura da emoção, tornando a ação algo mais intensa do que no teatro moderno"[28]. Nagler, citando o relato de uma apresentação de *Otelo* pelos King's Men em Oxford, em 1610, descreve como um espectador ficou impressionado com a morte de Desdêmona, "especialmente quando ela está deitada na cama, movendo os espectadores à compaixão simplesmente com a expressão da face"[29]. Uma tal habilidade lembra uma das muitas ocasiões em que um ator Kabuki, durante talvez minutos a fio, registra emoções por meio da contração dos músculos faciais e do movimento dos olhos, obtendo efeitos de grande força patética. Foi sem dúvida esse dom que levou as platéias francesas de 1900 a tecer verdadeiras rapsódias acerca das representações de Sada Yakko nas cenas de morte.

O ator Kabuki, usando toda faceta de corpo e voz para retratar caráter e emoção, apresenta-se francamente como uma criação teatral no palco diante de uma assistência. O aspecto apresentacional do desempenho do ator elisabetano era sublinhado pelo tablado trilateral, mas além disso ele podia empregar técnicas como bloqueamento simétrico, fala direta ao público, direção à platéia ao pronunciar as palavras endereçadas ao seu interlocutor no palco. Mais ainda, tendia a representar não tanto *dentro* de um cenário como *diante* dele. É possível dizer, sem maior erro, o mesmo a respeito do intérprete Kabuki, que dispõe, como vimos, de uma estrutura cênica e de um tipo de cenografia que o atira no sentido do auditório. Cabe até pensar no *hanamichi* com um hiperdesenvolvimento da plataforma trilateral elisabetana, que se parece muito com o palco Kabuki em seu momento de maior aperfeiçoamento.

Explorando tais paralelos, a montagem de *O Judeu de Malta*, realizada no Pomona College, logrou utilizar o Kabuki como uma base viva na busca de um estilo viável para uma encenação elisabetana. Os atores estudaram seus papéis, não apenas como fala, mas ainda como movimento, e certas cenas de clímax foram coreografadas com precisão. Enquanto que o Kabuki opera no âmbito de uma tradição de gestos claramente definida, a dança ocidental não possui um vocabulário altamente desenvolvido a partir do movimento natural. Um dos problemas mais difíceis foi o de inventar os gestos necessários; uma série de idéias veio da dança

28. ASHLEY, H. THORNDIKE, *Shakespeare's Theater*, New York, Macmillan, 1960, p. 403.
29. NAGLER, *op. cit.*, p. 82.

moderna, de gestos simbólicos aceitos e, sobretudo, a partir das sugestões de Bertram Josephs [30], dos livros de retórica do século XVI. Infelizmente, o ator ocidental, quando fala através de gestos não-representacionais, trabalha num vácuo quase total, posto que sua platéia não entende seu vocabulário gestual. Este foi sem dúvida o aspecto menos feliz de *O Judeu de Malta* desta experiência. Quando os atores passavam dos gestos com um significado preciso para movimentos simplesmente coreografados, conseguiam falar de maneira mais direta ao auditório, porquanto a posição em que se apresentavam sugeria uma espécie de emoção geral de preferência a uma significação específica. A luta de morte entre Lodowick e Mathias era um movimento assim. Em uma dança cuidadosamente controlada, compreendendo várias poses estáticas e dispensando todo contato direto entre o corpo e punhal, os atores atacavam e aparavam, enquanto os golpes eram sugeridos pelo som agudo de matracas de madeira. Outra cena semelhante ocorria na morte de Abigail em que uma certa posição e uma mão a tremer indicavam o refluir da vida.

O ator elisabetano chamava a atenção do público para os momentos de clímax batendo os pés. Como ninguém sabe com exatidão como os elisabetanos pateavam, as batidas climáticas em *O Judeu de Malta* foram executadas mais como uma mímica, cuja estilização a tornava mais estética e mais teatral do que uma simples batida de pé. A experiência com este tipo de postura em uma peça ocidental sugere várias coisas. Não pode ser usada com muita freqüência. O ator precisa prepará-la muito bem, do ponto de vista vocal e físico; é necessário alcançar uma espécie de clímax antes que o intérprete assuma a pose mímica, pois do contrário o espectador tomará consciência apenas da pose como tal. As mímicas do personagem pobretão, Pilia-Borsa, foram realizadas com particular sucesso. O ator, que nunca vira o Kabuki japonês, mas que trabalhara com a peça anteriormente, um ano antes, representou Pilia-Borsa, desde o começo, qual uma descomunal figura *aragóto*, com voz roufenha e bombástica, gestos descomedidos e olhares ferozes. Suas três ou quatro mímicas pareciam naturais e totalmente dentro da personagem.

Na montagem do Pomona, o *hanamichi* trouxe um sentimento de profunda intimidade entre atores e platéia; muitas cenas foram representadas no ponto onde o *hanamichi* corta o palco. Particularmente eficaz foi o momento em que Barrabás o Judeu, para efeito dos monges e freiras, pretende estar irado com a filha, Abigail, por ter ela se tornado cristã, ao mesmo tempo que fica sussurrando-lhe sem parar que irá procurá-la à noite e recolher o tesouro que a moça deverá desenterrar do chão da casa dele, convertida em convento. A vigorosa saída de Barrabás, que des-

30. Ver BERTRAM JOSEPHS, *Acting Shakespeare*, New York, Theater Arts Books, 1962 e *Elizabethan Acting*, Londres, Oxford University Press, 1964.

cia o *hanamichi* gritando: "Fora, fora, sua bruxa!", constituiu um dos momentos que causaram maior impressão nesta montagem de *O Judeu de Malta*. O *hanamichi* também permitiu duas procissões espetaculares, uma à chegada do príncipe turco e outra à entrada da cortesã, Bellamira.

Se o comediante isabelino concedia maior importância do que nós ao significado do movimento e do gesto, não era simplesmente porque gostava de movimentos pitorescos, mas porque acreditava que o homem interior tornava-se assim manifestamente visível. O corcunda não devia ser objeto de compaixão, porém de medo, pois seu corpo desfigurado era signo de uma alma desfigurada. "O homem carregava a marca de sua classe e sua natureza em seu modo de andar, falar, em sua feição e traje"[31]. O Kabuki ainda permite a cada indivíduo, homem ou mulher, uma maneira diferente de caminhar, uma maquilagem distinta, formas variantes de usar a voz, bem como cores e tipos diversos de roupas, a fim de sugerir diferenças de classe, caráter e sentimentos.

Em um informativo estudo sobre o teatro elisabetano, Linthicum descreve com certo pormenor os numerosos empregos simbólicos da cor no palco Tudor. Não só a coloração da indumentária era indicativa do caráter, mas também as barbas e o cabelo refletiam emoção, sendo alterados com o fito de denotar mudanças de sentimento[32]. Já notamos técnicas similares no Kabuki.

Os trajes apurados impressionam de pronto a vista do estrangeiro que assiste ao Kabuki. Acostumado à vestimento relativamente incolor do palco realista, não tem, talvez, ciência de que o teatro ocidental foi outrora similarmente pródigo no seu uso da indumentária. "Nenhuma época do teatro se preocupou mais com belas roupas do que a elisabetana", afirma Thorndike, "ou esbanjou no traje parcela maior de seus gastos"[33]. Ele prossegue salientando que o objetivo desta busca não era a autenticidade, mas antes o aparato. Os elisabetanos ficariam de fato chocados com nossas representações de Shakespeare em trajes modernos, pois, embora utilizassem com freqüência, no palco, vestuário contemporâneo, davam-lhe magnitude quase desconhecida por nós; na realidade, golas de rufos e crinolinas tornaram-se tão grandes que, no fim, foi preciso regular por lei suas larguras.

Graças ao emprego de uma roupagem baseada em tais modelos elisabetanos e do Kabuki na montagem de *O Judeu de Malta*, no Pomona College, atribuiu-se valor simbólico a cada posição, passo, costume, cabeleira e cor. Bellamira, a cortesã, é um bom exemplo. O verde-mar, que aos elisabetanos parecia representar devassidão, afigurou-se uma escolha natural, como

31. BECKERMAN, *op. cit.*, p. 14.
32. MARIE CHANNING LINTHICUM, *Costume in the Drama of Shakespeare and His Contemporaries*, Oxford, Claredon Press, 1936, p. 14.
33. THRONDIKE, *op. cit*, p. 394.

cor para a sua indumentária. De conformidade com os padrões do Renascimento, ela recebeu calções e uma longa saia aberta no centro, desde a bainha até a cintura, de modo que a platéia pudesse entrever as pernas e os pés da atriz calçados com tamancos dourados. A cortesã de classe alta, no Kabuki, a *oiran*, usa chapins excessivamente altos, o que lhe proporciona uma aparência quase monstruosa e a obriga a apoiar-se nos ombros de dois homens a fim de permanecer ereta. As cortesãs renascentistas (e às vezes as mulheres "distintas" também) andavam ocasionalmente em chapins que aumentavam sua estatura, se não a graça. Desde os tempos de Shakespeare, tais chapins iam de 6 a 15 polegadas de altura; quando a mulher elisabetana calçava os mais altos tinha de andar constantemente acompanhada por alguém em cujos ombros pudesse amparar-se.

Quando Bellamira, sobre chapins de 6 polegadas, avançava pelo *hanamichi*, com o cetim verde-mar flutuando em uma cauda atrás dela, assumia uma pose parecida com uma "vagabunda debutante", com os ombros puxado para trás e as pernas a alongar-se à frente. Em ambos os flancos, os braços ficavam distendidos como enormes asas, as mãos bambas e graciosas, enquanto ela se encaminhava para o tablado qual uma grande ave de presa.

Do mesmo modo que as mulheres do Kabuki, o que a beldade elisabetana desejava acima de tudo era uma cútis branca como leite e amiúde ela arruinava sua tez para consegui-la. O cosmético habitualmente empregado a fim de obter tal efeito era alvaiade, que logo marcava a pele e exigia aplicações cada vez mais grossas de pintura branca [34]. Bellamira, e as outras mulheres do elenco, na encenação de Pomona, utilizavam esta maquilagem de tipo máscara, salientada por lábios rubros, faces e colo carminados. Com seus altos tamancos, imenso vestido, postura predatória e maquilagem bonita porém fantasmal, Bellamira assemelhava-se a alguns esquecidos monstros teatrais que Genet ressuscitou com tal efeito.

Conquanto uma encenação universitária sofra inevitavelmente severas limitações (quanto ao tempo de ensaios, disponibilidade de atores, fundos etc.), a experiência com *O Judeu de Malta* sugere que o Kabuki constitui um rico celeiro para o diretor que esteja em busca de um estilo elisabetano trabalhável. Técnicas de representação similares deram ao Kabuki e ao teatro isabelino muitas semelhanças. Devido aos curtos períodos de ensaios e às companhias teatrais relativamente estáveis do tempo de Isabel, desenvolveu-se um como que repertório de expedientes de palco e cênicos; tais manobras eram tratadas de maneira análoga, de peça para peça, de modo bastante parecido a um

---

34. Ver ELIZABETH BURTON, *The Pageant of Elizabethan England*, New York, Scribner's, 1958, pp. 235-242, e CARROLL CAMDEN, *The Elizabethan Woman*, Houston, Elsevier Press, 1952, pp. 178-186.

pas de deux no balé, por exemplo, que possui certas regras estruturais, mas permite grande liberdade dentro da estrutura. A maneira de lidar com apartes, monólogos, disfarces, rubricas e coisas parecidas, era provavelmente entendida de pronto pelo ator experimentado, de forma que só se fazia necessário um mínimo de tempo para ensaiar os aspectos técnicos de uma peça. O Kabuki exibe um repertório similar de recursos, inclusive a cena de assassinato belamente coreografada, que é ao mesmo tempo satisfatório do ponto de vista estético e produz um frio na espinha, a luta estilizada, a inspeção da cabeça para verificar o seu asseio, o suicídio, a recitação de acontecimentos verificados fora do palco acompanhada de uma descrição pantominada da ação, a cena de viagem, os duetos de dança e o alinhamento de pantomina.

Por terem sido apresentadas durante o dia, em ambas as montagens teatrais a noite era evocada por outros meios que não a iluminação real, mediante o diálogo no teatro elisabetano e de movimentos atorais no Kabuki. Na montagem de *O Judeu de Malta*, no Pomona, ambos os recursos foram aplicados em um esforço de realizar o conceito de Eisenstein sobre o cem por cento de representação.

As duas formas diferentes de abordar o problema traduzem sintomaticamente a diferença básica entre o Kabuki e o teatro elisabetano: o primeiro acentua o movimento, a dança, o gesto, a cor, a música, descontando em grande medida os valores literários ou poéticos do texto, ao passo que o segundo concede maior importância ao texto do que aos valores musicais e visuais de apresentação. Ou foi assim que nos disseram. É possível, entretanto, que estudiosos demasiado preocupados com os valores literários dos textos tenham tendido a enfatizar as palavras mais do que os elisabetanos o faziam. Como os contemporâneos de Shakespeare e Marlowe eram com freqüência negligentes na preservação e transmissão de manuscritos (para não mencionar revisões que introduziam neles ao representá-los), justifica-se que nos perguntemos se atribuíam efetivamente a significação que lhes damos hoje. Se as tradições teatrais de Burbage houvessem chegado a nós em linha ininterrupta, como sucedeu com as técnicas do Kabuki durante dois séculos e meio, encontrar-nos-íamos, talvez, em melhores condições de determinar se estamos lançando uma ênfase indevida sobre o texto.

Precisamente por causa desta diferença fundamental entre o teatro literário (como fomos ensinados a julgá-lo) dos elisabetanos e o teatro em grande parte não-literário do Kabuki, parece-me desejável que tentemos descobrir algum modo de harmonizar as duas perspectivas em um teatro "total". As numerosas similiaridades por nós apontadas sugerem que tal casamento é possível. Combinando as técnicas altamente teatrais e sensíveis do Kabuki com as virtudes mais literárias oferecidas pelos tex-

Nakamura Utaemon no papel da *oiran* Yatsuhashi em *Kagotsurube*. O herói da peça, Jirozaemon de rosto marcado pela varíola, fica pasmo de amor à primeira vista diante da formosa cortesã. Cerejeiras em deslumbrante florescência e cortesãs esplendidamente ataviadas, cujas altas *geta* (tamancos japoneses), obrigam-nas a firmar-se nos ombros de um acompanhante, são espetáculos comuns nos distritos do colorido livre do palco Kabuki. (*Foto*: Shochiku.)

tos elisabetanos clássicos (para não dizer nada de seus próprios valores teatrais e sensíveis), esperamos alcançar uma força de apelo, em grau máximo, aos sentidos, à emoção, à imaginação e ao nosso atrofiado senso de admiração como que infantil, e concomitantemente chegar a uma profunda e talvez penosa percepção da verdade humana.

6. O Teatro Oriental

> *No tocante ao humano assim como ao sobre-humano, os orientais são para nós mais do que um páreo em questões de realidade.*
>
> A. ARTAUD

Em Iokohama, por volta do fim do século XIX, os japoneses tiveram sua primeira oportunidade de ver e ouvir uma ópera italiana. A ocasião, testemunhada por um dos mais perspicazes observadores ocidentais do Japão do Meiji, Basil Hall Chamberlain, professor de filologia japonesa na Universidade Imperial de Tóquio, é por ele descrita em *Things Japanese* ("Coisas Japonesas"), um volume enciclopédico que nada perdeu de seu frescor e encanto, mesmo agora, transcorridos mais de setenta anos após a publicação inicial:

> Quando eles [os espectadores nipônicos] se recuperaram do primeiro choque de surpresa, [eles] foram acometidos de violento acesso de hilaridade com os agudos da *prima donna*, que realmente não era má. As pessoas riam dos absurdos do cantar europeu, até que seus flancos começaram a sacudir-se e as lágrimas a rolar por suas faces; e taparam com as mangas as suas bocas, como poderíamos fazer com os nossos lenços de bolso, no vão empenho de conter-se [1].

Mais do que meio século depois, o New York City Ballet, atuando em Los Angeles, apresentou um balé ocidental moderno, inspirado nas antigas danças cortesas do Japão e chamado, como

---

1. BASIL HALL CHAMBERLAIN, *Things Japanese*, Londres, Kegan Paul, 1927, p. 466.

elas, *Bugaku*. A música para o referido número foi escrita por um jovem compositor japonês e moldada segundo a antiga música de corte. De fato, parecia-se tanto a esta e soava tão estranha a um auditório americano em 1964, que este riu tanto quanto a platéia nipônica ao se defrontar com a música clássica ocidental, no fim do século XIX. Quando a orquestra se pôs a tocar, um riso abafado perpassou o público, pontuado aqui e ali por bocejos.

Em Tóquio de hoje pode-se assistir a espetáculos de ópera ocidental várias vezes durante o ano e, quase todos os dias, escolher um programa de música sinfônica ocidental dentre os que são oferecidos, na capital japonesa, por três ou quatro orquestras da maior competência. Não é difícil tampouco deparar apresentações de balé ocidental e dança moderna, sendo em qualquer época possível escolher entre as diferentes casas de espetáculo que oferecem encenações de peças de estilo ocidental, traduzidas ou escritas por japoneses. E tais ofertas somam-se às peças clássicas nipônicas que estão quase sempre em cartaz.

Em confronto com a riqueza musical e teatral de Tóquio, volvemos com uma sensação de perda e vergonha para as grandes capitais teatrais do mundo ocidental, que comparativamente parecem provinciais. Paris, Londres, Praga e até algumas cidades menores da Alemanha encontram-se bem à frente de New York, pois, no grupo anterior, pode-se ao menos achar uma rica amostragem do teatro ocidental de muitos períodos e países. Em New York, torna-se cada vez mais difícil encontrar espetáculos significativos do teatro moderno, para nada dizer dos clássicos dos séculos XVII e XVIII. Em parte nenhuma, tem o espectador ocidental a possibilidade de um contato constante com os grandes teatros de outras tradições do mundo. O que mais se aproxima disto é o Théâtre des Nations, em Paris, seguramente um dos mais significativos experimentos dos últimos anos. Aí, por três meses, anualmente, representam companhias de todos os países do globo, enriquecendo a vida teatral da Cidade Luz e fecundando as mentes criativas de dramaturgos, atores e diretores que tenham tido a boa sorte de estar na cidade. Mas até esta oportunidade está longe de ser ideal, pois não é possível alcançar nenhuma compreensão efetiva, não pode ocorrer nenhuma troca profunda de idéias, no curto período de uma semana ou duas, que é o prazo costumeiro de permanência dos artistas visitantes. Por imperfeito que semelhante plano possa ser, constitui um passo na direção certa, e no mais só nos resta sonhar com as novas perspectivas que eventualmente se rasgariam pelo estabelecimento de tais instituições em muitas capitais do mundo, com apresentações mantidas durante um período de seis, oito ou até doze meses, em lugar dos três que o Théâtre des Nations dispõe agora.

Se os gastos para transportar grandes astros ou companhias inteiras se mostrassem demasiado onerosos, poder-se-ia talvez criar um teatro onde os representantes das grandes tradições teatrais estrangeiras viriam trabalhar e exibir-se por longos lapsos de tempo, de cada vez. Aulas ministradas por atores poderiam custear as despesas e, concomitantemente, aprofundariam a nossa compreensão do trabalho de tais intérpretes. É possível que a jornada de serviço dos professores, que é mais curta, também atraísse muitos comediantes, os quais, habitualmente, despendem doze a quinze horas no teatro. Se alguns dos jovens atores mais capacitados fossem seduzidos pela proposta e se dedicassem a aprendê-la por um ano, isto nos proporcionaria o ensejo de estudar o Kabuki e outras grandes formas teatrais em primeira mão, de fonte original; ao mesmo tempo, daria a jovens atores orientais a vantagem de representar alguns dos papéis importantes que não lhes seria permitido ainda interpretar nos principais teatros de seus próprios países.

Presentemente, anunciaram-se planos para o estabelecimento quer de uma casa de ópera chinesa, quer de um teatro Kabuki, em San Francisco. Resta saber se se poderá descobrir um equilíbrio satisfatório entre a viabilidade comercial e a integridade artística. Mas a iniciativa é promissora; bem conduzida, constituiria ponderavelmente para o crescimento do teatro ocidental. Se queremos desenvolver-nos e auferir proveito das grandes tradições do teatro mundial, o único meio de fazê-lo é através destes contatos de primeira mão e destas experiências. Os livros podem nos tornar cônscios da existência de novas áreas a serem exploradas, mas é somente através do estudo disciplinado de estilos e técnicas que seremos capazes de promover formas significativas para o nosso próprio teatro.

Etiemble, o respeitado professor, estudioso e escritor francês, ao retornar do Japão em 1964, publicou um artigo onde descreve o assombroso conhecimento e compreensão que os japoneses apresentavam, no tocante à literatura e cultura francesas. Assinalou quão discrepante era a recíproca gaulesa face à produção da cultura nipônica, perguntando: "Quando teremos nossa era Meiji?" [2] Sua indagação se aplica muito bem a todo o mundo ocidental. Quando é que nós, como os japoneses — e talvez em grau menor, o resto do Oriente — despertaremos para as possibilidades e os horizontes à espera de nossa descoberta no outro lado do globo? Os japoneses perderam de há muito seu provincianismo e avançaram, do Medievo do período Togukawa em meados do século XIX, para a era ocidental moderna em que ora estão vivendo, no espaço espantosamente curto de algumas décadas, conhecidas como a época Meiji (1868-1912). Com uma espécie de indulgente aprovação, os ocidentais salientam constantemente a rapidez com que se verificou a integração dos costumes ocidentais no Japão, raramente parando para notar que, em relação às artes altamente desenvolvidas e refinadas do Oriente, a maioria de nós, no Ocidente, ainda vive na Idade Média e nada faz para promover um renascimento.

2. ETIEMBLE, "À quand notre Meiji?", *Le Monde*, 4 jul. 1964.

Faubion Bowers, que fez por certo a sua parte nos três ou quatro livros que consagrou ao Oriente e em particular ao teatro oriental, consigna o que chama "o gênio cosmopolita do Japão" e constata que "o Japão tem um dos mais elevados padrões de teatro moderno do mundo de hoje". Se é assim, é porque o país do Sol Nascente, não apenas continuou a desenvolver suas melhores formas tradicionais de teatro, como voltou-se para o Ocidente a fim de buscar revigorantes tradições novas. Não remanesceu isolada do ponto de vista artístico, nem geograficamente exclusivo. Ninguém poderia pretender que as encenações de peças ocidentais, ou de estilo ocidental, representadas, no Japão, ao fim do século XIX ou início do século XX, fossem modelos da arte dramática ocidental. Mas os artistas nipônicos tiveram de despender muitos anos de aprendizado até sentirem-se em casa com o que eram em essência formas teatrais estrangeiras. Hoje, os japoneses ficam à vontade com o teatro ocidental; pode-se assistir, em Tóquio, a notáveis representações de Shakespeare, Rostand, Anouilh ou O'Neill. Se, como insiste Faubion Bowers[3], não é possível levar a sério como arte ou apreciar em um sentido estético mais amplo os desempenhos de atores ocidentais no domínio das formas tradicionais do Oriente, não é porque o teatro dramático é algo que permanece hoje em dia e permanecerá para sempre exclusivo do ponto de vista geográfico, mas porque somos ainda criancinhas a aprender a andar nos estilos complexíssimos do teatro do Oriente. Se se considera que são mais estilizados, mais "totais" em seu uso do ator, os teatros orientais exigem um adestramento mais longo, mais estrito, mais completo do que os estilos ocidentais de teatro, os quais parecem muitas vezes concentrar-se no treino psicológico, com exclusão de todas as outras habilidades. Entretanto, não somos incapazes de dominar um estilo que se nos afigura *agora* estranho. Cabe pensar que, depois de dedicarmos tanto tempo e mostrarmos tanto interesse pelo teatro deles quanto os japoneses em relação ao nosso, estaremos capacitados a montar um Kabuki ou uma ópera chinesa com a mesma perícia com que os japoneses ora encenam o *Cyrano* ou o *Hamlet*.

Mas este deve constituir apenas a metade do objetivo. Não podemos continuar representando somente Kabuki, assim como não podemos continuar representando apenas Shakespeare, Beckett ou Genet, pois o teatro está em constante desenvolvimento e mudança. Compete-nos tomar de qualquer tradição o que ela tem de melhor e que pode adaptar-se à nossa. Se os japoneses representassem unicamente Anouilh ou Rodgers ou Hammerstein, o teatro deles estaria em um beco sem saída. Esperamos que as obras clássicas do passado, e de todas as tradições, possam servir de uma espécie de fermento na criação de novos tipos de dramaturgia e teatro, a despeito de os clássicos também oferecerem interesses histórico e estético por si mesmos.

3. Em *Afro-Asian Theater Bulletin*, I, fev. 1966, pp. 11-12.

Bowers negar-nos-ia aparentemente esta fecundação cruzada e este cosmopolitismo que, paradoxalmente, ele admira no Japão:

> Está-se chegando hoje, no mundo inteiro, ao ponto [pretende ele] em que emerge este fato artístico e geográfico: deixem o Kabuki aos japoneses Shakespeare aos ingleses, Tchekhov aos russos e O'Neill aos americanos. Em áreas provinciais, onde é impossível que as pessoas vejam tais obras-primas intercambiadas entre as nações, aí sim, estudem e se esforcem, por todos os meios, para recapturar tanta autenticidade e verossimilhança geográfica quanto lhes for possível. Mas se trata de um exercício. Não de arte. Não é algo para ser levado a sério. Basta pensar no ridiculamente mau desempenho de Geraldine Page em *As Três Irmãs* para compreender-se como uma grande e competente atriz pode ser derrotada por uma viagem teatral. (Sem dúvida, Kim Stanley transpôs a fronteira de uma forma miraculosa, mas foi um caso especial, e raro.) [4].

Não há como deixar de responder que todas as grandes representações teatrais são, desgraçadamente, casos especiais e, ai de nós, todas demasiado raras. Não se faz mister uma peça exótica para pôr à mostra a fraqueza de um ator mal escolhido para o papel. Nem a geografia nem a raça são responsáveis pelo êxito; a consecução no teatro depende em grande parte da sensibilidade e da consciência de uma certa tradição e estilo, bem como da disposição de gastar o tempo e a disciplina necessários a alcançar o referido estilo.

Se medirmos as "áreas provinciais" pela disponibilidade de "obras-primas intercambiadas entre as nações", neste caso toda capital de maior relevância no mundo será uma cidade provincial, pois onde é possível encontrar, mesmo de dois em dois anos, uma companhia russa de primeira classe apresentando Tchekhov, Púchkin, Gorki, Ostrovski; um elenco inglês de primeira classe fazendo Shakespeare e Congreve; os franceses encenando Molière, Racine, Anouilh, os alemães Brecht e Kleist, os japoneses Chikamatsu e Zeami? Isto poderia ser realmente um paraíso teatral terrestre, mas não existe. Ao invés, parece de bom alvitre "esforçar-se para recapturar tanta autenticidade e verossimilhança geográfica quanto nos for possível" em montagens que podem parecer-nos às vezes meros exercícios, mas que, no devido tempo, hão de amadurecer em sua qualidade de experiências artísticas válidas, como a montagem de *O Príncipe de Homburg* do Théâtre National Populaire, com Gérard Philipe, as encenações de Brecht por Strehler, na Itália, as numerosas apresentações alemãs de Shakespeare, a Medéia interpretada por Judith Anderson e o desempenho de Laurence Olivier no papel de Édipo, para nada dizer das montagens japonesas de *Ivanov, Verão e Fumaça* e *O Cerejal*, que Bowers, no mesmo artigo, destaca a fim de elogiar especialmente.

O fato artísttico e geográfico que emerge não é, como Faubion Bowers afirma, que devemos deixar cada teatro entregue a seus nacionais, mas antes que ainda somos desesperadamente provincianos e canhestros em nossas abordagens dos teatros cujas tradi-

4. *Ibid.*, p. 12.

ções diferem das nossas. Instituições, como o IASTA e o Théâtre des Nations, em diferentes maneiras, estão dando passos para ampliar nosso entendimento de outras tradições teatrais que não as nossas e para desenvolver a habilidade do ator, permitindo-lhe trabalhar com homens de envergadura em cada uma das diversas tradições cênicas.

Examinamos os frutos de tais experimentos em capítulos anteriores. As recentes encenações de *Marat-Sade* e *Royal Hunt of the Sun* ("Caçada Real do Sol") mostram que o teatro oriental continua contribuindo direta ou indiretamente para a vitalização da cena moderna. A peça de Peter Weiss, localizada em um manicômio onde o Marquês de Sade dirige a encenação de uma peça que apresenta o assassinato de Marat por Charlotte Corday, relaciona-se de modo bastante nítido aos esforços de Artaud. O uso eficaz de trajes e maquilagem, músicos e cantores, mimos, um narrador, atores que veiculam vários níveis de realidade, gritos, guinchos, brutalidade e lirismo — tudo aponta primeiro para o teatro da crueldade artaudiano e, a seguir, para as notáveis obras ulteriores de Brecht e Genet. Os dois últimos são ambos mencionados no prefácio de Peter Brook à edição americana de *Marat-Sade* e ambos estão muito voltados para as técnicas teatrais do Oriente.

Caçada Real do Sol, de Peter Shaffer, embora menos cruel em seus efeitos visuais que tendem ao esplendor de preferência à brutalidade, ainda assim nos lembra, como Artaud pretende, que "o céu pode cair sobre nossas cabeças". A história da conquista do Peru por Pizarro e o assassinato sem sentido do rei inca é um relato de desilusão e vacuidade. Tratado por um autor com menos habilidade verbal do que Peter Shaffer ou por um diretor com menos imaginação do que Peter Brook, *Caçada Real* poderia constituir-se muito bem em outro drama histórico espetacular. Shaffer, entretanto, criou, não um retrato histórico, porém uma experiência teatral profundamente comovedora, baseada em teatro total e efeito ritual. Em suas rubricas, ele exige "ritos, mimos, máscaras e mágicas", acrescentando que a peça pertence ao diretor, cenógrafo, músico, mimo e ator quase tanto quanto ao autor. Movimento estilizado, ricas passagens musicais, costumes e maquilagem hieráticos, cenários e encenação simbólicos, emprego de "voz especial" para os incas — tudo concorre para a experiência da peça. Como na ópera chinesa, o ator deve utilizar múltiplos recursos, podendo depender da maquilagem e indumentária para ajudá-lo, mas não deve confiar no cenário, pois a peça é concebida de modo a ser montada em um palco nu, com plataformas.

Quer *Marat-Sade* quer *Caçada Real* são, como o teatro épico brechtiano, construídos episodicamente, trazendo cada episódio de maior relevo o seu próprio título. E, como as principais obras de Brecht, a plena realização de ambos os textos requer um trabalho de montagem estilizada. As duas peças, que figuram entre as de maior sucesso nas últimas temporadas de Londres e New

York, indicam que as platéias ocidentais estão prontas a apreciar o tipo do teatro total característico do Oriente, se bem escrito e bem encenado. Mas estamos apenas começando. O teatro oriental, que nos incumbe por fim estudar seriamente em nível profissional, nos oferece certo número de inestimáveis lições que podem nos ajudar em nossas produções de obras-primas orientais, mas que serão igualmente proveitosas na apresentação de obras ocidentais e no preparo do terreno para um teatro mais vital no futuro. Pois as lições do Oriente, relacionadas tanto ao espírito quanto à forma, são aplicáveis quer em nível universal quer em nível particular. Concluindo, gostaria de sumariar com precisão qual pode ser, na minha opinião, o contributo do teatro oriental para o palco do Ocidente. Tendo sempre em mente que existem exceções e matizes em quaisquer generalizações feitas sobre tão vasto território, penso que é possível englobar o espírito do teatro oriental em três adjetivos: participante, total, estilizado.

UM TEATRO PARTICIPANTE

O espectador oriental, seja na China, no Japão ou em Bali, vai ao teatro como se este fosse uma parte da vida e não um lugar à parte. Da mesma maneira como relaxa num piquenique, ficando envolvido nele de modo natural, assim participa de seu teatro, onde ele se sente em casa. Ao contrário do ocidental, que em geral é obrigado a ficar com a atenção concentrada a fim de compreender o diálogo, posto que o nível visado é quase sempre o da inteligência desperta, o espectador oriental pode desfrutar o seu teatro como desfrutaria qualquer outra atividade ou prazer. Reina uma atmosfera de alegria e convívio nos espetáculos teatrais do Leste, pois o teatro aí é um lugar de vida. O espectador raramente concede atenção indivisa ao que está acontecendo no palco. No Kabuki, ele eventualmente se levanta e sai para o salão de espera a fim de olhar os artigos expostos nas muitas lojas lá existentes, às vezes vai comer em um dos vários restaurantes instalados no edifício do teatro, ou compra sua refeição pré-acondicionada numa caixa e volta à sala para jantar enquanto assiste à representação. Mesmo quando se encontra no auditório, não permanece constantemente envolvido no espetáculo. Pode estar proseando calmamente com um vizinho, lendo o programa ou tirando uma curta pestana, até que uma cena favorita seja representada. Todas estas atividades podem ocorrer também em espetáculos ocidentais, mas são consideradas como uma espécie de heresia, ao passo que no Japão ninguém as vê com desagrado. Nos velhos tempos, a platéia do Kabuki ficava sentada em estreitos cubículos, cada qual acomodando de cinco a sete pessoas, amiúde em grupos de família que incluíam os filhos; no centro havia um *hibachi* onde se aquecia um bule de chá ou uma panela de comida.

A ópera chinesa era antigamente apresentada em casas de chá onde a platéia bebia e comia enquanto assistia ao espetáculo, ou conversava e descansava até que eram representadas partes favoritas do programa. Em Bali, onde o teatro se faz em qualquer parte, as atividades da vida quotidiana prosseguem em torno da área em que está se realizando o drama-dança, permanecendo atores e público tão imperturbados com os cães que porventura cruzem o espaço cênico quanto os chineses ou japoneses com os auxiliares de palco, que se apressam através do tablado para ajudar os comediantes ou para colocar acessórios em pontos estratégicos.

Uma atmosfera tão descontraída torna possível um espetáculo muito comprido. No teatro ocidental, sessões de duas horas e meia podem ser muito cansativas. A maioria acaba por volta das onze, e cerca de onze e meia todo o mundo está pronto a ir para casa. O prolongado esforço de concentração, no qual a pessoa fica sentada em sua cadeira, *prestando atenção* durante duas horas e meia, deixa o espectador mais entorpecido do que comovido, mais fatigado do que elucidado, mais perturbado do que contente. As peças extremamente longas de Genet e Claudel têm como pressupostos, creio eu, uma atitude similar ao da platéia oriental. Não se espera que o espectador apreenda, nem sequer tente dominar intelectualmente cada momento da peça. Nas passagens existentes simplesmente por seus valores sensíveis, ele deve relaxar, deixar-se (como Giraudoux sugeriu) banhar pelo estilo do autor. Uma tal abordagem da ida ao teatro possibilita a maratona de encenações nos espetáculos orientais: a ópera chinesa (antes que fosse sentida a influência ocidental) durava muitas horas; o Kabuki começava antes do sol nascer e prosseguia até o anoitecer, e ainda hoje pode-se assisti-lo desde o fim da manhã até alta noite sem ficar prostrado de fadiga ou tédio. Em Bali, representações que duram a noite inteira são freqüentes e quem quiser pode dormir ou acordar quantas vezes lhe aprouver durante o curso do espetáculo.

É óbvio que estas representações tão compridas são comuns não apenas por causa do tipo de drama apresentado nesses países ou simplesmente por causa da atitude descontraída da platéia, que considera o teatro um lugar para *viver* e não para *sentar*. De igual importância é o fato de que a gente oriental não perdeu sua capacidade de brincar no teatro; não perdeu sua sensação de alegria no espetáculo teatral. Os países asiáticos não são devotados, como nós, a um ideal de racionalismo; não permitiram que suas faculdades racionais lhes destruíssem a capacidade de pensar, sentir e viver com outras partes, não menos relevantes, de seu modo de ser. Huizinga, em seu estudo sobre o jogo na cultura, *Homo Ludens*[5], considera que o jogo começou a desaparecer da cultura ocidental em algum momento do século XVIII, a era do racionalismo científico. Por volta do fim do século XIX parecia morto para sempre. No teatro, certamente, os naturalistas e seus discí-

5. JOHAN HUIZINGA, *Homo Ludens*, Boston, Beacon Press, 1955. [Trad. bras. *Homo Ludens*, 2. ed., São Paulo, Perspectiva, 1980, Estudos 4.]

pulos menos talentosos (que ainda dominam o assim chamado teatro sério de hoje) nos ensinaram a importância de ser sério e desde então mal temos podido sorrir no teatro sério. Se o fazemos, é com o afetuoso sorriso sentimental que reconhece a nós mesmos no homenzinho em cena. Com respeitosa concentração e testa franzida, ponderamos as questões da hora, à medida que elas nos são propostas pelos dramaturgos-psicólogos-políticos-sociólogos-filósofos e julgamos frívola e rasa toda peça que não nos dá *alimento para o pensar*. Não se trata de alimento para a alma ou o espírito, nem para uma visão gigantesca, mas para o moinho intelectual onde tudo é reduzido a aforismos, regras, leis, que matam a experiência teatral tão seguramente quanto o mito edipiano é morto quando se reduz a "não durma com sua mãe".

Nós perdemos o nosso senso de alegria; o peso de nossa seriedade e de nosso compromisso com o intelecto nos sobrecarrega. No entanto, o senso de alegria é fundamental não somente para o jogo, mas também para aquelas extensões do jogo, como o ritual e o drama. Comprazemo-nos em jogar, em parte pelo menos, porque sabemos estar jogando e outrossim porque gostamos da sensação de criar dentro de uma área restrita um mundo ideal, que se conforma a certas leis ou regras, e depois entrar neste mundo criado, artificial, como se fosse real. Nisso estamos conscientes e inconscientes ao mesmo tempo, e esta dupla experiência é essencial para a sensação de profunda alegria que brota das vivências teatrais. Quando a razão hipertrofiada convence o artista de que ele precisa, ao invés, fazer-nos acreditar que estamos realmente testemunhando vida atrás de uma invisível quarta parede, então a experiência no teatro assume toda a seriedade de uma vivência, denegando-nos o sentido de libertação e perfeição (e a perfeição é possível no pessimismo) que sentimos em presença de uma arte mais autoconsciente. Então, em vez de alcançarmos uma dupla consciência, perdemos a nós mesmos de vista enquanto observamos mais objetivamente o que ocorre, por trás da invisível quarta parede, dentro dos limites de um quadro que constantemente nos rejeita e nos nega acesso ao mundo artístico no palco. Nós não podemos "jogar com" o drama e os atores, porque, é óbvio, não formamos parte da área de jogo. Semelhante rejeição divide o teatro em dois mundos distintos, onde os mistérios da metamorfose e da identificação só podem tornar-se significativos para o espectador de um modo intelectualizado.

A elevação, exaltação e iluminação nascidas de uma experiência significativa e profunda, quer na vida, quer no ritual ou no teatro, expressam-se muito bem, se não pelo riso, ao menos por um sorriso de profunda felicidade e contentamento com a perfeição que, digamos, uma obra de arte reflete algum aspecto da vida, certo fragmento de verdade. Todavia, quão freqüentemente ficamos sentados no teatro durante a representação de uma peça das mais reveladoras, observando um público sóbrio, que deixa de responder e não encontra nenhum *prazer* nas facetas do espetáculo que falam à nossa sensibilidade histriônica. Esperando talvez ser convencida, a assistência não está preparada a responder em nível não-intelectualizado. Muitas peças e montagens não lhe fornecem oportunidade de uma tal resposta, mesmo que os espectadores estivessem preparados. Em conseqüência, quando assistem a uma representação que permite o jogo lúdico, não sabem como entrar nele. As obras de Beckett constituem um caso típico. Como muitos autores do "teatro do absurdo", Beckett proporciona um bocado de jogo e espera que sua platéia experimente seus dramas em vários níveis. Há perspectivas cômicas e sensíveis em uma peça como *Fim de Jogo* para as quais a maior parte da maioria das audiências é insensível. Incapaz, ou não disposto, a deliciar-se com as brincadeiras grotescas jogadas pela vida, e com a perfeição de suas transposições teatrais, o espectador sente-se apenas confundido com a cruel visão que ele vê ali encarnada e desconcertado com o que considera pura tolice, uma vez que não está acostumado a um modo metafórico no teatro e portanto rejeita pura e simplesmente as latas de lixo como possível local de alojamento.

É difícil compreender como alguém afinado com a dupla consciência do teatro pode deixar de sorrir diante da heroicidade barroca das personagens de Corneille — não porque sejam absurdas, mas por serem tão perfeitas — ou com as profundas revelações de caráter em Racine e Shakespeare, momentos em que realidade e arte se encontram na imagem teatralizada, consumada, metáfora do mundo interior do homem. Esta sensação de alegria que está refletida e nasce em um sentimento de participação, expressou-se no teatro elisabetano por uma platéia algo turbulenta que tinha aquilo que Thorndike descreve como uma "atitude que surpreendemos com a maior freqüência em crianças a ouvir estórias — uma mistura de impaciência e receptividade, uma disposição de deixar a imaginação à solta e uma ansiedade em vê-la esporeada"[6]. Aparentemente, a única via para entrar nessa "mais próxima aproximação de um paraíso terrestre" que teatro pode ser, é tornar-se de novo uma criança pequena.

As platéias orientais conseguiram manter esta atitude face ao seu teatro, em parte, como sugeri antes, porque a cultura destes povos não se acha tão centrada na razão como a nossa, e, em parte porque a forma apresentacional do drama e a própria estrutura do teatro contribuem para semelhante atitude. O público do Kabuki ainda hoje exprime seu prazer pelo desempenho do ator, berrando seu nome ou algum grito adequado quando ele entra ou quando assume uma pose ou profere um verso de maneira particularmente agradável. Tais gritos eletrizantes ajudam a atrair espectadores e atores para o mesmo campo. Uma reação similar era aparentemente muito comum na época do apogeu do teatro

6. ASHLEY H. THORNDIKE, *Shakespeare's Theater*, New York, Macmillan, 1960, p. 420.

Nô, pois Zeami a menciona em seus tratados. Hoje em dia a atmosfera aquietada do teattro Nô encontra-se séculos de distância de seu primitivo vigor e animação. O Nô, como a dança do Cambodja e da Tailândia, perdeu muito de sua vitalidade quando foi adotado pelas cortes e refinado por centúrias de contato com ambientes aristocráticos. Basta a gente ir, da Tailândia e do Cambodja a Bali, para ver que extraordinário sentido de força e vida é infundido à dança e ao drama pelo contato direto com o povo, pois em Bali tais formas constituem parte integral da experiência diária e não são postas à parte para um grupo particular. O teatro mais vigoroso de tempos passados foi sempre um teatro para muita gente, seja na Grécia, no Japão, Inglaterra, China, França, Índia, Espanha, ou Bali.

Também foi um teatro em que a assistência não era rejeitada, porém integrada pelo espaço cênico, em geral por três e às vezes até quatro lados. Os palcos do Kabuki, Nô e ópera chinesa, surpreendentemente similares à ressaltada plataforma elisabetana, encorajavam um estilo apresentacional. Só em anos recentes, sob a influência do Ocidente, o Kabuki e a ópera chinesa começaram a usar um tipo de palco com proscênio; ao mesmo tempo conservaram apêndices tão essenciais quanto o *hanamichi* ou a orquestra em cena, e continuaram, talvez de maneira paradoxal, a atuar de forma apresentacional dentro da moldura de quadro, cancelando destarte, ao menos em parte, os maus efeitos de uma estrutura tão destrutiva para a dupla consciência que é uma parte do teatro vital.

UM TEATRO TOTAL

Se o teatro oriental estimula a participação, ele o faz em vários níveis; é, portanto, um teatro total em mais de um sentido. Entre um certo número de maneiras de interpretar o teatro total, a mais difundida é como que uma experiência integradora de todos os recursos oferecidos pelo teatro. Mas o teatro oriental, e qualquer teatro total que se respeita a si mesmo, deve ser total de dois outros modos, igualmente: deve apelar a muitos níveis dentro de cada espectador e a todos os níveis dentro de uma dada sociedade. Ao contrário do "théâtre populaire" dos franceses, destinado a atrair o operário e que muitas vezes tira vantagem de suas inclinações políticas a fim de ganhar sua atenção e suporte, um teatro total não deve ser dirigido a um segmento único de uma sociedade. Precisa ser um verdadeiro teatro do povo, abrangendo o iletrado, de uma parte, o intelectual, de outra, e incluindo os grupos situados entre estes extremos. As formas do teatro oriental aqui estudadas representam precisamente este tipo de apelo completo. O Nô, em seus começos, antes de ser subvertido em instrumento de prazer exclusivo da aristocracia, era uma forma tão popular quanto o Kabuki. Este último, destinado às classes mercantis, e assiduamente restrito à referida camada pelo xogunato, foi não obstante um entretenimento popular, para os samurais e a nobreza também. Muitas estórias contam casos entre intérpretes e membros das classes superiores, que freqüentemente vinham ao teatro disfarçados.

Em Bali, onde a experiência de teatro é parte tão integral da experiência cotidiana, não se pode cogitar de um teatro para grupos seletos. Na China, também, a ópera pertence a todo o mundo: a Imperatriz-Mãe era uma protetora do teatro de Pequim, cuja música era familiar a ministros, eruditos e mercadores, sendo igualmente cantada pelo mais humilde cule. Aparentemente a admiração dedicada à ópera chinesa é tão geral que os comunistas descobriram ser impossível erradicá-la e tiveram de satisfazer-se com a depuração das estórias "supersticiosas", medievais, substituídas por outras, novas, em harmonia com a linha do Partido, mas adaptando-as às mesmas velhas técnicas e música tradicionais.

Uma das razões pelas quais o teatro oriental exerce fascínio sobre muitas camadas da sociedade é que ele fala a muitas camadas do ser humano. Visto que o discurso lógico nunca dominou as forças tradicionais do teatro oriental, a representação pode endereçar-se às variadas sensibilidades dos membros de uma platéia. Uma assistência asiática em um teatro tradicional apresenta-se mais unificada do que a assistência média, ainda que o público japonês de hoje se assemelhe ao público europeu na diversidade e fragmentação. Um espetáculo Kabuki, entretanto, ainda é capaz de exercer apelo, pois, através de seus múltiplos recursos, efetua uma contribuição significativa para os quatro apetites primários: emocional, físico, espiritual e intelectual. A tensão difere de peça para peça, mas todas contêm elementos dirigidos a cada uma destas quatro necessidades. O apelo emocional — lembrando que emoção significa riso, medo, admiração e assim por diante, bem como pesar — é parte essencial de qualquer espetáculo Kabuki; é grande e gigantesco na peça *aragoto*, patético e humano na *sewamono*. As cores, posturas, danças, acompanhamentos musicais e pratos de comida ingeridos no teatro, todos eles satisfazem os sentidos e são responsáveis, sem dúvida, pela definição do Kabuki, que indicamos anteriormente, como "uma missa de apetites carnais".

Se espírito significa para nós aquilo que jaz abaixo da superfície do consciente e intui uma unidade que os fragmentados sentidos e a própria razão parecem negar, então o Kabuki fala uma linguagem do espírito, dirigindo-se-lhe através daqueles próprios sentidos cujas *correspondences* Baudelaire julgou apontadas para o mundo do espírito. Em uma linguagem que desafia a transcrição e, como a peça Barong, em Bali, sugere o terrificante encontro entre o imanente e o transcendente, a *Donzela de Dojoji*, *A Aranha Monstruosa* e outras peças similares indicam o caminho para um mundo situado além da compreensão lógica. Mas não evitam o nosso próprio universo rotineiro, pois o Kabuki dedica-se, em grande parte, a retratar a vida do homem, seja ele mercador, ladrão ou cavalheiresco plebeu desafrontando os agravos perpetrados pelos samurais contra o homem humilde. Quase todas as peças de Chikamatsu representadas hoje, de um modo nada diferente da dramaturgia ocidental, tratam das perplexidades de comerciantes, prostitutas, banqueiros, estalajadeiros, tropeiros ao arrostarem os problemas da vida diária, coloridos por atividades tão humanas e reais quanto beber saquê, fumar cachimbo e contar dinheiro. Neste contexto, também surge a necessidade de adotar decisões abaladoras, que às vezes implicam crítica à sociedade e revelam as elaborações da mente humana, as fraquezas da natureza humana. Mesmo as peças de caráter mais elevado tampouco dispensam tais elementos, que constituem o fundo inteiro, quase, do teatro sério no Ocidente. É desnecessário dizer que, em tais obras, o aparente realismo é refinado pelo desempenho estilizado; o intérprete pode fazer do ato de ingerir álcool um momento poético de profundeza e significação sem paralelos no drama ocidental da sala de visita. É como se Marcel Marceau, tendo um talento para interpretar diálogos que pareasse o seu talento para interpretar movimentos e acompanhado por um elenco todo de artistas como ele ou quase, fosse representar uma obra até relativamente insignificante — digamos, o primeiro ato de *The Cocktail Party*. Pode-se imaginar que efeitos deslumbrantes adviriam. Quão mais impressivo seria se uma companhia assim fosse representar as obras-primas do Ocidente. Deparar-nos-íamos, também aqui, possivelmente, com um teatro total.

Chegaríamos, ao menos, mais perto de uma compreensão do teatro total, nos termos em que comumente é concebido. Auxiliado pela indumentária, maquilagem, música, cenário e luzes, o ator-dançarino poderia criar uma síntese das artes teatrais. Um novo teatro total no Ocidente não seria como a comédia musical, cujos elementos separados são grudados uns aos outros, mas nunca fundidos, ou como o balé e a ópera onde um elemento ganha preponderância sobre os outros, mas seria como uma encenação completamente integrada, em que todas as facetas da arte do ator fossem mobilizadas a fim de criar um emocionante, belo e significativo espetáculo que falaria a cada aspecto dos homens de todas as classes. Na inclusão de todos os elementos do teatro, mesmo aqueles que consideramos periféricos, o teatro oriental é fiel à sua origem, pois a dança, a música, acrobacias, canções e a estória são típicos tanto de seus primórdios dramáticos profanos quanto sagrados.

Debussy, como Artaud quarenta anos mais tarde, foi sensível à expressividade dos aspectos não literários do teatro. Falando dos atores javaneses que o haviam impressionado tanto na Exposição Internacional de 1889 e iriam marcar seu estilo musical, ressalta a variedade de efeitos disponíveis através da pantomima e dança:

A sedução da linguagem sem palavras — pantomima — é irresistível porque a ação e não a fórmula é o meio de expressão. A desgraça de nosso teatro é que o limitamos aos elementos mais obviamente inteligíveis. O outro modo de expressão seria tão belo que nada mais nos satisfaria [7].

O equilíbrio alcançado por um teatro que corra com todos os cilindros, integrando cada faceta da encenação, não permitindo que nenhum elemento fuja com o espetáculo, sugere que talvez seja na realidade impossível *escrever* uma peça. O que está escrito apresenta-se como um cenário, uma partitura, um roteiro, e a partir daí — como Gabriel Cousin sugere, seguindo a orientação de Artaud e sem dúvida de milhares de atores e escritores do Oriente — a peça é criada no teatro. À parte desta criação, ela não tem de ser verdadeira, nem pode ser julgada.

Algumas das mais famosas peças do Kabuki ilustram o ponto de vista: a maioria das afamadas *Juhachiban*, ou *Dezoito Peças* da família Ichikawa, algumas das quais ainda formam a espinha dorsal do repertório *aragoto*, nada mais são exceto veículos para o virtuosismo do comediante. Não ocorreria a um japonês julgar *Yanone* ou *Kenuki* como textos, posto que o interesse de tais peças é de maneira muito nítida, não textual, porém teatral. Uma certa representação pode ser julgada, mas não o próprio texto. Cumpre acrescentar que nem todas as peças do repertório Kabuki são destituídas de valor literário, mas lê-las é, em certo sentido, trair as intenções do autor que as visualizou no teatro. Ao final de contas, não é justo julgar uma pintura de Rembrandt a partir de uma fotografia, mesmo se ela *é* em cor. Assim sendo, quão mais injusto é ajuizar a obra-prima com base em uma foto em branco e preto, um mero esqueleto, que nos nega o apelo sensível, o conteúdo profundo e emocional proporcionados pela cor. A arte, e seguramente a arte do teatro, é um fenômeno físico que deve produzir uma sensação física em aditamento às costumeiras reações intelectuais ou emocionais que aparentemente consideramos normais. Esta harmonia de impressões não pode ser conseguida somente por palavras, mas tem que brotar de uma combinação de palavras e valores rítmicos, plásticos.

O teatro ocidental já reconheceu esta verdade teatral e realizou neste sentido algumas experiências notáveis. As obras de Genet, Weiss e Shaffer, quando lidas, podem parecer intrigantes, convencionais, caóticas ou simplesmente insípidas. Entretanto, ao alcançarem sua existência real no palco da encenação, *Os Negros*, *Marat-Sade* e *Caçada Real do Sol* passam a viver de fato, revelando aspectos que não aparecem na leitura; através da cor, símbolo visual, coreografia, música, timbre vocal, movimento e todas as sutilezas da execução cênica, tornam-se profundamente instigadoras e significativas, sendo inclusive capazes de levar a cabo em nós aquela mudança essencial que Artaud considerava indispen-

---

7. Citado por LÉON VALLAS, *The Theories of Claude Debussy*, trad. Maire O'Brien, Londres, Oxford University Press, 1929, p. 173.

sável para a experiência teatral. A despeito do sucesso destas peças, o Ocidente continua representando como se o texto fosse o elemento supremo e a cor ou o movimento, fatores nitidamente subsidiários. É bem possível que o texto seja o esqueleto do qual depende o resto da representação, mas até um esqueleto deformado pode ministrar resultados fascinantes e tocantes — talvez mais teatrais do que um esqueleto bem moldado. Zeami ensinou que a ossatura, embora essencial, não basta, que músculos e pele também importam. Temos muito a aprender do Oriente no que tange à igualdade nos valores teatrais.

As flores perfeitas no *Juhachiban,* exibindo tal equilíbrio, combinam os elementos espetaculares e o estilo do *aragoto* com um elemento humano profundamente instigador, e contêm — ao menos para nós, hoje em dia — um comentário social implícito. É o caso de *Sukeroku* e em particular *Kanjincho,* possivelmente a peça Kabuki mais conhecida no Ocidente. *Kanjincho,* em geral chamado *A Lista de Subscrição,* se tornou familiar ao nosso público, graças ao filme de Kurosawa, *A Cauda do Tigre,* baseado no texto do *Kanjincho.* A película, conquanto preserva certos elementos do original, é uma adaptação destinada ao meio popular, não constituindo, de maneira nenhuma, um espetáculo de Kabuki, pois lhe falta quer o senso de realidade transposta, quer o estilo elevado. A assim chamada influência do Kabuki nas fitas japonesas, invocada tão amiúde por comentadores ocidentais, não deriva costumeiramente do Kabuki, mas de tradições comuns do passado japonês: o comportamento samurai heróico, a atitude cerimoniosa para com a vida. O Kabuki os estilizou, baseando movimentos e caracterizações na dança, ao passo que os filmes tendem a tratá-los de maneira realista. Considerando o realismo de nosso teatro e cinema e nosso incerimonioso modo de portar-se, não é de surpreender que vejamos as películas nipônicas como "estilizadas", mas para a média dos japoneses inexiste estilização em tais fitas de cinema.

UM TEATRO ESTILIZADO

Esta estilização precisamente é que caracteriza as formas tradicionais do teatro oriental; as formas importadas do Ocidente são mais realistas e representacionais. Estilizar não significa divorciar-se da realidade, porém simplesmente se lhe aproximar através de uma perspectiva diferente, escolhendo o que é mais relevante, significativo, agradável ou dramaticamente eficaz. De uma ponta a outra do Oriente, vê-se um vasto espectro de estilizações, desde as representações sutilmente coreografadas de reconhecíveis atividades cotidianas no *sewamono* do Kabuki, através dos gestos simbólicos da ópera chinesa, até os movimentos altamente abstratos e rarefeitos do Nô ou de certas danças balinesas. Há um ponto em que a realidade se perde e a estilização se faz pura dança. Esta

Em cima: Nakamura Senjaku, tal como é na vida real e tal como aparece em cena, transformado na bela Shizuka, em *Yoshitsune Sembonzakura*. (*Fotos:* Shochiku.) *Embaixo:* O grande *onnagata* Nakamura Utaemon no papel da cortesã Agemaki em *Sukeroku*, uma das melhores das *Dezoito Peças Favoritas* da família Ichikawa. A cortesã de alta categoria, ou *oiran*, é caracterizada de maneira resplendente e monstruosa, com um imenso penteado todo enfeitado de enormes alfinetes, as vestimentas pesadas, esplendidamente bordadas, e os socos laqueados de preto, de oito a dez polegadas de altura. (*Foto:* Shochiku.)

zona é tão perigosa para o teatro dramático, que medra no terreno da realidade, quanto o é seu oposto, aparente nos *happenings,* indisciplinado, sem propósito, que não fornece visão de realidade porque não existe qualquer visão formadora por trás dele. O teatro dramático situa-se no imenso território que se estende entre os dois extremos, atado à realidade e à arte, equilibrando-se dinamicamente entre os dois, sem cair no extremo do puro movimento, que pode ser grande arte mas não é drama, pois não está vinculado à vida, nem no outro extremo da pura probabilidade, que pode ser a própria vida mas não é arte, uma vez que não é algo intencional nem controlado.

O artista é um homem constrangido e no entanto livre; é possível definir nossas várias espécies de arte segundo o grau dominante de liberdade ou coerção. No Ocidente, nos últimos anos, temos sublinhado a liberdade mais do que a coerção, enquanto o Oriente tem tradicionalmente preferido a coerção. Paradoxalmente, entretanto, o ator oriental goza, em certo sentido, de mais liberdade do que nós: ele pode expressar-se em *maior número de maneiras* e dentro de uma esfera mais larga. Nós, de nossa parte, somos em grande medida estorvados por uma convenção que não percebemos como tal simplesmente porque *é* a convenção de nosso teatro e, portanto, universalmente aceita: o realismo. O ator, em seu comportamento, deve conformar-se mais ou menos ao modo de portar-se das pessoas reais nas situações reais de vida. Não nos é dado a liberdade de exprimir nosso mundo interior, nossos medos e obsessões, em termos de alguma forma maiores do que na vida. A peça, *Quem Tem Medo de Virginia Woolf?* pode ser violenta, até desumana, mas a violência e a desumanidade são representadas de uma maneira reconhecível, crível, com gestos, vozes e expressões faciais passíveis de uso na vida cotidiana, tal como a vivemos. O ator oriental, diante de uma peça assim, pode sentir-se livre, dentro das tradições da ópera chinesa, Kabuki e da peça-dança balinesa, a desenvolver estados de ânimo, emoções e personagens em uma dúzia de formas diferentes, vedadas a nós. Ele possui mais uma liberdade que nos é negada: a liberdade do artista perfeitamente disciplinado que trabalha no âmbito de tradições claramente definidas e que, dentro destes limites, pode desenvolver sua individualidade. Um conhecedor das formas orientais de teatro será capaz de distinguir marcantes diferenças nos papéis, à medida que são desempenhados por diferentes artistas. Os intérpretes estão longe de ser intercambiáveis.

O ator total, estilizado, é um ator disciplinado. Aprendeu a utilizar a voz, o corpo, o rosto, de um modo especial, e a manipular de maneira peculiar objetos de significação. É um virtuose, no sentido de que o é Marcel Marceau, o que não nega suas cálidas e psicológicas captações, nem a habilidade de comunicar emoções. Ele trata de sentimentos humanos, mas os transpõem, pois não é psicólogo e sim artista. É também um sacerdote em sua dedicação à sua arte; muitos anos de estudo são necessários para formar um ator. Não é qualquer pessoa que pode, na Ásia, entrar num palco e, destarte, *ser* um ator. Os métodos de adestramento são no Leste tão diversos quanto o são aqui. O aprendizado da ópera chinesa começa quando os alunos ainda são crianças pequenas e eles recebem um treinamento disciplinado em escolas onde as regras são transmitidas e os atores adultos são objeto de emulação. Em Bali o mestre pode ser um dançarino que deixou de dançar, mas que se movimenta com o jovem discípulo quando ele ou ela se exercitam, manipulando os braços do aluno como se ele ou ela fossem bonecos.

O aprendizado do Kabuki, tão similar e no entanto tão diferente, pode servir de símbolo, *mutatis mutandis*, dos métodos orientais. Como tal, gostaria de discuti-lo com um pouco mais de pormenor. O ator Kabuki deve ser um artista dedicado, disposto a renunciar aos prazeres de outros mortais, pela satisfação e glória que há de derivar do teatro. Durante vinte e cinco dias, a cada mês, precisa permanecer no teatro das dez da manhã até depois das dez da noite. E quando não está representando, consagra-se a estudos (pois os intérpretes mais eminentes do Kabuki têm sido altamente proficientes em caligrafia, pintura e poesia), ensaios e ao adestramento de discípulos. Ao contrário do comediante ocidental, que em geral desfruta de larga margem de liberdade, o ator Kabuki é obrigado a fazer de sua profissão todo um modo de vida. Seu treinamento e disciplina (*grosso modo* comparável aos do dançarino ocidental de balé) começam muito cedo na vida. Aos três ou quatro anos, já é levado a passar boa parte de seu dia no teatro, observando os espetáculos, estudando dança japonesa clássica e até desempenhando alguns dos muitos papéis infantis no repertório Kabuki.

O adestramento do ator Kabuki é o que John D. Mitchel chama "não verbal e não dirigido"[8]. Quer dizer, o jovem aprendiz fica simplesmente observando durante horas a fio, é constantemente exposto ao que há de melhor na interpretação Kabuki, mas nunca recebe aquele tipo de instrução explícita ou explanação que esperamos receber no Ocidente. Esta é a maneira de ensinar em todas as artes do Japão; os japoneses acham que a arte não se transfere por meio de regras e preceitos, mas de um relacionamento pessoal entre mestre e discípulo. Miyoko Watanabe, que estudou Kabuki durante oito anos no Kabuki-za e agora ensina Kabuki em New York, lembra-se de ter assistido a um ensaio onde um jovem ator Kabuki não parecia estar desempenhando-se tão bem quanto poderia. O mestre, no entanto, nada fez para corrigi-lo e quando a Srta. Watanabe o questionou a respeito de seu silêncio, ele respondeu: "O jovem que está crescendo para tornar-se um intérprete do Kabuki tem de descobrir o seu próprio caminho para o papel; dados tempo e oportunidade de observação

---

8. JOHN D. MITCHELL, "The Actor's. 'Method' ", *Players Magazine*, XXXVIII, abr. 1962, p. 217.

o jovem ator há de corrigir erros ou deficiências. Somos sinceros em nosso desejo de não forçar ou tentar influenciar ou de não interferir na expressão individual do ator em desenvolvimento"[9].

Este reparo é de algum interesse para os alunos de teatro no Oeste, visto que tendemos a achar que qualquer atuação estilizada e, sem dúvida, as espécies altamente disciplinadas de representação que encontramos no teatro oriental, reprimem a individualidade e obrigam à imitação de um padrão puramente externo. Julgamos talvez que as formas altamente disciplinadas de representar carecem de individualidade porque nós, no Ocidente, intentamos dominar a arte do desempenho em alguns poucos anos; adquirir um estilo requer rejeitar a emoção pessoal em favor de um seguimento quase servil de um modelo. No Japão, onde o ator estuda trinta anos ou mais antes que se torne possível considerá-lo um intérprete consumado, tem cabimento certa indiferença. Como o próprio Kabuki, que mescla realismo e estilização, o tratamento dado ao desempenho mistura a disciplina de uma técnica das mais especializadas e um adestramento em dança com a liberdade do processo de osmose.

Como os atores Kabuki são o que poderíamos chamar, paradoxalmente, de atores naturais, raramente se acham em condições de verbalizar o seu modo de abordar a representação, o treinamento e a preparação de um papel. Zoe Kincaid, em 1925, notou que eles são "inteiramente inconscientes das leis que governam sua arte"[10]. Pode-se talvez dizer o mesmo de alguns atores ocidentais, mas o fato está longe de constituir regra geral, sobretudo entre aqueles que passaram trinta ou quarenta anos no teatro. Na realidade, nossos comediantes são propensos a verbalizar em larga medida.

A "profundeza de emoção comunicável por meio de estilização", que Faubion Bowers relata como algo que pasmou os atores americanos quando o Kabuki-za excursionou por aqui, em 1960, causou muitas indagações no tocante ao preparo. Os comentários de Bowers merecem citação por extenso:

> Eles [atores americanos] queriam saber como e por que meios ou truques os astros do Kabuki entravam em seus papéis antes de ir para o palco e executavam suas partes de forma tão imediata e persistente do começo ao fim. As respostas, embora precisas quanto ao Kabuki, eram quase consternadoras. Shoroku, quando perguntado pela primeira vez, respondeu: "Meu mundo é meu mundo; o palco é o palco. Eu subo ao palco e estou *neste* mundo" ... Utaemon replicou: "Quando você vai ao teatro cedo, você começa fazendo sua maquilagem vagarosa e calmamente, e, na hora em que você está pronto, então você está olhando a personagem no espelho. Você está preparado"[11].

9. *Idem*. p. 216.
10. ZOE KINCAID, *Kabuki: The Popular Stage of Japan*, Londres, Macmillan, 1925, p. 35.
11. *Nation*, 9 jul. 1960, p. 40.

Adiante Bowers conta que Shoroku, um dos extraordinários intépretes do teatro de nossos dias, lhe declarou derivar seu desempenho do centro de sua convicção e ressaltou seu esforço de ser um verdadeiro ator o tempo todo.

O ator do Kabuki, como o do Nô (e como Olivier), constrói a sua personagem por fora. Antes de entrar no fundo do *hanamichi,* fica sentado diante de um espelho. Como Utaemon sugere, um processo similar verifica-se no camarim, enquanto o comediante se torna lentamente a personagem que ele configura. Pode-se salientar também que, ao contrário do ator ocidental, o artista Kabuki não representa um só papel por dia. Ele pode desempenhar de seis a oito partes, ou até mais, numa jornada de trabalho, dado que a matinê, de cinco horas, é composta de quatro peças e a *soirée,* também de cinco horas, de outras quatro. Em certas épocas o mesmo ator desempenha dois papéis no mesmo drama.

Embora seja talvez perigoso extrair conclusões desta breve exposição, as diferenças entre o modo Kabuki de formar o comediante e seus resultados, de um lado, e a forma representacional de adestrá-lo no Ocidente e seus resultados, de outro, sugerem que o mundo ocidental tem vendido a estilização (representação não-realista) muito abaixo de seu preço. Em primeiro lugar, ela não é necessariamente rasa, superficial, exclusivamente exterior e desvinculada de uma realidade vital. Segundo, a interpretação não-realista não precisa ser necessariamente fria e destituída de emoção; seu apelo não se dirige exclusivamente à sensibilidade estética da platéia, pois pode ser tanto mais tocante quanto mais orientadas psicologicamente forem as atuações. Nossa capacidade de responder ou não a um espetáculo estilizado depende de nosso preparo e de nossa própria sensibilidade. Condenar Gielgud, por exemplo, como Charles Marowitz o faz em seu estudo, *Stanislavski e o Método,* como "o triunfo supremo da artificialidade; o triunfo do Consciente sobre o Inconsciente; o Irreal sobre o Real; o Periférico sobre o Essencial"[12], é por certo perder de vista o fato de que o teatro *é* uma arte, *é* irreal e que o ator deve atuar conscientemente. Só um louco poderia acreditar o contrário.

O ponto de vista representado por Marowitz e aquele que se consubstancia no teatro oriental são irreconciliáveis. A fusão de uma imagem cindida (ator e papel) em uma única imagem dá origem ao teatro "satisfatório e compulsório" para Marowitz, ao passo que o teatro oriental é predicado com base na dualidade da experiência teatral, quer para intérpretes quer para espectadores, pois o Oriente encara o teatro como arte e não como vida. A diferença encontra aguda síntese num incidente relatado por Marowitz. Certa vez, enquanto aguardava numa fila de cinema, deu-se conta de uma moça parada no lado oposto da rua, aparentemente

---

12. CHARLES MAROWITZ, *Stanislavski and the Method,* New York, Citadel Press, 1964, p. 79.

esperando pelo namorado. Quando a moça percebeu que ele e outras pessoas da fila a observavam, começou a exteriorizar a espera, olhando para o relógio e fitando a distância, enquanto "seu rosto se desfigurava com um olhar de intensa expectativa"[13]. Para Marowitz, ela se tornou então uma atriz e, como tal, inconvincente, ao passo que antes, quando se comportava de maneira natural, inconsciente de sua platéia, era simples imagem, pura subjetividade sem consciência de estar criando uma impressão. Ele considera a jovem "matando confortavelmente o tempo e aguardando a chegada [de seu namorado]", superior, falando em termos teatrais, à mulher cujo semblante e gesto sublinhavam as emoções em proveito de uma assistência. A primeira é seguramente superior como imagem fotográfica da vida, mas, a meu ver, cumpre julgar a segunda transposição melhor para o teatro. A primeira é Mme. Ranevsky sentada imóvel no sofá de suas salas vazias e lamentando a necessidade de vender o cerejal, derramando lágrimas reais, talvez, e sem dúvida sofrendo intensamente no íntimo, seja este sentimento partilhado pelo espectador ou não. A segunda é Medéia, ou alguma heroína oriental, clamando vingança contra o infiel amante e, quer sofra ou não na realidade, pondo em pé os cabelos do espectador.

A arte no Oriente não é nem a própria vida, nem um reino de fantasia absolutamente separado da vida. Segundo as palavras do mais notável dramaturgo japonês, Chikamatsu, "A arte é algo que jaz na estreita margem entre o real e o irreal". Por sua própria natureza, é uma transposição, uma recriação e não uma imitação. No fim de contas, argumenta Chikamatsu, será que negamos a maquilagem do ator simplesmente porque a personagem por ele retratada jamais iria usar maquilagem na vida diária? Chikamatsu, cujas obras dramáticas são provavelmente as mais "ocidentais" de todas as peças orientais escritas dentro das formas tradicionais, viveu numa época que aparentemente partilhava o posto do século XX pelo realismo. Foi em resposta a um representante do viés realístico que pronunciou as palavras acima citadas. No mesmo texto, anotado depois da morte do dramaturgo por um amigo que lembrou suas palavras, Chikamatsu dá uma velha resposta a Marowitz ou, pelo menos, exprime com clareza o ponto de vista oposto:

> Em peças recentes, personagens femininas têm dito muitas coisas que nenhuma mulher real poderia proferir. Tais coisas caem sob a epígrafe da arte; é porque dizem aquilo que não poderia brotar dos lábios de uma mulher de verdade que suas verdadeiras emoções são reveladas. Se em tais casos o autor fosse moldar sua personagem ao modo de uma mulher real e escondesse seus sentimentos, semelhante realismo, longe de ser admirado, não permitiria tirar nenhum prazer da obra [14].

13. *Ibid.*, p. 99.
14. "Chikamatsu on the Art of the Puppet Stage", em DONALD KEENE, ed., *Anthology of Japanese Literature*, Tóquio, Charles E. Tuttle Co., 1963, I, 388.

A arte, para Chikamatsu, não pode assemelhar-se ao objeto real, pois um realismo assim começaria logo por fazer-se insípido. Ele exige "numa obra algumas partes estilizadas, de outro modo parecidas à forma real... é o que a torna arte e é o que delicia a mente dos homens"[15]. Chikamatsu, como se vê, não era vítima de um racionalismo hipertrofiado e era capaz de encontrar uma mistura mais perfeita do que a maioria dos homens de teatro no Ocidente.

Donald Keene conclui um artigo dos mais esclarecedores, "Realismo e Irrealidade no Drama Japonês", dizendo que "as grandes peças do teatro nipônico, sempre combinaram realismo e irrealidade em íntima conjunção"[16].

Topamos com tal fenômeno no Nô, Kabuki e em algumas formas do teatro balinês, também. Um aspecto desta harmonia dos opostos do qual não falamos, todavia, é o ator masculino de papéis femininos, o *onnagata,* tão importante para o espírito e a forma do Kabuki. Todos os teatros do Leste praticaram, numa época ou noutra, este relacionamento inverso entre intérprete e papel. O mais notável de todos os artistas da ópera de Pequim, Mei-Lan-fang, era famoso por seus papéis femininos. Em Bali, rapazes dançam às vezes danças de moças e moças dançam igualmente as de rapazes. Em uma representação tradicional de peça Nô, mulheres nunca aparecem. De outro lado, o Japão possui companhias femininas em que os papéis masculinos estão o cargo de atrizes. "Os asiáticos deleitam-se em permutas artísticas", diz Faubion Bowers[17]. Notamos, uma vez mais, que o elemento de jogo faz parte integrante da experiência teatral e que a dupla consciência é seu corolário. Visto que o teatro é arte e não vida, poderia um oriental argumentar, não existe nenhuma razão para exigir que os homens desempenhem papéis masculinos e as mulheres, femininos. Na realidade, há bons motivos para existir o contrário.

Embora esta espécie de inversão tomasse parte no Kabuki quase desde o início, só quando se tornou uma necessidade é que ele se desenvolveu como arte. Hoje o Kabuki é inconcebível sem o *onnagata* que, tendo aperfeiçoado técnicas durante séculos, é capaz de encarnar a essência da feminilidade sem de fato imitar qualquer mulher jamais vista. Os *onnagata* saem-se tão bem que o espectador, acostumado à sua esguia beleza, sente-se literalmente "chocado" com os movimentos "não femininos" e o comportamento da mulher nas peças japonesas modernas. A estilização do Kabuki requer que a mulher adote certa maneira de andar, de mover a cabeça, os olhos, de manipular o quimono. Se uma mulher tentasse

15. *Ibid.,* p. 390.
16. DONALD KEENE, "Realism and Unreality in Japanese Drama", *Drama Survey,* III, Outono, 1964, 351.
17. FAUBION BOWERS, *Theater in the East,* New York, Grove, 1960, p. 230.

interpretar um papel feminino do Kabuki teria de imitar os homens que encarnaram antes dela de forma tão sutil e bela a mulher.

Mas é improvável que uma mulher possua a força necessária para representar um papel feminino do Kabuki; os japoneses pretendem que somente um homem dispõe do poder como que de aço necessário para levar a cabo uma bem-sucedida criação *onnagata*. Além do mais, tendo de carregar muitas camadas de pesados quimonos e uma cabeleira que pesa nada menos de trinta libras, uma mulher não contaria, é provável, com o vigor físico para agüentar tanta carga por dez ou doze horas diárias.

Eu não creio que exista a possibilidade de os homens voltarem a desempenhar papéis femininos no Ocidente, embora numa época tão tardia quanto a Restauração ainda o fizessem na Inglaterra. Thorndike lembra a opinião de Pepy, segundo a qual o ator Edward Kynaston, na peça *Loyal Subject* ("Súdito Leal") de Fletcher "fez a mais encantadora senhora que jamais vi em minha vida"[18]. E John Downes, nos conta Thorndike, declarou que "tem sido desde então algo disputável entre os judiciosos se qualquer mulher que o haja sucedido conseguiu tocar tão sensivelmente a platéia quanto ele". Se um homem, como Kynaston, pôde ser tão atraente, feminino e comovedor num papel de mulher, isto indica não apenas a sua habilidade, mas que o público estava disposto a aceitar esta espécie particular de estilização. Embora pareça absurdo advogar a utilização de homens para desempenhar papéis femininos hoje no Ocidente, parece-me importante ter em mente que uma representação estilizada, tal como este tipo de personificação requer, não é necessariamente uma interpretação fria, "alienada", que não envolva a audiência. Assim como o ator Kabuki pode afetar sua platéia, o rapaz elisabetano conseguia levar seus espectadores às lágrimas. O crítico inglês Kenneth Tynan vai a ponto de sugerir que Lady Macbeth é "basicamente um papel masculino" e que "é provavelmente um erro confiar o papel a uma mulher em geral"[19].

Cheguemos ou não tão longe, cumpre concordar que o ator Kabuki de papéis femininos está em condições de nos ensinar algo sobre o que significa retratar a feminilidade no palco. O *onnagata* surge portanto como um símbolo profundo da metamorfose, que é o mistério do teatro. Ele parece participar de dois mundos totalmente diversos, não apenas em sua dupla identidade de ator e personagem, mas também em seu papel dual de mulher-homem. O *onnagata* é uma gigantesca e dinâmica figura arquetípica dotada, além de sua dimensão teatral, de uma dimensão metafísica. Esteja ou não o espectador cônscio disto, o *onnagata* aviva no inconsciente do observador uma tênue lembrança de alguma perfeição que partilha tanto do feminino quanto do masculino, a grande Mãe

---

18. THORNDIKE, *op cit.*, p. 372.
19. KENNETH TYNAN, *Tynan on Theater*, Harmondsworth, Middlesex, Penguin Books, 1964, p. 108.

Terra que é criadora e alimentadora, o divino andrógino em cuja bissexualidade se harmonizam quer a luz quer as trevas. Aproximar-se do *onnagata* é chegar perto dos segredos da existência, encarnados em forma humana através da arte do autor Kabuki. Ao mesmo tempo, acercamo-nos de uma jubilosa criação teatral que seduz nossa sensibilidade histriônica. Comprazemo-nos com a perfeição que o artista impôs à realidade; a fim de experimentar semelhante alegria, devemos estar, ao menos ligeiramente, conscientes da realidade que o ator dominou.

O *onnagata* que convida assim a nossa participação e o faz enquanto ator total a empregar uma técnica estilizada, sumaria os três aspectos do teatro oriental: participação, totalidade e estilização. Os três poderiam talvez cair sob uma única epígrafe, "sugestivo". A sugestão, enquanto oposta à representação que dominou tão amplamente o teatro ocidental nos últimos sessenta anos, vai muito além da realidade que lhe serve de ponto de partida. Recorrendo a um modo poético, há séculos o teatro oriental desenvolveu o método alusivo que se nos afigura tão moderno hoje em dia. Quando o Nô visitou Paris, em 1957, um crítico pretendeu que não seria de surpreender se algum autor ocidental falasse um dia do Nô como uma técnica ultramoderna de teatro.

Um pequeno grupo de autores no Ocidente corporificam atualmente algumas das características que repontam no Kabuki, Nô, ópera chinesa e drama-dança balinesa. As peças de Beckett, Ionesco e Genet aplicam um método alusivo, metafórico, que não difere do modo oriental. Valendo-se de formas periféricas de teatro, insistindo na importância da participação, de recursos múltiplos e ocasionalmente do estilo, apresentam uma visão particular do homem. Beckett, Ionesco e Genet são largamente aceitos hoje porque nossos horizontes teatrais se alargaram imensamente, desde o fim do século XIX, quando Aston podia pôr de lado o Nô como forma "deficiente em lucidez, método, coerência e bom gosto". Parcialmente responsáveis por esta ampliação foram os desenvolvimentos em outras artes, que desde o século XIX estavam trabalhando pela fusão, sugestividade, ambigüidade, abstração e estilização, e prepararam destarte o terreno para o teatro, arte que depende de uma compreensão mais imediata do que a poesia ou a pintura. Porém não menos responsáveis por isto são as visões de espíritos tão aventurosos quanto Copeau, Claudel, Artaud, Eisenstein, Brecht e outros, que tornaram o teatro ocidental mais cônscio dos tesouros a serem respigados no Oriente.

Mas o teatro oriental ainda não "chegou". O racionalismo custa morrer; continuamos achando que falta um elemento intelectual na dramaturgia do Japão, China e do resto da Ásia. Ainda que rejeitemos o realismo, as peças de tese, o comentário social, continuamos a crer que as peças experimentais por nós admiradas lidam, não importa quão obliquamente, com a natureza humana

Onoe Baiko, um dos maiores *onnagata* contemporâneos, em duas cenas de uma peça-dança, *Kagamijishi* ("Espelho de Leão"). *Em cima, à direita:* A donzela recatada, dançando uma dança congratulatória, com a máscara leonina na mão, é logo dominada pelo espírito do leão. (*Foto:* Shochiku.) *Em cima, à esquerda:* Onoe Baiko (*Foto:* Shochiku.) *Embaixo:* Após um curto interlúdio, o ator volta, transformado em vigoroso demônio-leão. O contraste entre as duas partes desempenhadas pelo mesmo intérprete é pronunciado. (*Foto:* Shochiku.)

e a condição do homem. Será que o teatro oriental é de fato um grande teatro? — perguntamo-nos. Constituirá realmente uma revelação da natureza humana e da condição do homem?

Na verdade ele o é. O teatro oriental nos oferece uma extensa gama de comentário social e psicológico, desde aquele meramente sugerido pelas situações e movimentos de uma dança, até aquele cujo caráter mais obviamente moralizador surge no tom adotado pelos narradores em certos *sewamono*. Quer desejemos informar-nos sobre os problemas da vida cotidiana com que se defrontaram os homens no passado — e às vezes aplicáveis às nossas próprias existências — quer estudar as reações emocionais das pessoas ante as perplexidades causadas pela sociedade, os teatros orientais oferecem um terreno rico. Chikamatsu, e outros dramaturgos Kabuki, como Mokuami, se nos apresentam apinhados de *tableaux* da sociedade japonesa dos séculos XVIII e XIX e retratos, de corpo inteiro, de mercadores, ladrões, prostitutas e samurais na nobreza e na fraqueza de suas vidas. E para os que preferem uma peça que ensine uma lição à boa e velha moda, há o teatro didático da ópera chinesa. Mas — e é um "mas" importante — ao contrário do teatro didático, social ou psicológico do Ocidente, tais peças erguem-se acima do nível dos manuais, sermões ou tratados, graças ao estilo disciplinado que lhes é imposto. Ao mesmo tempo que o espectador pode, se assim lhe apraz, derivar alguma lição ou efetuar alguma descoberta profunda acerca da natureza humana ou do certo ou errado a partir do espetáculo, ele pode também desfrutar a festa que lhe é oferecida.

Mas o teatro oriental constitui uma revelação da condição humana de uma maneira muito mais profunda, uma maneira que nosso racionalismo não nos permite aceitar. Perdemos, quiçá, nosso senso de mistério, junto com o nosso senso da peça, incapacitando-nos a experimentar as coisas como totalidades, a pensá-las com o corpo tanto quanto com a mente. Nossa fragmentada abordagem da realidade nega-nos acesso aos domínios ocultos atrás da superfície. Peças como *A Donzela de Dojoji* ou o drama Rangda-Barong de Bali são significativos de um modo geral e sensível com o qual não estamos habituados: possuem a mesma generalidade e profundeza de significação que o mito, realçado por todo o atrativo de cor e apelo sensível de uma apresentação habilidosa. Qual um poema, que, segundo MacLeish, não deve *significar* mas *ser*, elas revelam, em ulterior afastamento da racionalidade, as mesmas introvisões que vislumbramos em obras como *Everyman*, *Macbeth* ou *Fim de Jogo*. Mas, como os mitos, o fazem sem acentuar uma perspectiva particular. Francis Fergusson diz que os mitos "são tão sugestivos, parecem dizer tanto, mas de forma tão misteriosa, que a mente não logra contentar-se com uma única forma, porém se vê obrigada a adicionar ou interpretar ou simplificar — reduzir a termos que a razão pode aceitar"[29]. Um problema análogo se

20. FRANCIS FERGUSSON, *The Idea of a Theater*, Garden City, N.Y., Anchor Books, 1953, p. 28.

propõe ao espectador ocidental de um teatro oriental. Ele rejeita a visão oriental da luta aterradora entre o bem e o mal, ou do combate entre o homem e o mundo invisível, simplesmente porque esta vista do espírito não se acha racionalizada para ele e não lhe é apresentada sob o prisma parcial ao qual se acostumou. O teatro oriental de dimensões metafísicas, amiúde uma revelação do absurdo, do irracional — do fato de que "o céu ainda pode desabar sobre nossas cabeças" — nos conduz a domínios situados além da apreensão do intelecto. Criando estas novas áreas de sensibilidade, o teatro oriental nos convida a gozar a festa do teatro total, festa da qual permanecemos excluídos demasiado tempo.

Onoe Shoroku no papel do derrotado General Tomomori em *Yoshitsune Sembonzakura*. Preferindo a morte à vergonha, o general amarra uma âncora em torno da cintura e a lança ao mar. A âncora, a corda, o traje e a cabeleira postiça são todos exagerados e grotescos. (*Foto*: Shochiku.)

Posfácio

Desde a época em que escrevi as páginas de abertura do presente livro, o interesse pelo teatro oriental tornou-se cada vez mais evidente. As manifestações que chegaram ao meu conhecimento podem ser divididas em três grupos: artistas visitantes da Ásia, encenações de obras asiáticas por grupos americanos e publicações que versam sobre o teatro asiático.

A visita de alguns artistas *kyogen* à Universidade de Washington, há vários anos atrás, despertou bastante interesse. O Centro de Artes Asiáticas continuará, parece, suas investigações acerca das formas teatrais do Oriente, promovendo uma série de seminários para alunos em estágios avançados. Ocidentais bem preparados deverão dedicar-se intensamente, nas férias de verão, ao estudo de alguma forma de teatro oriental no país de origem.

Em 1965, o famoso teatro de bonecos Bunraku de Osaka excursionou pelos Estados Unidos com tremendo sucesso. Entre as obras apresentadas, figurou uma parte inesquecível de *Chushingura*, em que o mau Senhor Moronao ri durante vários minutos, percorrendo sua voz toda a escala do som humano e revelando toda a cor concebível de emoção, desde o gáudio despreocupado até a ira arrebatada. Eis um exemplo da teatralização de um momento que, em nosso teatro, seria meramente natural e rapidamente esquecido.

Em 1966 a companhia Hosho deu aos Estados Unidos sua primeira visão da hierática forma Nô de arte e representou para salas inteiramente lotadas. Havaí teve a oportunidade de ver atores do Kabuki-za em 1967; as realizações da Expo 67 em Montreal, no verão de 1967, proporcionaram-nos nova oportunidade de observar a mestria artística Kabuki.

Como já mencionei antes, Miyoko Watanabe, assistente de Baiko na montagem Kabuki do IASTA, ensina dança e movimentos Kabuki em New York. Na Costa Oeste, um dos grandes mestres de dança clássica japonesa, Fujima Kansuma, não só ministra cursos, mas ocasionalmente apresenta seus alunos em exibições de dança Kabuki. Em outubro de 1966, numa sala apinhada nos cantos por uma multidão de pessoas em pé, ela levou durante quatro horas e meia um programa que consistia quer em cenas de peças Kabuki (o *michiyuki* de *Sembonzakura*), quer em peças-danças completas, como *Yasuna, Renjishi* ou *Musume Dojoji*. Os que tiveram a sorte de estar presentes, testemunharam indubitavelmente o mais deslumbrante e profissional espetáculo Kabuki jamais visto fora de sua terra de origem. Era um espetáculo completo, com magníficas indumentárias e cabeleiras importadas do Japão, cenários coloridos tais como aparecem no palco profissional do Kabuki, técnicas de mudanças de trajes, matracas de madeira, *hanamichi* e assim por diante, enfim o conjunto de elementos que tornam o Kabuki uma forma teatral tão excitante. E tudo foi representado com a máxima perícia e refinamento por alunos que estudaram com Madame Fujima durante muitos anos; quatro deles, alcançaram o cume da perfeição, sendo-lhes permitido assumir o nome de seu mestre.

Embora incapaz de emular com o preparo profissional de um grupo como o de Madame Fujima, certo número de faculdades e universidades encenaram obras asiáticas. A Universidade de South Dakota, em Vermillion, apresentou um Festival de Drama Asiática, em maio de 1965. Sob a direção geral de Wayne S. Knutson, chefe do Departamento de Drama, seis peças curtas foram montadas: uma chinesa, duas sânscritas e três japonesas. Um ano mais tarde, a University of South Dakota Press publicou um volume de ensaios relativos ao festival.

O IASTA anunciou outra peça Kabuki para a temporada de 1967-68, desta vez o famoso *Kanjincho*, com Matsumoto Koshiro como diretor. O Los Angeles' Immaculate Heart College apresentou, em 1966, *Senhora Regato Precioso*. E o Lubbock Christian College (Texas) que, em 1964 e 1965, montou um *Micado* em estilo Kabuki e uma adaptação, ao modo de teatro de bonecos, de *Kagekiyo*, de Zeami, prometeu para 1966-67 uma representação de *O Tambor Damasco*, "utilizando livremente as convenções e o estilo Nô de maneira a ajustar-se a uma pequena arena".

O University de Wisconsin's Far Eastern Festival of the Arts, em abril de 1967, incluiu a encenação de uma peça chinesa tradicional, dirigida pelo Professor A.C. Scott e Miss Hung-yen. O Pomona College montou outro texto Kabuki, *Milagre na Balsa de Yaguchi*, adaptado pelo Professor Stanleigh H. Jones Jr., da Claremont Graduate School, a partir da peça de bonecos, de Hiraga. Na Broadway, uma nova criação de Peter Shaffer, *Black Comedy* ("Comédia Negra"), aplicou com êxito técnicas da ópera chinesa para sugerir escuridão em um palco iluminado, mediante os movimentos do ator.

O recém-organizado Council for Asian Theater Research, compreendendo representantes da Michigan State University, da Universidade do Havaí, da Universidade de Washington, do Institute for Advanced Studies in Theater Arts e da Japan Society, estabeleceu um programa a longo prazo para coordenar as visitas de artistas e suas atividades. De 1967 até 1973, o grupo planeja apresentar o *Kun Chu* e o *Ching Hsi* chineses, a Dança Mascarada Coreana, o *Cailung* vietnamita e espetáculos hindus, indonésios e tailandeses.

O conselho, em sua reunião organizacional, em fevereiro de 1966, debateu a necessidade de promover novas traduções, mas seus componentes sentiram-se ainda mais encorajados quando verificaram que não precisavam estruturar um projeto especial para este propósito, porque todos os participantes estavam empenhados em verter peças e pretendiam continuar trabalhando neste campo. O otimismo do grupo tinha bom fundamento, a julgar pelas recentes publicações. Em 1966, a New American Library publicou um volume sobre *The Genius of the Oriental Theatre* ("O Gênio do Teatro Oriental"), editado pelo Professor G.L. Anderson, republicando peças sânscritas, Nô e Kabuki (ou de bonecos); a Tuttle comprou a tradução, por Frank Motofuji, de um dos mais célebres *sewamono* de Mokuami, intitulado *O Amor de Izayoi e Sishin*; e a University of Wisconsin Press lançou duas das traduções de A.C. Scott de peças chinesas tradicionais.

Em adição aos textos de peças, alguns importantes estudos foram impressos nos últimos tempos. Os mais notáveis são uma obra monumental sobre o teatro Nô, de autoria de Donald Keene, e um livro completo e muito bonito acerca do *Kabuki Costume*, de Ruth Shaver. O Afro-Asian Theater Project da American Educational Theater Association deu a público dois volumes do *Afro-Asian Theater Bulletin*, que se tornou um indispensável instrumento de intercâmbio entre pessoas que trabalham no domínio do teatro oriental. *Modern Drama* devotou um número inteiro em 1967 ao palco asiático, ao passo que três novas publicações teatrais passaram a refletir o caráter internacional do teatro de hoje: *Sangeet Natak*, editada em Nova Delhi pela Sangeet Natak Akademi, *Comparative Drama* lançada na Western Michigan University, em Kalamazoo, e *Modern International Drama* publicada na Pennsylvania State University em University Park.

Bibliografia

TEATRO ORIENTAL

ARTAUD, Antonin. *Oeuvres complètes.* Paris, Gallimard, 1956-1966. 6 vols.
——. *The Theater and Its Double.* Trad. Mary Caroline Richards. New York, Grove, 1958.
BARRAULT, Jean-Louis. *Journal de bord.* Paris, René Julliard, 1961.
BECKERMAN, Bernard. *Shakespeare at the Globe, 1599-1609.* New York, Macmillan, 1962.
BENTLEY, Eric. *The Life of the Drama.* New York, Atheneum, 1964.
BOWERS, Faubion. *Theater in the East: A Survey of Asian Dance and Drama.* New York, Grove, 1960.
BRECHT, Bertolt. *Brecht on Theater: The Development of an Aesthetic.* Trad. e ed. John Willett. New York, Hill and Wang, 1964.
——. *Ecrits sur le théâtre.* Paris, L'Arche, 1963.
——. *Parables for the Theater: The Good Woman of Setzuan; The Caucasian Chalk Circle.* Trad. Eric Bentley e Maja Apelman. New York, Grove Press, 1963.
——. *Théâtre complet.* Vols. I, VIII. Paris, L'Arche, 1960.
BROZZI, Antonio P. *Teatri e spettacoli dei popoli orientali.* Milan, Fratelli Dumolard, 1887.
CLAUDEL, Paul. *Le Livre de Christophe Colomb.* Paris, Gallimard, 1935.
——. *Oeuvres complètes.* Vols. III, IV. Paris, Gallimard, 1952.
——. *Théâtre.* Vol. II, Paris, Pléiade, 1956.
COGNIAT, Raymond. "Charles Dullin comme metteur en scène". *Comoedia,* 7 out. 1930.
COHN, Ruby. *Samuel Beckett: The Comic Gamut.* New Brunswick, N.J., Rutgers University Press, 1962.
COOMARASWAMY, Ananda. "Notes on Indian Dramatic Techniques." *The Mask,* VI (out. 1913).
COPEAU, Jacques. *Souvenirs du Vieux-Colombier.* Paris, Les Nouvelles Editions Latines, 1931.
COUSIN, Gabriel. *Théâtre.* Vol. II. Paris, Gallimard, 1964.
CRAIG, Edward Gordon, ed. *The Mask.* 1913-1915, 1918-1929.

DULLIN, Charles. *Souvenirs et Notes de travail d'un acteur.* Paris, Odette Lieutier, 1946.
EISENSTEIN, Sergei. *Film Form; The Film Sense.* Ed. e trad. Jay Leyda. Cleveland e New York, Meridian, 1957.
ESSLIN, Martin. *Brecht: The Man and His Work.* Garden City, N.Y., Anchor Books, 1961.
FERGUSSON, Francis. *The Idea of a Theater.* Garden City, N.Y., Anchor Books, 1953.
FUCHS, Georg. *Revolution in the Theater.* Ithaca, Cornell University Press, 1959.
GASSNER, John. *Form and Idea in Modern Theater.* New York, Dryden, 1956.
GENET, Jean. *Les Bonnes précédées d'une lettre de l'auteur.* Sceaux, Jean-Jacques Pauvert, 1954.
———. *The Maids and Deathwatch.* Trad. Bernard Frechtman. New York, Grove, 1954.
———. *The Screens.* Trad. Bernard Frechtman. New York, Grove, 1962.
GREEN, Paul. *Dramatic Heritage.* New York, Samuel French, 1953.
HORT, Jean. *Antonin Artaud: Le suicidé de la société.* Geneva, Editions Connaitre, 1960.
HUIZINGA, Johan. *Homo Ludens: A Study of the Play Element in Culture.* Boston, Beacon, 1955. [Trad. bras.: *Homo Ludens,* São Paulo, Perspectiva, 1980, Estudos 4.]
JACQUOT, Jean, ed. *Les Théâtres d'Asie.* Paris, Editions du Centre National de la Recherche Scientifique, 1961.
JOSEPH, Bertram. *Acting Shakespeare.* New York, Theatre Arts Books, 1962.
———. *Elizabethan Acting.* London, Oxford University Press, 1964.
LINTHICUM, Marie Channing. *Costume in the Drama of Shakespeare and His Contemporaries.* Oxford, Clarendon Press, 1936.
MAROWITZ, Charles. *Stanislavski and the Method.* New York, Citadel, 1964.
MARTINO, Pierre. *L'Orient dans la littérature française au XVII et XVIII siècles.* Paris, Hachette, 1906.
MEYERHOLD, Vsévolod. *Le Théâtre Théâtral.* Ed. e trad. Nina Gourfinkel. Paris, Gallimard, 1963.
MIGNON, Paul-Louis. *Jean Dasté.* Paris, Presses Littéraires de France, 1953.
NADEAU, Maurice. *Histoire du surréalisme.* Paris, Editions du Seuil, 1954. [Trad. bras.: *História do Surrealismo,* São Paulo, Perspectiva, 1986, Debates 147.]
NAGLER, Alois Maria. *Shakespeare's Stage.* Trad. Ralph Manheim. New Haven, Yale University Press, 1958.
PACKARD, William. "Experiment in International Theater: An Informal History of IASTA." *Drama Critique,* VIII (mar. 1965).
SCHWARTZ, William Leonard. *The Imaginative Interpretation of the Far East in Modern French Literature, 1800-1925.* Paris, Librairie Ancienne Honoré Champion, 1927.
SHAFFER, Peter. *The Royal Hunt of the Sun.* London, Hamish Hamilton, 1964.
THÉVENIN, Paule. "1896-1948." *Cahiers de la Compagnie Madeleine Renaud Jean-Louis Barrault,* n. 22-23 (maio 1958).
THORNDIKE, Ashley H. *Shakespeare's Theater.* New York, Macmillan, 1960.
TILLYARD, E. M. W. *The Elizabethan World Picture.* New York, Vintage, s.d.
TYNAN, Kenneth. *Tynan on Theater.* Harmondsworth, Middlesex, Penguin Books, 1964.
VALLAS, Léon. *The Theories of Claude Debussy.* Trad. Maire O'Brien. London, Oxford University Press, 1929.

VOLTAIRE, François M. A. *Oeuvres complètes*. Vol. V. Paris, Garnier, 1877.
——————. *L'Orphelin de la Chine*. La Haye, Jean Neaulme, 1755.
WEISS, Peter. *The Persecution and Assassination of Jean-Paul Marat as performed by the Inmates of the Asylum of Charenton under the Direction of the Marquis de Sade*. New York, Atheneum, 1965.
YEATS, W. B. *Collected Plays*. London, Macmillan, 1963.

BALI

COVARRUBIAS, Miguel. *Island of Bali*. New York, Knopf, 1937.
DE ZOETE, Beryl e SPIES, Walter. *Dance and Drama in Bali*. London, Faber and Faber, 1938.

ÓPERA CHINESA

AINÉ, M. Bazin. *Le Pi-pa-ki ou l'Histoire du Luth*. Paris, Imprimerie Royale, 1841.
——————. *Théâtre chinois*. Paris, Imprimerie Royale, 1838.
ALLEY, Rewi. *Introduction à l'Opera de Pékin*. Paris, Cercle d'Art, 1955.
AMPÈRE, J. J. "Du théâtre chinois." *Revue des Deux Mondes* (1838).
ARLINGTON, L. C. *Le Théâtre chinois*. Trad. G. Ohlmann. Pequim, Henri Vetch, 1935.
ARLINGTON, L. C. e ACTON, Harold. *Famous Chinese Plays*. New York, Russel and Russel, 1983.
BOURBOULON, G. de. "Les Représentations dramatiques en Chine." *Correspondant* (maio 1862).
GUY, Basil. *The French Image of China before and after Voltaire*. "Studies in Voltaire and the Eighteenth Century." Vol. XXI. Geneva, Institut et Musée Voltaire, 1963.
HATCHETT, William. *The Chinese Orphan*. London, Charles Corbett, 1741.
HO CHING CHI e TING YI. *La Fille aux cheveux blancs*. Paris, Editeurs Français Réunis, 1955.
HSIUNG, S. I. *Lady Precious Stream*. London, Methuen, 1935.
——————. *Lady Precious Stream*. Harmondsworth, Middlesex, Penguin Books, 1958.
——————. *Lady Precious Stream*. Programa de apresentação em Los Angeles de Merle Armitage e Paul Posz, 1937.
IRWIN, William e HOWARD, Sidney. *Lute Song*. In: *The Best Plays of 1945-46*. Ed. Burns Mantle. New York, Dodd, Mead, 1946.
JULIEN, Stanislas. *Hoei-lan-ki ou l'Histoire du cercle de craise*. London, Oriental Translation Fund, 1832.
——————. *Tchao-chi-kon-eul, L'Orphelin de la Chine*. Paris, Montardier, 1834.
KALVODOVA-SIS-VANIS. *Chinese Theater*. Trad. Iris Irwin. London, Spring Books, s.d.
LI TCHE-HOUA. *Le Signe de patience et autres pièces théâtre des Yuan*. Paris, Gallimard, 1963.
POUPEYE, Camille. *Le Théâtre chinois*. Paris e Bruxelas, Editions Labor, s.d.
PRÉMARE, Padre de. "Tchao chi con ell ou le orphelin de la Maison de Tchao, tragédie chinoise." In: J. B. du HALDE, *Description dè l'Empire de la Chine et de la Tartarie chinoise*, La Haye, 1736.
——————. *Tchao-chi-con-eulh, ou l'Orphelin de la Maison de Tchao* (tragédia chinesa). Pequim [Paris], 1755.
ROY, Claude e RUHLMANN, Robert. *L'Opéra de Pekin*. Paris, Cercle d'Art, 1955.
SCOTT, A. C. "The Butterfly Dream". *Drama Survey*, II (Outono 1962).
——————. *The Classical Theater of China*. London, Allen and Unwin, 1957.

———. *An Introduction to the Chinese Theater.* New York, Theater Arts Books, 1960.
———. *Mei Lan-fang, Leader of the Pear Garden.* Hong Kong, Hong Kong University Press, 1959.
SOULIÉ DE MORANT, Georges. *Théâtre et musique modernes en Chine.* Paris, Librairie Orientaliste Paul Geuthner, 1926.
TCHENG-KI-TONG. *Le Théâtre des Chinois.* Paris, Calmann Lévy, 1886.
TCHOU-KIA-KIEN e IACOVLEFF, A. *Le Théâtre chinois.* Paris, Brunoff, 1922.
VERCORS. *Les Divagations d'un Français en Chine.* Paris, Albin Michel, 1956.
———. *Les Pas dans le sable.* Paris, Albin Michel, 1954.
ZUCKER, A. E. *The Chinese Theater.* London, Jarrolds, 1925.
ZUNG, Cecilia. *Secrets of the Chinese Drama.* New York, Benjamin Blom, 1937. Reedição 1964.

TEATRO JAPONÊS

ARNOLD, Paul. *Le Théâtre japonais.* Paris, L'Arche, 1957.
ASHIHARA, Eiryo. *The Japanese Dance.* Tóquio, Japan Travel Bureau, 1964.
ASTON, W. G. *A History of Japonese Literature.* London, Heinemann, 1899.
BÉNAZET, Alexandre. *Le Théâtre au Japon.* Paris, Ernest Leroux, 1901.
BOUSQUET, Georges. "Le Théâtre au Japon." *Revue de Deux Mondes,* 15 ago. 1874.
BOWERS, Faubion. *Japanese Theater.* New York, Hill and Wang, 1959.
CHAMBERLAIN, Basil Hall. *Things Japanese.* London, Kegan Paul, 1927.
EDWARDS, Osman. *Japanese Plays and Playfellows.* London, Heinemann, 1901.
ERNST, Earle. *Three Japanese Plays from the Traditional Theater.* New York, Grove, 1960.
GUIMET, Emile e REGAMEY, Félix. "Le Théâtre au Japon." In: *Bulletin du Cercle Saint Simon,* n. 2 (1885).
HERVILLY, Ernest d'. *La Belle Saïnara.* Paris, Lemerre, 1876.
KEENE, Donald, ed. *Anthology of Japanese Literature,* Vols. I, II. Tóquio, Charles E. Tuttle Co., 1963.
———. "Realism and Unreality in Japanese Drama." *Drama Survey,* III (Inverno 1964).
LEQUEUX, A. *Le Théâtre japonais.* Paris, Ernest Leroux, 1889.
MAGNINO, Leo. *Teatro giapponese.* Milan, Nuova Accademia Editrice, 1956.
MATSUO, Kuni. *Histoire de la littérature japonaise des temps archaïques à 1935.* Paris, Société Française d'Editions Littéraires et Techniques, 1935.
MAYBON, Albert. *Le Théâtre japonais.* Paris, Henri Laurens, 1925.
MINER, Earl. *The Japanese Tradition in British and American Literature.* Princeton, Princeton University Press, 1958.
MOTOYOSI-SAIZU. "Le Théâtre au Japon." *Revue Brittanique* (1894).
MUCCIOLI, Marcello. *Il Teatro giapponese.* Milan, Feltrinelli, 1962.
POUPEYE, Camille. "Le Théâtre japonais." *La Renaissance d'Occident* (ago. 1923).
———. *Les Théâtres d'Asie, Souvenirs de jeunesse.* Bruxelas, Les Cahiers du Journal des Poètes, 1937.
REISCHAUER, Edwin O. *Japan Past and Present.* Tóquio, Charles E. Tuttle Co., 1963.
REVON, Michel. *Anthologie de la littérature japonaise.* Paris, Delegrave, 1910.
SADLER, A. L., trad. *Japanese Plays.* Sydney, Angus and Robertson, 1934.

SÉCHÉ, Alphonse e BETAUT, Jules. "Le Théâtre au Japon." *Mercure de France* (set. 1904).
SIEFFERT, René. *La Littérature japonaise.* Paris, Armand Colin, 1961.

NÔ

ARNOLD, Paul. *Neuf Nô japonais.* Paris, Librairie Théâtrale, 1957.
CHALLAYE, Félicien. "Le Noh (Drame lyrique japonais)." *La Revue de Paris*, 15 abr. 1927.
CLARK, David R. "Nishikigi and Yeats's *The Dreaming of the Bones.*" *Modern Drama*, VII (set. 1964).
GÉRARD, A. "Le Drame lyrique japonais." *Revue des Deux Mendes*, 1.° set. 1917.
JONES, Stanleigh H., Jr. "The Noh Plays *Obasute* and *Kanehira.*" *Monumenta Nipponica*, XVIII, n. 1-4 (1963).
KAULA, David. "On Noh Drama." *Tulane Drama Review*, V (set. 1960).
MISHIMA, Yukio. *Five Modern Noh Plays.* Trad. com uma introdução de Donald Keene. London, Secker and Warburg, 1957.
NOGAMI, Toyoichiro. *Zeami and His Theories on Noh.* Trad. Ryozo Matsumoto. Tóquio, Hinoki Shoten, 1955.
NOH DRAME, THE. "Unesco Collection of Representative Works: Japanese Series." Vols I-III. Tóquio, Charles E. Tuttle Co., 1955-1960.
O'NEILL, P. G. *Early Noh Drama: Its Background, Character and Development, 1300-1450.* London, Lund Humphries, 1958.
PACKARD, William. "An American Experiment in Noh." *First Stage*, IV (Verão 1965).
PACKARD, William, trad. *Ikkaku Sennin.* In: *Players Magazine*, XLI (mar. 1965).
PÉRI, Noel. *Cinq Nô.* Paris, Edition Bossard, 1921.
POUND, Ezra e FENOLLOSA, Ernest. *The Classic Noh Theater of Japan.* New York, New Directions, 1959.
SHARP, William L. "W. B. Yeats: A Poet Not in the Theater." *Tulane Drama Review*, IV (dez. 1959).
SHIDEHARA, Michitaro e WHITEHOUSE, Wilfrid, trad. "Seami Juroku Bushu (Kadensho)." *Monumenta Nopponica*, IV (jul. 1941); V (dez. 1942).
SIEFFERT, René, ed. e trad. *Zéami: La Tradition secrète du nô, suivie d'une journée de nô.* "Collection UNESCO d'œuvres représentatives." Paris, Gallimard, 1960.
STUCKI, Yasuko. "Yeats's Drama and the Noh: A Comparative Study in Dramatic Theories." *Modern Drama*, IX (maio 1966).
TOKI, Zemmaro. *Japanese Noh Plays.* Tóquio, Japan Travel Bureau, 1954.
UEDA, Makoto, ed. e trad. *The Old Pine Tree and Other Noh Plays.* Lincoln, University of Nebraska Press, 1962.
WALEY, Arthur. *The Noh Plays of Japan.* New York, Grove, 1957.

KABUKI

ANTHELME, Paul. *L'Honneur japonais.* In: *L'Illustration théâtrale*, 25 maio 1912.
BANZEMET, A. "Le Drame populaire au Japon." *La Revue*, 15 ago. 1912.
BILLÈS, André, trad. "L'Ecole du Village" *(Terakoya). La Nouvelle Revue*, 1.° dez. 1907.
CHIKAMATSU, Monzaémon. *Chefs-d'oeuvre de Tchikamatsou.* Trad. Asataro Miyamori e Charlès Jacob. Paris, Ernest Leroux, 1929.
―――. *Major Plays of Chikamatsu.* Trad. Donald Keene. New York, Columbia University Press, 1961.
ERNST, Earle. *The Kabuki Theater.* New York, Grove, 1956.

FLORENZ, Karl, trad. *Scènes du théâtre japonais, l'Ecole du Village (Terakoya)*. Tóquio, Hasegawa, 1900.
FUKUI, Yoshio e OHASHI, Yasuo. "Les Formes populaires du théâtre japonais." *Théâtre populaire* (maio-jun. 1954).
HALFORD, Aubrey S. e HALFORD, Giovanna M. *The Kabuki Handbook*. Tóquio, Charles E. Tutle Co., 1961.
HAMAMURA, Yonezo, et al. *Kabuki*. Trad. Fumi Takano. Tóquio, Kenkyusha, 1956.
IACOVLEFF, A. e ELISSÉEF, S. *Le Théâtre japonais*. Paris, Jules Meynial, 1933.
INOUYE, Jukichi, trad. *Chushingura*. Tóquio, Nakanishiya, 1910.
IZUMO, Takeda. *The Pine Tree*. London, Risi Publishing Co., 1916.
KEENE, Donald, trad. *The Battles of Coxinga*. London, Taylor's Foreign Presse, 1951.
KINCAID, Zoe. *Kabuki: The Popular Stage of Japan*. London, Macmillan, 1925.
KOMIYA, Toyotaka. *Japanese Music and Drama in the Meiji Era*. Trad. e adaptado por Edward G. Seidensticker e Donald Keene. Tóquio, Obunsha, 1956.
LOMBARD, Frank A. *Outline History of Japanese Drama*. London, Allen and Unwin, 1928.
MALM, William P. *Nagauta: The Heart of Kabuki Music*. Tóquio e Rutland, Vt., Charles E. Tuttle Co., 1963.
MASEFIELD, John. *The Faithful*. London, Heinamann, 1915.
MITCHELL, John D. "The Actor's 'Method'". *Players Magazine*, XXXVIII (abr. 1962).
MITCHELL, John D. e SCHWARTZ, E. K. "A Psychoanalytic Approach to Kabuki: A Study in Personality and Culture." *Journal of Psychology*, LII (1961).
MIYAKE, Shutaro. *Kabuki Drama*. Tóquio, Japan Travel Bureau, 1961.
NAKIMI, Gohei, III. *Kanjincho*. Trad. James R. Brandon e Tamako Niwa, *Evergreen Review*, IV (set.-out. 1960).
PRONKO, Leonard C. "*Terakoya*: Kabuki and the Diminished Theatre of the West". *Modern Drama*, VII (maio 1965).
SCOTT, A. C. *The Kabuki Theater of Japan*. London, Allen and Unwin, 1956.
SCOTT, A. C., trad. *Genyadana*. Tóquio, Hokuseido, 1953.
————. *Kanjincho*. Tóquio, Hokuseido, 1953.
SHIGETOSHI, Kawatake. *Kabuki: Japanese Drama*. Tóquio, Foreign Affairs Association of Japan, 1958.
SHIOYA, Sakae. *Chushingura: An Exposition*. Tóquio, Hokuseido, 1956.
TSUBOUCHI, Shoyo e YAMAMOTO, Jiro. *History and Characteristics of Kabuki*. Trad. Ryozo Matsumoto. Yokohama, Heiji Yamagata, 1960.
WATANABE, Miyoko e RICHIE, Donald, trad. *Six Kabuki Plays*. Tóquio, Hokuseido, 1963.

COLEÇÃO ESTUDOS

1. *Introdução à Cibernética*, W. Ross Ashby.
2. *Mimesis*, Erich Auerbach.
3. *A Criação Científica*, Abraham Moles.
4. *Homo Ludens*, Johan Huizinga.
5. *A Lingüística Estrutural*, Giulio C. Lepschy.
6. *A Estrutura Ausente*, Umberco Eco.
7. *Comportamento*, Donald Broadbent.
8. *Nordeste 1817*, Carlos Guilherme Mota.
9. *Cristãos-Novos na Bahia*, Anita Novinsky.
10. *A Inteligência Humana*, H. J. Butcher.
11. *João Caetano*, Décio de Almeida Prado.
12. *As Grandes Correntes da Mística Judaica*, Gershom G. Scholem.
13. *Vida e Valores do Povo Judeu*, Cecil Roth e outros.
14. *A Lógica da Criação Literária*, Käte Hamburger.
15. *Sociodinâmica da Cultura*, Abraham Moles.
16. *Gramatologia*, Jacques Derrida.
17. *Estampagem e Aprendizagem Inicial*, W. Sluckin.
18. *Estudos Afro-Brasileiros*, Roger Bastide.
19. *Morfologia do Macunaíma*, Haroldo de Campos.
20. *A Economia das Trocas Simbólicas*, Pierre Bourdieu.
21. *A Realidade Figurativa*, Pierre Francastel.
22. *Humberto Mauro, Cataguases, Cinearte*, Paulo Emílio Salles Gomes.
23. *História e Historiografia*, Salo W. Baron.
24. *Fernando Pessoa ou o Poetodrama*, José Augusto Seabra.
25. *As Formas do Conteúdo*, Umberto Eco.
26. *Filosofia da Nova Música*, Theodor Adorno.
27. *Por uma Arquitetura*, Le Corbusier.
28. *Percepção e Experiência*, M. D. Vernon.
29. *Filosofia do Estilo*, G. G. Granger.
30. *A Tradição do Novo*, Harold Rosenberg.
31. *Introdução à Gramática Gerativa*, Nicolas Ruwet.
32. *Sociologia da Cultura*, Karl Mannheim.
33. *Trsila — Sua Obra e seu Tempo* (2 vols.), Aracy Amaral.
34. *O Mito Ariano*, Léon Poliakov.
35. *Lógica do Sentido*, Gilles Deleuze.
36. *Mestres do Teatro I*, John Gassner.
37. *O Regionalismo Gaúcho*, Joseph L. Love.
38. *Sociedade, Mudança e Política*, Hélio Jaguaribe.
39. *Desenvolvimento Político*, Hélio Jaguaribe.
40. *Crises e Alternativas da América Latina*, Hélio Jaguaribe.

41. *De Geração a Geração*, S. N. Eisenstadt.
42. *Política Econômica e Desenvolvimento no Brasil*, Nathanael H. Leff.
43. *Prolegômenos a uma Teoria da Linguagem*, L. Hjelmslev.
44. *Sentimento e Forma*, Susanne K. Langer.
45. *A Política e o Conhecimento Sociológico*, F. G. Castles.
46. *Semiótica*, Charles S. Peirce.
47. *Ensaios de Sociologia*, Marcel Mauss.
48. *Mestres do Teatro II*, John Gassner.
49. *Uma Poética para António Machado*, Ricardo Gullón.
50. *Burocracia e Sociedade no Brasil Colonial*, Stuart B. Schwartz.
51. *A Visão Existenciadora*, Evaldo Coutinho.
52. *América Latina em sua Literatura*, Unesco.
53. *Os Nuer*, E. E. Evans-Pritchard.
54. *Introdução à Textologia*, Roger Laufer.
55. *O Lugar de Todos os Lugares*, Evaldo Coutinho.
56. *Sociedade Israelense*, S. N. Eisenstadt.
57. *Das Arcadas ao Bacharelismo*, Alberto Venancio Filho.
58. *Artaud e o Teatro*, Alain Virmaux.
59. *O Espaço da Arquitetura*, Evaldo Coutinho.
60. *Antropologia Aplicada*, Roger Bastide.
61. *História da Loucura*, Michel Foucault.
62. *Improvisação para o Teatro*, Viola Spolin.
63. *De Cristo aos Judeus da Corte*, Léon Poliakov.
64. *De Maomé aos Marranos*, Léon Poliakov.
65. *De Voltaire a Wagner*, Léon Poliakov.
66. *A Europa Suicida*, Léon Poliakov.
67. *O Urbanismo*, Françoise Choay.
68. *Pedagogia Institucional*, A. Vasquez e F. Oury.
69. *Pessoa e Personagem*, Michel Zeraffa.
70. *O Convívio Alegórico*, Evaldo Coutinho.
71. *O Convênio do Café*, Celso Lafer.
72. *A Linguagem*, Edward Sapir.
73. *Tratado Geral de Semiótica*, Umberto Eco.
74. *Ser e Estar em Nós*, Evaldo Coutinho.
75. *Estrutura da Teoria Psicanalítica*, David Rapaport.
76. *Jogo, Teatro & Pensamento*, Richard Courtney
77. *Teoria Crítica*, Max Horkheimer.
78. *A Subordinação ao Nosso Existir*, Evaldo Coutinho.
79. *A Estratégia dos Signos*, Lucrécia D'Aléssio Ferrara.
80. *Teatro: Leste & Oeste*, Leonard C. Pronko.
81. *Freud: A Trama dos Conceitos*, Renato Mezan.
82. *Vanguarda e Cosmopolitismo*, Jorge Schwartz.
83. *O Livro dIsso*, Georg Groddeck.
84. *A Testemunha Participante*, Evaldo Coutinho.
85. *Como se Faz uma Tese*, Umberto Eco.
86. *Uma Atriz: Cacilda Becker*, Nanci Fernandes e Maria Thereza Vargas.
87. *Jesus e Israel*, Jules Isaac.
88. *A Regra e o Modelo*, Françoise Choay.
89. *Lector in Fabula*, Umberto Eco
90. *TBC: Crônica de um Sonho*, Alberto Guzik.
91. *Os Processos Criativos de Robert Wilson*, Luiz Galizia.
92. *Poética em Ação*, Roman Jakobson.
93. Ensaios